福井県立大学県民双書XVI

福 井 地 域 学

——地方創生に向けて——

南保　勝 著

晃 洋 書 房

はじめに

近年、三大都市圏を除く地方圏では、格差社会の到来や人口減少、それに伴う労働力人口の低下など、地域経済にとって由々しき課題が数多く採りあげられるようになった。とりわけ福井でも、こうした問題がラジオやテレビ、新聞で毎日といっていいほど話題になっていることは誰もが認める事実であろう。そのため、最近の福井をみると、なんとなく元気がない、活気に乏しい、将来を悲観的に考える人々が増えているような気がする。いやそんな気がしてならない。3・11、あの東日本大震災以後の原発問題は、日本一原子力発電所が集積する福井にとって、稼働停止が地域の経済に負の効果をもたらし、安心・安全性の面でも不安を残している。また、昨年三月の北陸新幹線金沢開業は、北陸全体としてみれば新たな夢・希望、経済の活性化をもたらしてはくれたものの、まだ新幹線が通っていない福井だけをとってみれば、北陸の中でも、ちょっとばかり〝福井が浮いた存在〟になってしまったのかも知れない。そして、昨今話題の地方創生についても、全国より早いスピードで進む人口減少が福井にとって将来不安をかきたてる要素となっている。どれをとっても、福井にはあまり歓迎できない事象・現象が多すぎる。そのため、将来に対して悲観論だけが先行し嘆く福井人も多いことであろう。それは、福井が日本一幸せな地域、豊かさの面でも日本トップクラスと言われながら、それをなかなか実感できないでいる福井人が多いこととも関係しているように思える。

では、このような現状を打開するために、福井はいったい何を成すべきか。今の福井にとってやるべきことは何か。それは、福井人自らがもう一度じっくり腰を据えて福井を見つめなおし、その中で隠された福井の魅力、福井の強み・宝を見つけ出し、福井の誇り、プライドを醸成することではなかろうか。言い換えれば、これまでの福井が歩んだ歴史、そこで創り上げられた伝統、文化、芸術、県民性（暮らし方）、産業、モノづくりの知恵、独創性のある販売手法などを基に、今、福井が抱える課題に対し、その方向、方策を見い出し未来につなげていくことである。

ずいぶん前の話だが、司馬遼太郎の『越前の諸道』という本を思い出す。福井の嶺北地方を歴史、伝統、文化といった側面から見つめたものである。その中で、司馬遼太郎は、私たちの住む福井、越前について、こんな一説を残している。「本能寺の変ののちの政局にも、幕末にも越前の存在は大きく、たしかに重要な役割をはたした。しかしどこか、悪《あく》のつよさがなく、他人の機略にしてやられるところがしばしばで、その発想には素封家《そほうか》の旦那のようなところがあった……」と。うまく福井人を言い当てた言葉ではないか。そう思った。確かにある時代ではそんな福井人がいても良い。しかし、今、これからはそんな福井人では通用しない。時代を読みその先を走る、言葉は悪いがもっとしたたかな福井人がいてもいいはずだ。今、まさにそんな新しい福井人に転身する時が来たように思える。そのためには、福井人が自らの手で自己の風土改革を実践することが必要となろう。今は激変の時代。既存の思想、主義、主張も急速に変化する。そのため、自分自身を時代に合わせて変化させなければならない。それは、第三者に言われて変わることでもなく、無理やり変わらされることでもない。今の時代を乗り切るために、変化を見極め、福井人一人ひとりが変わることで将来に夢をつなげていくことができるのではないか。

こうした観点から、本書では、その構成を次の流れで記した。まず序章では、「地方創生に向けて」と題して、地方創生とはいったいどういうことかを考えた後、経済成長力（過去一〇年間の成長力）と質的経済力（現在の豊かさ）の両面から全国における福井県のポジションを見極め、同様に県内九市の経済成長力・質的経済力についてもその地位を示した。そのうえで、第1章―第7章までで述べた総括として、地方創生に向けて、これから福井が成すべき事項、進むべき方向性を官（自治体、支援機関、教育機関等）、民（産業・企業、金融機関等）の両面から整理した。従って、第2章以下は、序章で述べた背景を記しており、第Ⅰ部「福井地域への招待」（第1章―第3章）、第Ⅱ部「地域の主要産業」（第4章―第5章）、第Ⅲ部「光り輝く地域の企業」（第6章―第7章）として、福井の歴史、文化、地域特性、経済環境、産業・企業の状況などをとりまとめた。

ちなみに、第Ⅰ部「福井地域への招待」では、福井地域の成立と歴史的発展過程、現状での経済・社会環境、市まちごとの地域特性について歴史経過を含めながら整理した。第1章では「福井県はどのように成立したか」と題し、福井県の誕生と近世、幕末における産業についてとりまとめた。ここでは、福井が昔からグローカル（ローカルだけどグローバル）な地域であり、農業圏ではなく工業圏であったことの理解を深めてもらいたい。第2章では「福井県経済の今」と題して、現状での経済規模、人口、産業、労働、県民生活等の面での地域特性を整理した。本章では、クオリティーの高い労働力と女性就業率の高さの背景を「歴史観」、「宗教観」、「地域風土」という三つの側面から論じている。第3章では「歴史で辿る市まちの姿」と題し、福井県内にある九市の歴史的発展過程と現状での経済・社会環境面での特徴をとりまとめた。各市まちの将来像は、その歴史経過を探ることで見出すことができるかも知れない。

第Ⅱ部「地域の主要産業」では、第4章「製造業」の中で、主要産業である繊維産業、めがね枠産業、化学産業、機械・金属産業の歴史的発展過程と現状、ならびに福井に七つある伝統的工芸品産業のすごさを論じた。第5章「非製造業」の中では、商業・サービス業、建設業、原子力産業について述べた。ここでは、福井の商業が全国的に注目を集めた「福井方式」による共同店舗運営についての是非を論じている。着眼点は、福井の商業発展のためのツールとして本当に「福井方式」が機能したのかどうか、現在進行中の福井駅西口再開発と併せて考えてもらいたい。

第Ⅲ部「光り輝く地域の企業」では、第6章「地域企業の特徴」の中で、福井に長寿企業が多い秘密や、小規模ながら技術水準の高い企業が多いことと、その理由について述べた。これらの事実は、福井人にとって大いに誇れるところでもある。また、福井には県外から進出してきた外発型企業も比較的多く、これら企業の活躍が地域経済にとって重要な役割を演じていることも述べた。第7章「自慢したい地域の企業」では、株式会社アイジーエー、小浜海産物株式会社、清川メッキ工業株式会社、小林化工株式会社、サカセ化学工業株式会社、株式会社シャルマン、武生特殊鋼材株式会社、日華化学株式会社、フクビ化学工業株式会社、前田工繊株式会社の計一〇社を紹介したが、これらの企業は現在各方面で注目を集めている企業だけに、マネジメント全般については無論のこと、新製品開発、イノベーション、技術開発の考え方、技術防衛、グローバル化の手法、そのほか流通、人事、労務、財務など多くの面で学ぶことができた。これを読む人々に「福井には、こんなすごい企業があったのか……」ということを理解していただければ幸いである。

いずれにせよ、素晴らしい歴史、伝統、文化、産業、県民性などを保有する福井の姿を福井人自らが理解し、少しでも多く全国の人々にも知ってもらいたい。そして、福井を誇り、福井を愛し、福井を自慢してくれる人々を一人でも多くつくりたい。そんな想いから本書「福井地域学」の執筆を進めた。そして、こうした想いがさらに広がり、ちょっとだけでも福井を好きになってくれる、興味を持ってくれる、福井に立ち寄ってくれる人々が増えてくれることを願うばかりである。

最後に、本書出版にあたりご指導、ご教示いただいた福井県立大学の下谷政弘学長、福井県立大学名誉教授・福山大学教授の中沢孝夫先生に深く感謝申し上げるとともに、原子力関連では多様な視点からアドバイスを頂いた福井県立大学地域経済研究所の井上武史准教授、社会経済統計資料の整理に静岡県から協力いただいた経営学博士の杉山友城氏、出版のチャンスを与えていただいた晃洋書房の丸井清泰氏、阪口幸祐氏に心からお礼申し上げたい。さらに、いつもながらこの研究を温かく見守ってくれた妻、家族にも感謝したい。

二〇一六年一月

南保　勝

目次

第Ⅱ部　地域の主要産業

序章　地方創生に向けて

一　地方創生とはいったいどういうことか

二〇一四年一一月、「まち・ひと・しごと創生法」が成立し、これに沿いこの年の一二月、「まち・ひと・しごと創生長期ビジョン」と「まち・ひと・しごと創生総合戦略」が閣議決定された。それによると、「長期ビジョン」では五〇年後の二〇六〇年における日本の人口目標を一億人に置き、そのための「総合戦略」として　地方における安定した雇用を創出すること、地方への新しいひとの流れをつくること、若い世代の結婚・出産・子育ての希望をかなえること、時代に合った地域をつくり、安心な暮らしを守るとともに、地域と地域を連携することなどの案が示されている。

こうした国の方針に従って、昨年春ごろから、地方圏でも各々の自治体が地域の人口動向を分析し将来展望を示す「地方人口ビジョン」と、それをベースとした各自治体における今後五年間の施策の基本的方向性を示す「地方版総合戦略」の策定が進められ、昨秋、その仕事を終えたところである。

確かに、地方創生とは「地方経済を振興し、若者を中心に地方の人が地元で職を得やすくして豊かに暮らせるようにしよう、そして人口減少対策にもしていこう」というものであり、この趣旨は大いに評価できるところではある。ただ、各自治体の「地方版総合戦略」を見ると、議論の焦点があまりにも人口減少対策に偏っており、地方創生の本来目指すべき姿から遠ざかっているような気がする。

この先数十年間、日本の人口が減少することは間違いない。人口減少により最も懸念されることは、それにより経済活力が失われることだけでなく、安心・安全面の確保難、世界における日本の発言力低下など様々な面で多様な課題が浮上することである。それだけに、減少し続ける人口に歯止めをかけること、あるいは少しでも緩やかな減少にとどめ置くこと、さらに歪《いびつ》な人口構造の是正を図る施策を講じることは必要不可欠と言わざるを得ない。しかし、ここで考えるべきことはそれだけではない。日本の場合、適正人口とはいったいどれほどの人口規模を指すのか。あの明治時代の初め、日本の人口は三千数百万人だったと聞く。それでも国家は成立した。今必要なことは、人口減少をくい止めるだけではなく、減少する人口に合わせた適正な社会・経済システムをどのように構築していくかということではないか。例えば、ハード面で言うと、人口が減少しても残る過剰な社会資本（インフラ）をどうするのか。官民を合せた日本の社会資本装備率は世界一かも知れない。これを維持するには無駄なコストがかかりすぎる。それをどう抑えるかは重要な課題となろう。また、ソフト面では、人口減少にともない歪化する年齢別人口構造から生まれる育児・教育・医療・介護等の様々なサービスの在り方を検討することも重要となる。さらに地域経済を支える産業基盤をどう守り、人口減少にともなう労働力人口の低下に対応可能な高効率の産業へとどう転換させていくかも必要な議論の対象となろう。

こうして考えていくと、地方創生とは、これまでの日本社会でよく言われた地域の活性化をどう図るかということと、そう大きくは変わらないのではないか。これまでも常に浮上しぶつかり合い解決を図ってきた多様な課題に対して、適切な策を見つけ出すこと。具体的には、過剰な社会資本を日本の人口規模に合わせて統廃合し、過剰な費用の発生を防ぐこと。さらに、人的資本の適正配備や地域の産業、歴史、文化、伝統、自然、食など地域に内在する優位性・特色を掘り起こして活性化することである。無論、国家戦略として、それらと同時並行的に出生率の向上と人口構造の適正化を図ることも忘れてはならない。つまり、これまでも地方圏が取り組んできた地域活性化をどう図るかというところに、今回の地方創生の本来の趣旨が隠されているような気がする。

二　四七都道府県別、県内九市別にみた経済成長力・質的経済力

(1) 四七都道府県別でみた福井県の経済成長力・質的経済力

いずれにせよ、地方圏は人口減少、産業育成など多様な課題に立ち向かい、明るい未来を創り上げていかなければならない。そのためには自分の地域のポジションをちゃんと把握しておくことが必要である。こうした意味から、まずは福井県が「経済成長力」（過去一〇年間の経済成長力）と「質的経済力」（現在の豊かさ）の両面で全国の中でどのようなポジションにあるのか。その状況をみることにしよう（図1）。

ちなみに、「経済成長力」（表1　四七都道府県・経済成長力）については、①人口増減率、②事業所増減率、③製造業事業所増減率、④製造業従業者増減率、⑤小売業事業所増減率、⑥小売業従業者増減率、⑦年間商品販売額増減率、⑧売場面積増減率の八指標、「質的経済力」（表2　四七都道府県・質的経済力）については、①若者（二〇―三四歳）人口比率、②昼間人口比率、③完全失業率、④社会増減（転入出比率、⑤従業員あたり粗付加価値額、⑥従業員あたり年間商品販売額、⑦流出入係数、⑧財政力指数、⑨出生率の九指標、合計一七指標を採用し、全国平均を一〇〇・〇とした際の福井県の水準値（総合値）を算出して散布図を作成した。なお、現在旬である「地方創生」事業等で設定されているKPI（重要業績評価指標）を若干意識しているが、農業やインバウンド系産業の創出などは抜けていることに留

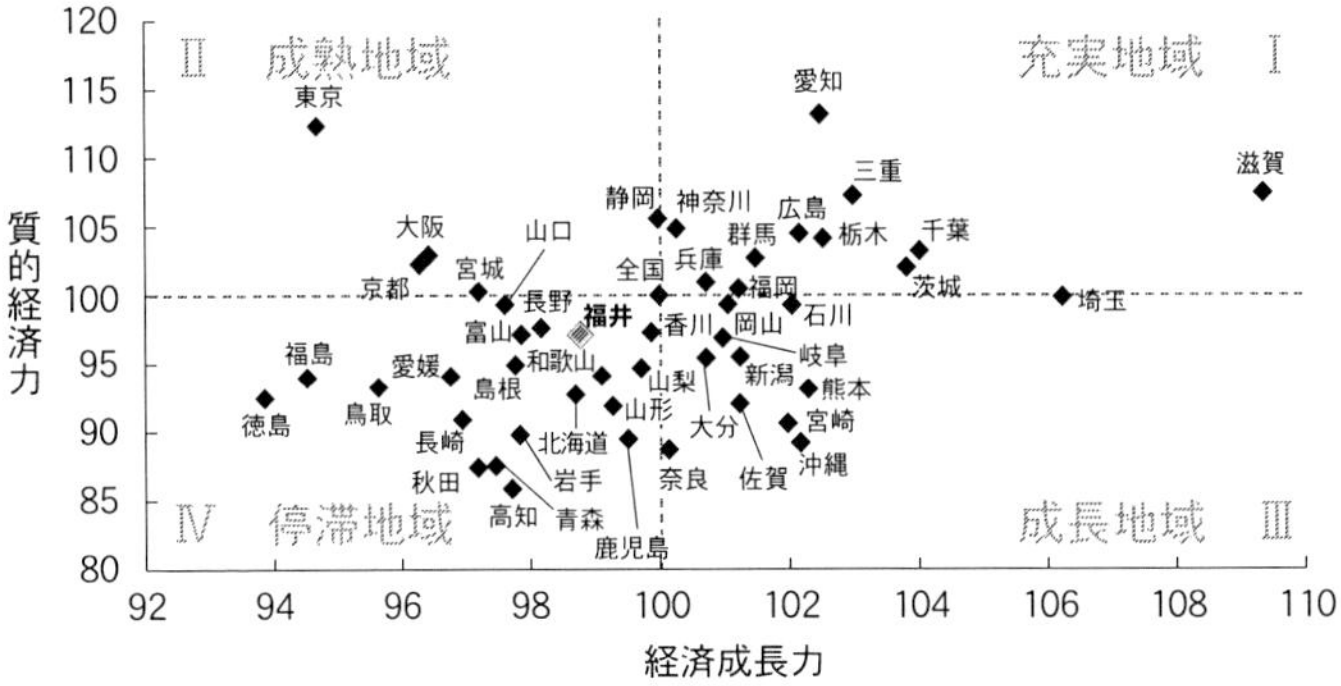

図1　47都道府県の経済成長力・質的経済力（全国＝100.0）

資料：表4「出所一覧表」より，著者が独自作成.

意願いたい。

さて、その結果であるが、まず経済成長力（**表1**、**表3**）については、全国的にみると、人口増減率（一四年／〇四年比三・三%増、五位）をはじめ、製造業、小売業関連の増減率などの指標で上位のランクを占めた滋賀県が一位となったほか、埼玉県二位、千葉県三位、茨城県四位、三重県五位の順となっている。福井県は、事業所増減率（一二年／〇二年比一五・三%減、四一位）や製造業事業所増減率（一三年／〇三年比三一・六%減、四三位）が低位ながら、小売業事業所増減率（一二年／〇二年比三七・四%減、一一位）や小売業従業者増減率（一二年／〇二年比三〇・〇%減、二〇位）など小売業関連指標の落ち込みが少なく、経済成長力指数（総合）九八・八（CUT後）で全国順位が二九位（**表3**）と、地域の経済力からみれば想定内の位置にあることがわかる。

また、質的経済力（**表2**、**表3**）については、若者（二〇―三四歳）人口比率（二〇一二年一八・七%、三位）をはじめ昼間人口比率（二〇一二年一〇一・五%、三位）、財政力指数

（二〇一二年〇・九三、一位）など多くの指標で上位を占めた愛知県が一位。次いで、東京都が二位、滋賀県が三位、三重県が四位、静岡県が五位となっている。

福井県は、完全失業率（二〇一二年五・二％、六位）や出生率（〇八－一二年の平均一・六二、四位）が比較的健闘しているものの、社会増減（転入出）比率（二〇一三年八九・〇、四三位）、従業員あたり年間商品販売額（一七九二・八万円、三五位）の低位などから質的経済力指数（総合）が九七・一（CUT後）で全国二四位、福井県の実力から考えればまずまずではないか。

その結果、経済成長力・質的経済力からみた福井県のポジションは（**図1**）、全国水準をやや下回り、停滞地域ということになった。それでも、小さな県、福井としては健闘しているのではないだろうか。

但し、これらの分析は、限られた指標によるものであり、この結果をもって各地域の全てを評価することには無理があることを申し添えたい。

⑵ 福井県内九市別にみた経済成長力、質的経済力

一方、福井県内九市の「経済成長力」（過去一〇年間の成長力）と「質的経済力」（現在の豊かさ）は、いったいどのような状況となっているのか。それを示したのが**図2**である。全国同様、「経済成長力」（**表1**　福井県九市・経済成長力）については、①人口増減率、②事業所増減率、③製造業事業所増減率、④製造業従業者増減率、⑤小売業事業所増減率、⑥小売業従業者増減率、⑦年間商品販売額増減率、⑧売場面積増減率の八指標を、質的経済力（**表2**　福井県九市・質的経済力）については、①若者（二〇

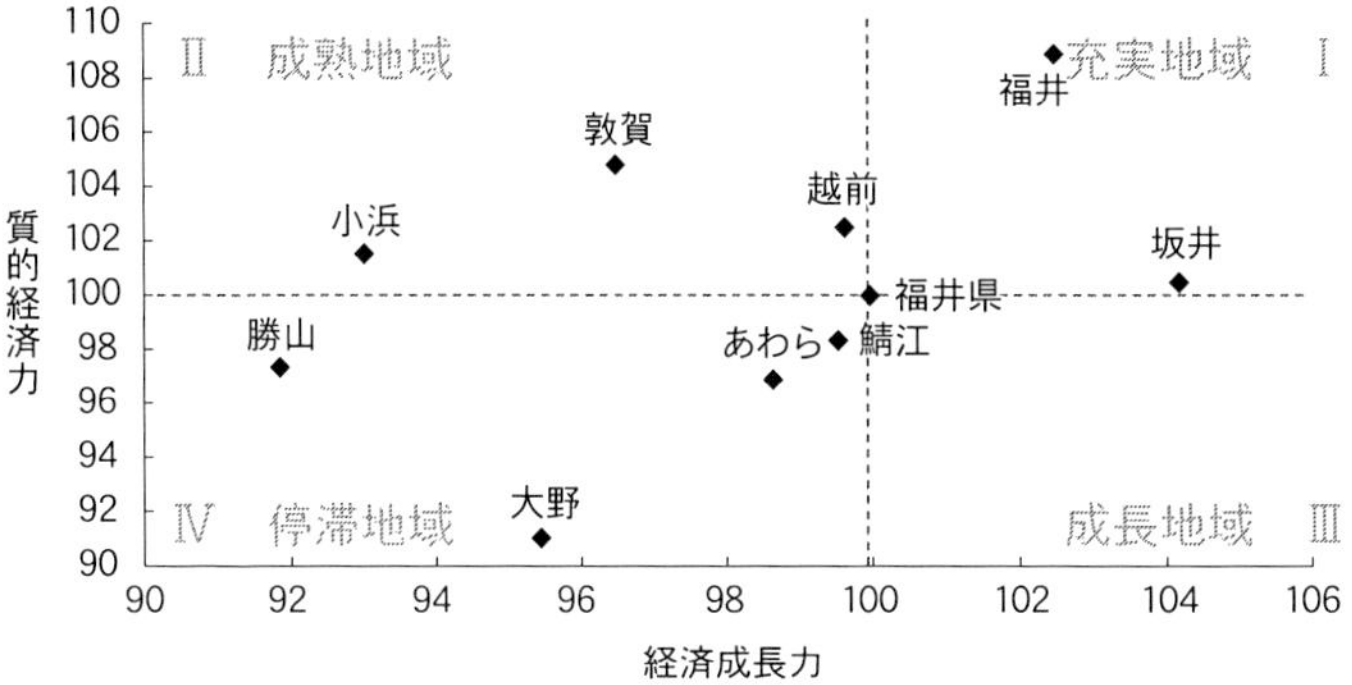

図２　福井県９市の経済成長力・質的経済力（全国＝100.0）

資料：図１に同じ.

一三四歳）人口比率、②昼間人口比率、③完全失業率、④社会増減（転入出）比率、⑤従業員あたり粗付加価値額、⑥従業員あたり年間商品販売額、⑦流出入係数、⑧財政力指数、⑨出生率の九指標、合計一七指標を採用して福井県の平均を一〇〇・〇とした際の各市の水準値（総合値）を算出して、散布図を作成した。

　その結果によると、概ね安定した経済成長力、質的経済力を維持している「Ⅰ　充実地域」は福井市、坂井市が、「Ⅱ　成熟地域」は敦賀市、小浜市、越前市が、「Ⅲ　成長地域」は存在せず、「Ⅳ　停滞地域」として勝山市、大野市、鯖江市、あわら市が分類された。詳しい数値は、**表１－表３**をご覧いただきたい。

　但し、これらの分析は、全国同様に限られた指標によるものであり、この結果をもって各地域の全てを評価することには無理があることを申し添えたい。

表1　47都道府県・経済成長力（人口増減，事業所増減率，製造事業所増減率）その1

	人口増減率				事業所増減率				製造業事業所増減率			
	14年/04年	RANK	水準	CUT後	12年/02年	RANK	水準	CUT後	13年/03年	RANK	水準	CUT後
全国	▲ 0.3	-	100.0	100.0	▲ 11.2	-	100.0	100.0	▲ 29.2	-	100.0	100.0
北海道	▲ 3.7	31	96.6	96.6	▲ 9.6	10	101.8	101.8	▲ 27.7	23	102.1	102.1
青森県	▲ 7.8	46	92.5	92.5	▲ 16.2	44	94.4	94.4	▲ 28.5	30	101.0	101.0
岩手県	▲ 7.1	43	93.2	93.2	▲ 15.8	42	94.7	94.7	▲ 25.7	19	104.9	104.9
宮城県	▲ 1.5	15	98.8	98.8	▲ 16.1	43	94.4	94.4	▲ 30.9	42	97.6	97.6
秋田県	▲ 9.1	47	91.1	91.1	▲ 17.7	46	92.7	92.7	▲ 27.7	24	102.1	102.1
山形県	▲ 6.6	42	93.7	93.7	▲ 14.3	36	96.5	96.5	▲ 25.0	15	106.0	106.0
福島県	▲ 7.1	44	93.2	93.2	▲ 18.0	47	92.3	92.3	▲ 30.0	38	98.9	98.9
茨城県	▲ 1.6	16	98.7	98.7	▲ 9.6	9	101.8	101.8	▲ 23.1	9	108.6	108.6
栃木県	▲ 1.3	14	99.0	99.0	▲ 11.3	18	99.8	99.8	▲ 28.1	26	101.6	101.6
群馬県	▲ 2.2	20	98.1	98.1	▲ 11.8	21	99.3	99.3	▲ 28.2	28	101.4	101.4
埼玉県	2.7	6	103.0	103.0	▲ 5.8	3	106.1	106.1	▲ 28.6	31	100.8	100.8
千葉県	2.3	7	102.7	102.7	▲ 4.9	2	107.0	107.0	▲ 25.7	18	104.9	104.9
東京都	6.0	1	106.3	106.3	▲ 11.8	20	99.3	99.3	▲ 45.7	47	76.8	76.8
神奈川県	4.0	3	104.3	104.3	▲ 3.8	1	108.2	108.2	▲ 28.7	32	100.8	100.8
新潟県	▲ 4.6	35	95.6	95.6	▲ 13.6	32	97.3	97.3	▲ 25.4	16	105.3	105.3
富山県	▲ 3.6	30	96.7	96.7	▲ 13.8	34	97.1	97.1	▲ 24.0	13	107.3	107.3
石川県	▲ 1.9	19	98.4	98.4	▲ 11.8	22	99.2	99.2	▲ 28.8	33	100.6	100.6
福井県	▲ 3.4	29	96.9	96.9	▲ 15.3	41	95.3	95.3	▲ 31.6	43	96.6	96.6
山梨県	▲ 3.9	32	96.4	96.4	▲ 13.0	28	97.9	97.9	▲ 29.3	36	99.9	99.9
長野県	▲ 3.2	25	97.1	97.1	▲ 12.0	24	99.1	99.1	▲ 26.4	20	104.0	104.0
岐阜県	▲ 2.5	21	97.8	97.8	▲ 13.6	33	97.2	97.2	▲ 29.0	35	100.4	100.4
静岡県	▲ 1.1	12	99.2	99.2	▲ 12.1	25	98.9	98.9	▲ 27.9	25	101.9	101.9
愛知県	3.7	4	104.0	104.0	▲ 10.0	11	101.2	101.2	▲ 29.7	37	99.3	99.3
三重県	▲ 1.6	17	98.7	98.7	▲ 11.7	19	99.4	99.4	▲ 30.4	40	98.3	98.3
滋賀県	3.3	5	103.6	103.6	▲ 6.5	4	105.3	105.3	▲ 21.9	6	110.3	110.3
京都府	▲ 1.2	13	99.1	99.1	▲ 14.8	38	95.9	95.9	▲ 30.4	41	98.3	98.3
大阪府	0.3	9	100.6	100.6	▲ 14.1	35	96.7	96.7	▲ 33.0	45	94.6	94.6
兵庫県	▲ 0.1	10	100.2	100.2	▲ 10.3	13	101.0	101.0	▲ 26.5	21	103.8	103.8
奈良県	▲ 3.3	26	97.0	97.0	▲ 7.5	5	104.1	104.1	▲ 28.2	27	101.4	101.4
和歌山県	▲ 6.2	41	94.0	94.0	▲ 12.8	27	98.2	98.2	▲ 28.8	34	100.6	100.6
鳥取県	▲ 5.1	36	95.2	95.2	▲ 12.7	26	98.3	98.3	▲ 32.7	44	95.1	95.1
島根県	▲ 6.2	39	94.1	94.1	▲ 14.4	37	96.4	96.4	▲ 30.1	39	98.8	98.8
岡山県	▲ 1.7	18	98.6	98.6	▲ 8.3	8	103.3	103.3	▲ 25.4	17	105.3	105.3
広島県	▲ 1.1	11	99.2	99.2	▲ 7.7	6	103.9	103.9	▲ 22.7	8	109.3	109.3
山口県	▲ 5.4	37	94.8	94.8	▲ 14.8	39	95.9	95.9	▲ 24.0	12	107.3	107.3
徳島県	▲ 5.6	38	94.7	94.7	▲ 13.2	30	97.7	97.7	▲ 34.5	46	92.5	92.5
香川県	▲ 2.7	23	97.6	97.6	▲ 11.9	23	99.2	99.2	▲ 24.9	14	106.1	106.1
愛媛県	▲ 4.6	34	95.7	95.7	▲ 14.9	40	95.8	95.8	▲ 28.3	29	101.2	101.2
高知県	▲ 7.2	45	93.0	93.0	▲ 16.3	45	94.2	94.2	▲ 23.4	10	108.2	108.2
福岡県	1.1	8	101.4	101.4	▲ 10.1	12	101.1	101.1	▲ 23.5	11	108.1	108.1
佐賀県	▲ 3.3	27	97.0	97.0	▲ 11.3	17	99.9	99.9	▲ 22.4	7	109.7	109.7
長崎県	▲ 6.2	40	94.1	94.1	▲ 13.2	31	97.7	97.7	▲ 27.3	22	102.7	102.7
熊本県	▲ 2.5	22	97.8	97.8	▲ 8.2	7	103.4	103.4	▲ 20.7	4	112.1	112.1
大分県	▲ 3.2	24	97.1	97.1	▲ 13.1	29	97.8	97.8	▲ 21.9	5	110.4	110.4
宮崎県	▲ 3.3	28	97.0	97.0	▲ 10.5	15	100.8	100.8	▲ 19.1	2	114.3	114.3
鹿児島県	▲ 4.1	33	96.2	96.2	▲ 10.4	14	100.9	100.9	▲ 20.6	3	112.2	112.2
沖縄県	5.6	2	105.9	105.9	▲ 10.8	16	100.4	100.4	▲ 17.6	1	116.4	116.4

福井県9市・経済成長力（人口増減，事業所増減率，製造事業所増減率）その1

	人口増減率				事業所増減率				製造業事業所増減率			
	14年/04年	RANK	水準	CUT後	12年/02年	RANK	水準	CUT後	13年/03年	RANK	水準	CUT後
福井県	▲ 3.4	-	100.0	100.0	▲ 15.3	-	100.0	100.0	▲ 31.6	-	100.0	100.0
福井市	▲ 1.0	4	102.5	102.5	▲ 10.6	1	105.6	105.6	▲ 26.7	2	107.1	107.1
敦賀市	▲ 0.6	2	102.9	102.9	▲ 15.4	2	99.9	99.9	▲ 33.3	4	97.5	97.5
小浜市	▲ 6.7	6	96.6	96.6	▲ 18.6	6	96.1	96.1	▲ 33.9	7	96.6	96.6
大野市	▲ 11.4	9	91.7	91.7	▲ 17.3	3	97.6	97.6	▲ 27.0	3	106.7	106.7
勝山市	▲ 10.2	8	93.0	93.0	▲ 24.1	8	89.7	89.7	▲ 34.2	8	96.2	96.2
鯖江市	2.6	1	106.1	106.1	▲ 18.2	5	96.5	96.5	▲ 33.7	5	96.9	96.9
あわら市	▲ 7.0	7	96.2	96.2	▲ 25.0	9	88.6	88.6	▲ 33.9	6	96.7	96.7
越前市	▲ 4.6	5	98.7	98.7	▲ 21.9	7	92.3	92.3	▲ 37.2	9	91.8	91.8
坂井市	▲ 0.8	3	102.6	102.6	▲ 17.4	4	97.5	97.5	▲ 26.3	1	107.7	107.7

資料：表4「出所一覧表」より，著者が独自作成.

表1　47都道府県・経済成長力（人口増減，事業所増減率，製造事業所増減率）その2

	製造業従業者増減率				小売業事業所増減率				小売業従業者増減率			
	13年/03年	RANK	水準	CUT後	12年/02年	RANK	水準	CUT後	12年/02年	RANK	水準	CUT後
全国	▲ 10.0	-	100.0	100.0	▲ 39.8	-	100.0	100.0	▲ 30.6	-	100.0	100.0
北海道	▲ 14.4	36	95.1	95.1	▲ 37.7	15	103.4	103.4	▲ 32.4	33	97.3	97.3
青森県	▲ 11.4	30	98.5	98.5	▲ 40.2	32	99.4	99.4	▲ 31.2	22	99.2	99.2
岩手県	▲ 17.2	42	92.0	92.0	▲ 40.6	34	98.6	98.6	▲ 31.6	27	98.5	98.5
宮城県	▲ 16.9	41	92.3	92.3	▲ 44.3	47	92.5	92.5	▲ 32.3	30	97.6	97.6
秋田県	▲ 20.4	45	88.5	88.5	▲ 37.9	17	103.1	103.1	▲ 28.1	6	103.5	103.5
山形県	▲ 14.0	35	95.6	95.6	▲ 35.4	5	107.3	107.3	▲ 28.9	12	102.4	102.4
福島県	▲ 15.9	39	93.4	93.4	▲ 41.4	37	97.3	97.3	▲ 35.0	44	93.6	93.6
茨城県	▲ 3.8	12	107.0	107.0	▲ 34.6	1	108.6	108.6	▲ 28.2	9	103.4	103.4
栃木県	▲ 6.5	17	104.0	104.0	▲ 35.3	4	107.5	107.5	▲ 28.1	5	103.5	103.5
群馬県	▲ 9.3	23	100.8	100.8	▲ 37.7	14	103.5	103.5	▲ 27.5	3	104.4	104.4
埼玉県	▲ 12.7	33	97.0	97.0	▲ 34.7	2	108.5	108.5	▲ 21.8	1	112.7	112.7
千葉県	▲ 10.1	25	99.9	99.9	▲ 37.5	12	103.8	103.8	▲ 27.9	4	103.8	103.8
東京都	▲ 32.4	47	75.1	75.1	▲ 43.4	43	93.9	93.9	▲ 28.5	10	103.0	103.0
神奈川県	▲ 17.8	44	91.3	91.3	▲ 40.4	33	99.0	99.0	▲ 31.3	23	99.0	99.0
新潟県	▲ 10.9	28	99.1	99.1	▲ 35.1	3	107.7	107.7	▲ 29.1	14	102.1	102.1
富山県	▲ 5.4	14	105.2	105.2	▲ 41.1	35	97.9	97.9	▲ 34.6	42	94.2	94.2
石川県	▲ 3.0	9	107.9	107.9	▲ 37.3	10	104.2	104.2	▲ 30.7	21	99.7	99.7
福井県	▲ 12.7	32	97.1	97.1	▲ 37.4	11	103.9	103.9	▲ 30.0	20	100.8	100.8
山梨県	▲ 8.9	22	101.3	101.3	▲ 39.3	27	100.8	100.8	▲ 29.6	16	101.4	101.4
長野県	▲ 10.9	29	99.0	99.0	▲ 36.6	8	105.2	105.2	▲ 31.4	25	98.8	98.8
岐阜県	▲ 5.0	13	105.5	105.5	▲ 35.9	6	106.4	106.4	▲ 28.2	7	103.5	103.5
静岡県	▲ 10.4	27	99.6	99.6	▲ 37.9	16	103.2	103.2	▲ 28.2	8	103.4	103.4
愛知県	▲ 0.7	4	110.4	110.4	▲ 38.9	25	101.4	101.4	▲ 28.9	13	102.4	102.4
三重県	2.1	2	113.5	113.5	▲ 38.6	22	102.0	102.0	▲ 28.6	11	102.8	102.8
滋賀県	3.4	1	114.9	114.9	▲ 38.0	18	102.9	102.9	▲ 24.9	2	108.1	108.1
京都府	▲ 14.7	37	94.8	94.8	▲ 44.2	45	92.6	92.6	▲ 33.2	38	96.2	96.2
大阪府	▲ 17.3	43	91.9	91.9	▲ 43.8	44	93.3	93.3	▲ 34.6	43	94.2	94.2
兵庫県	▲ 3.4	10	107.4	107.4	▲ 42.9	41	94.8	94.8	▲ 33.9	41	95.1	95.1
奈良県	▲ 12.5	31	97.2	97.2	▲ 38.8	23	101.7	101.7	▲ 32.6	34	97.0	97.0
和歌山県	▲ 7.8	21	102.4	102.4	▲ 39.0	26	101.3	101.3	▲ 33.9	40	95.2	95.2
鳥取県	▲ 25.1	46	83.3	83.3	▲ 38.9	24	101.5	101.5	▲ 32.4	32	97.4	97.4
島根県	▲ 13.7	34	95.9	95.9	▲ 36.3	7	105.7	105.7	▲ 31.3	24	98.9	98.9
岡山県	▲ 6.8	18	103.5	103.5	▲ 39.4	28	100.7	100.7	▲ 33.1	37	96.3	96.3
広島県	▲ 0.8	5	110.2	110.2	▲ 38.5	21	102.1	102.1	▲ 31.5	26	98.6	98.6
山口県	▲ 5.7	15	104.8	104.8	▲ 42.2	39	96.0	96.0	▲ 35.9	46	92.3	92.3
徳島県	▲ 10.2	26	99.9	99.9	▲ 42.9	42	94.8	94.8	▲ 37.3	47	90.4	90.4
香川県	▲ 1.4	6	109.6	109.6	▲ 40.1	30	99.5	99.5	▲ 29.7	19	101.2	101.2
愛媛県	▲ 14.7	38	94.8	94.8	▲ 42.4	40	95.7	95.7	▲ 32.9	35	96.7	96.7
高知県	▲ 16.6	40	92.7	92.7	▲ 38.2	20	102.5	102.5	▲ 29.7	18	101.2	101.2
福岡県	▲ 5.9	16	104.6	104.6	▲ 41.6	38	96.9	96.9	▲ 32.9	36	96.7	96.7
佐賀県	▲ 0.5	3	110.6	110.6	▲ 40.1	31	99.5	99.5	▲ 32.4	31	97.4	97.4
長崎県	▲ 7.8	20	102.4	102.4	▲ 41.2	36	97.6	97.6	▲ 35.1	45	93.4	93.4
熊本県	▲ 3.5	11	107.3	107.3	▲ 37.5	13	103.7	103.7	▲ 32.0	28	98.0	98.0
大分県	▲ 1.6	7	109.3	109.3	▲ 40.0	29	99.6	99.6	▲ 32.0	29	98.0	98.0
宮崎県	▲ 7.2	19	103.1	103.1	▲ 37.1	9	104.5	104.5	▲ 29.3	15	101.9	101.9
鹿児島県	▲ 9.9	24	100.2	100.2	▲ 38.1	19	102.8	102.8	▲ 29.6	17	101.3	101.3
沖縄県	▲ 2.8	8	108.0	108.0	▲ 44.3	46	92.5	92.5	▲ 33.3	39	96.1	96.1

福井県9市・経済成長力（製造業従業者増減率，小売業事業所増減率，小売業従業者増減率）その2

	製造業従業者増減率				小売業事業所増減率				小売業従業者増減率			
	13年/03年	RANK	水準	CUT後	12年/02年	RANK	水準	CUT後	12年/02年	RANK	水準	CUT後
福井県	▲ 12.7	-	100.0	100.0	▲ 37.4	-	100.0	100.0	▲ 30.0	-	100.0	100.0
福井市	▲ 13.7	5	98.8	98.8	▲ 35.2	2	103.6	103.6	▲ 29.1	3	101.4	101.4
敦賀市	▲ 20.5	7	91.0	91.0	▲ 41.7	8	93.1	93.1	▲ 31.4	5	98.1	98.1
小浜市	▲ 27.4	8	83.1	83.1	▲ 37.6	4	99.7	99.7	▲ 29.6	4	100.6	100.6
大野市	▲ 28.5	9	81.9	81.9	▲ 38.8	5	97.8	97.8	▲ 31.9	7	97.4	97.4
勝山市	▲ 12.5	4	100.1	100.1	▲ 38.9	6	97.6	97.6	▲ 35.1	8	92.8	92.8
鯖江市	▲ 17.1	6	95.0	95.0	▲ 36.2	3	102.0	102.0	▲ 26.8	2	104.7	104.7
あわら市	0.3	1	114.8	114.8	▲ 44.3	9	89.0	89.0	▲ 37.3	9	89.6	89.6
越前市	▲ 2.2	2	111.9	111.9	▲ 40.5	7	95.1	95.1	▲ 25.8	1	106.1	106.1
坂井市	▲ 10.4	3	102.6	102.6	▲ 35.2	1	103.6	103.6	▲ 31.6	6	97.7	97.7

資料：表1に同じ.

表1　47都道府県・経済成長力（人口増減，事業所増減率，製造事業所増減率）その3

	年間商品販売額増減率				売場面積増減率			
	12年/02年	RANK	水準	CUT後	12年/02年	RANK	水準	CUT後
全国	▲ 18.2	-	100.0	100.0	▲ 5.5	-	100.0	100.0
北海道	▲ 26.0	44	90.5	90.5	▲ 2.8	9	102.8	102.8
青森県	▲ 22.7	34	94.6	94.6	▲ 7.2	29	98.1	98.1
岩手県	▲ 18.6	21	99.5	99.5	▲ 4.3	15	101.3	101.3
宮城県	▲ 15.3	7	103.6	103.6	▲ 4.6	17	100.9	100.9
秋田県	▲ 16.6	12	102.0	102.0	▲ 8.6	33	96.7	96.7
山形県	▲ 19.6	24	98.3	98.3	▲ 10.7	39	94.5	94.5
福島県	▲ 23.1	38	94.1	94.1	▲ 11.7	43	93.4	93.4
茨城県	▲ 17.8	18	100.5	100.5	▲ 3.6	11	101.9	101.9
栃木県	▲ 14.5	6	104.5	104.5	▲ 5.2	22	100.3	100.3
群馬県	▲ 17.4	14	100.9	100.9	▲ 2.4	8	103.3	103.3
埼玉県	▲ 9.2	1	111.0	111.0	4.6	2	110.7	110.7
千葉県	▲ 16.0	8	102.8	102.8	1.4	4	107.2	107.2
東京都	▲ 13.7	5	105.5	105.5	▲ 7.8	30	97.6	97.6
神奈川県	▲ 17.7	16	100.7	100.7	▲ 6.6	26	98.8	98.8
新潟県	▲ 16.5	11	102.1	102.1	▲ 4.8	19	100.7	100.7
富山県	▲ 25.8	43	90.8	90.8	▲ 11.3	40	93.8	93.8
石川県	▲ 19.3	22	98.7	98.7	1.7	3	107.6	107.6
福井県	▲ 21.9	31	95.5	95.5	▲ 1.5	7	104.2	104.2
山梨県	▲ 22.3	33	95.0	95.0	▲ 0.7	6	105.0	105.0
長野県	▲ 26.1	45	90.4	90.4	▲ 13.3	46	91.8	91.8
岐阜県	▲ 21.2	29	96.4	96.4	▲ 4.9	20	100.6	100.6
静岡県	▲ 20.7	27	97.0	97.0	▲ 8.6	34	96.7	96.7
愛知県	▲ 16.5	10	102.1	102.1	▲ 6.5	25	98.9	98.9
三重県	▲ 11.6	3	108.1	108.1	▲ 4.5	16	101.0	101.0
滋賀県	▲ 10.5	2	109.5	109.5	13.5	1	120.1	120.1
京都府	▲ 20.4	26	97.4	97.4	▲ 8.2	32	97.1	97.1
大阪府	▲ 18.2	19	100.0	100.0	▲ 6.4	24	99.1	99.1
兵庫県	▲ 20.8	28	96.9	96.9	0.7	5	106.5	106.5
奈良県	▲ 17.6	15	100.7	100.7	▲ 3.7	12	101.9	101.9
和歌山県	▲ 18.5	20	99.7	99.7	▲ 4.0	14	101.5	101.5
鳥取県	▲ 23.6	40	93.4	93.4	▲ 4.6	18	100.9	100.9
島根県	▲ 23.0	36	94.1	94.1	▲ 7.2	28	98.2	98.2
岡山県	▲ 19.6	23	98.3	98.3	▲ 3.2	10	102.4	102.4
広島県	▲ 19.8	25	98.1	98.1	▲ 9.5	37	95.8	95.8
山口県	▲ 25.1	42	91.6	91.6	▲ 7.2	27	98.2	98.2
徳島県	▲ 29.4	47	86.3	86.3	▲ 10.6	38	94.6	94.6
香川県	▲ 26.4	46	90.0	90.0	▲ 9.5	36	95.8	95.8
愛媛県	▲ 23.3	39	93.8	93.8	▲ 5.0	21	100.5	100.5
高知県	▲ 23.7	41	93.2	93.2	▲ 8.6	35	96.7	96.7
福岡県	▲ 16.7	13	101.8	101.8	▲ 6.3	23	99.2	99.2
佐賀県	▲ 23.1	37	94.1	94.1	▲ 3.8	13	101.8	101.8
長崎県	▲ 22.0	32	95.3	95.3	▲ 12.7	45	92.4	92.4
熊本県	▲ 16.2	9	102.4	102.4	▲ 11.5	41	93.7	93.7
大分県	▲ 21.3	30	96.2	96.2	▲ 7.9	31	97.4	97.4
宮崎県	▲ 17.7	17	100.6	100.6	▲ 11.5	42	93.6	93.6
鹿児島県	▲ 23.0	35	94.2	94.2	▲ 16.3	47	88.5	88.5
沖縄県	▲ 13.7	4	105.5	105.5	▲ 12.4	44	92.6	92.6

福井県9市・経済成長力（年間商品販売額増減率，売り場面積増減率，経済成長力（総合））その3

	年間商品販売額増減率				売場面積増減率			
	12年/02年	RANK	水準	CUT後	12年/02年	RANK	水準	CUT後
福井県	▲ 21.9	-	100.0	100.0	▲ 1.5	-	100.0	100.0
福井市	▲ 20.3	2	102.1	102.1	▲ 2.4	5	99.2	99.2
敦賀市	▲ 24.9	6	96.2	96.2	▲ 8.1	7	93.3	93.3
小浜市	▲ 23.2	4	98.4	98.4	▲ 28.1	9	73.1	73.1
大野市	▲ 27.4	8	93.0	93.0	▲ 3.9	6	97.6	97.6
勝山市	▲ 28.6	9	91.4	91.4	▲ 27.2	8	74.0	74.0
鯖江市	▲ 25.5	7	95.4	95.4	▲ 1.6	4	99.9	99.9
あわら市	▲ 23.9	5	97.5	97.5	15.2	1	117.0	117.0
越前市	▲ 23.0	3	98.7	98.7	1.1	3	102.7	102.7
坂井市	▲ 12.1	1	112.6	112.6	7.8	2	109.5	109.5

資料：表1に同じ．

表2　47都道府県・質的経済力（若者（20～34歳）人口比率，昼間人口比率，完全失業率）その1

	若者(20～34歳)人口比率				昼間人口比率				完全失業率			
	2012年	RANK	水準	CUT後	2012年	RANK	水準	CUT後	2012年	RANK	水準	CUT後
全国	17.2	-	100.0	100.0	100.0	-	100.0	100.0	6.4	-	100.0	100.0
北海道	16.2	18	94.0	94.0	100.0	19	100.0	100.0	7.1	36	90.1	90.1
青森県	14.5	42	84.4	84.4	100.0	13	100.0	100.0	9.0	46	71.5	71.5
岩手県	14.5	41	84.4	84.4	99.7	32	99.7	99.7	7.1	34	90.8	90.8
宮城県	18.1	7	105.0	105.0	100.2	9	100.2	100.2	7.8	43	82.4	82.4
秋田県	13.3	47	77.3	77.3	99.9	24	99.9	99.9	7.0	32	92.0	92.0
山形県	14.7	39	85.3	85.3	99.8	28	99.8	99.8	5.8	13	110.8	110.8
福島県	15.4	28	89.5	89.5	99.6	33	99.6	99.6	7.1	37	89.8	89.8
茨城県	16.9	12	98.0	98.0	97.2	40	97.2	97.2	6.7	29	96.0	96.0
栃木県	16.9	13	97.9	97.9	99.1	36	99.1	99.1	6.3	22	102.1	102.1
群馬県	16.0	23	92.6	92.6	99.9	27	99.9	99.9	6.3	25	101.4	101.4
埼玉県	18.1	6	105.2	105.2	88.6	47	88.6	88.6	6.3	23	101.9	101.9
千葉県	17.6	11	102.1	102.1	89.5	46	89.5	89.5	6.1	18	104.5	104.5
東京都	21.1	1	122.4	122.4	118.4	1	118.4	118.4	5.9	15	109.3	109.3
神奈川県	18.9	2	109.5	109.5	91.2	44	91.2	91.2	5.8	12	111.5	111.5
新潟県	15.3	31	88.6	88.6	100.0	17	100.0	100.0	5.5	10	116.6	116.6
富山県	15.0	33	87.0	87.0	99.8	29	99.8	99.8	5.2	5	123.1	123.1
石川県	16.3	17	94.9	94.9	100.2	7	100.2	100.2	5.4	8	119.5	119.5
福井県	15.3	29	88.8	88.8	100.1	12	100.1	100.1	5.2	6	122.6	122.6
山梨県	15.4	27	89.6	89.6	99.0	37	99.0	99.0	6.2	19	103.8	103.8
長野県	14.8	38	85.8	85.8	99.9	25	99.9	99.9	5.4	9	117.8	117.8
岐阜県	16.1	21	93.2	93.2	96.0	42	96.0	96.0	5.6	11	115.2	115.2
静岡県	16.1	20	93.3	93.3	99.9	26	99.9	99.9	5.8	14	110.4	110.4
愛知県	18.7	3	108.4	108.4	101.5	3	101.5	101.5	5.1	4	126.0	126.0
三重県	16.0	22	93.1	93.1	98.1	38	98.1	98.1	5.1	3	126.1	126.1
滋賀県	18.1	5	105.2	105.2	96.6	41	96.6	96.6	5.1	2	126.5	126.5
京都府	17.9	8	104.2	104.2	101.2	4	101.2	101.2	6.2	20	103.3	103.3
大阪府	17.7	10	102.9	102.9	104.7	2	104.7	104.7	8.0	45	80.5	80.5
兵庫県	16.6	14	96.2	96.2	95.7	43	95.7	95.7	6.5	26	98.1	98.1
奈良県	16.1	19	93.5	93.5	89.9	45	89.9	89.9	7.4	40	86.5	86.5
和歌山県	14.1	44	81.7	81.7	98.1	39	98.1	98.1	6.7	30	95.2	95.2
鳥取県	15.3	30	88.6	88.6	100.0	18	100.0	100.0	5.9	16	108.7	108.7
島根県	13.9	46	80.7	80.7	100.0	16	100.0	100.0	4.6	1	140.8	130.0
岡山県	16.4	15	95.4	95.4	99.9	21	99.9	99.9	7.2	38	88.6	88.6
広島県	16.4	16	95.1	95.1	100.3	5	100.3	100.3	5.4	7	119.8	119.8
山口県	14.6	40	84.6	84.6	99.5	35	99.5	99.5	5.9	17	108.1	108.1
徳島県	15.0	34	86.9	86.9	99.7	31	99.7	99.7	7.6	41	84.1	84.1
香川県	15.0	35	86.8	86.8	100.2	8	100.2	100.2	6.3	21	102.6	102.6
愛媛県	14.8	37	85.9	85.9	100.1	10	100.1	100.1	7.3	39	88.4	88.4
高知県	14.0	45	81.2	81.2	99.9	23	99.9	99.9	7.7	42	83.3	83.3
福岡県	17.9	9	104.2	104.2	100.1	11	100.1	100.1	7.8	44	81.8	81.8
佐賀県	15.8	24	91.6	91.6	100.2	6	100.2	100.2	6.3	24	101.4	101.4
長崎県	14.4	43	83.5	83.5	99.8	30	99.8	99.8	6.6	27	96.6	96.6
熊本県	15.7	25	91.0	91.0	99.6	34	99.6	99.6	6.7	28	96.1	96.1
大分県	15.5	26	89.8	89.8	100.0	15	100.0	100.0	7.1	35	90.7	90.7
宮崎県	14.9	36	86.6	86.6	100.0	14	100.0	100.0	7.0	33	91.5	91.5
鹿児島県	15.0	32	87.0	87.0	99.9	22	99.9	99.9	6.8	31	93.7	93.7
沖縄県	18.5	4	107.3	107.3	100.0	20	100.0	100.0	11.0	47	58.2	70.0

福井県9市・質的経済力（若者（20～34歳）人口比率，昼間人口比率，完全失業率）その1

	若者(20～34歳)人口比率				昼間人口比率				完全失業率			
	2012年	RANK	水準	CUT後	2012年	RANK	水準	CUT後	2012年	RANK	水準	CUT後
福井県	15.3	-	100.0	100.0	100.1	-	100.0	100.0	5.2	-	100.0	100.0
福井市	15.6	3	102.3	102.3	110.4	1	110.3	110.3	5.1	4	102.6	102.6
敦賀市	15.4	5	100.5	100.5	101.7	4	101.6	101.6	5.4	5	97.6	97.6
小浜市	14.0	7	91.7	91.7	102.8	2	102.7	102.7	3.8	1	138.0	130.0
大野市	12.9	9	84.3	84.3	91.8	7	91.7	91.7	5.0	3	104.0	104.0
勝山市	13.9	8	90.8	90.8	90.7	8	90.7	90.7	4.8	2	109.3	109.3
鯖江市	16.1	2	105.2	105.2	94.6	5	94.6	94.6	6.0	8	87.2	87.2
あわら市	14.5	6	94.6	94.6	94.5	6	94.4	94.4	6.0	7	87.8	87.8
越前市	16.4	1	107.0	107.0	102.3	3	102.2	102.2	6.2	9	84.9	84.9
坂井市	15.6	4	101.7	101.7	89.0	9	89.0	89.0	5.5	6	95.7	95.7

資料：表1に同じ．

表2　47都道府県・質的経済力（社会増減（転入出）比率，従業員あたり粗付加価値額，従業員あたり年間商品販売額）その2

	社会増減(転入出)比率				従業員あたり粗付加価値額				従業員あたり年間商品販売額			
	2013年	RANK	水準	CUT後	2013年	RANK	水準	CUT後	2012年	RANK	水準	CUT後
全国	99.3	-	100.0	100.0	1,321.7	-	100.0	100.0	1,995.9	-	100.0	100.0
北海道	96.3	16	97.0	97.0	1,002.4	37	75.8	75.8	1,984.0	8	99.4	99.4
青森県	85.2	46	85.8	85.8	1,138.6	25	86.1	86.1	1,800.0	32	90.2	90.2
岩手県	93.9	25	94.5	94.5	832.0	43	63.0	70.0	1,881.6	22	94.3	94.3
宮城県	103.6	2	104.3	104.3	1,069.1	31	80.9	80.9	2,043.4	5	102.4	102.4
秋田県	82.6	47	83.2	83.2	761.5	46	57.6	70.0	1,827.2	28	91.5	91.5
山形県	86.9	45	87.6	87.6	903.6	41	68.4	70.0	1,838.8	26	92.1	92.1
福島県	90.5	40	91.1	91.1	1,124.9	27	85.1	85.1	1,880.6	24	94.2	94.2
茨城県	94.6	22	95.3	95.3	1,434.5	14	108.5	108.5	1,882.4	21	94.3	94.3
栃木県	96.5	15	97.2	97.2	1,437.3	13	108.7	108.7	2,000.4	6	100.2	100.2
群馬県	95.0	21	95.7	95.7	1,441.4	12	109.1	109.1	1,883.2	20	94.4	94.4
埼玉県	103.3	3	104.0	104.0	1,172.4	21	88.7	88.7	1,941.6	13	97.3	97.3
千葉県	100.3	8	101.1	101.1	1,567.2	8	118.6	118.6	1,951.1	10	97.8	97.8
東京都	108.3	1	109.1	109.1	1,141.2	24	86.3	86.3	2,490.4	1	124.8	124.8
神奈川県	101.8	5	102.5	102.5	1,456.5	10	110.2	110.2	2,095.0	4	105.0	105.0
新潟県	90.5	39	91.2	91.2	971.6	39	73.5	73.5	1,917.8	17	96.1	96.1
富山県	94.0	24	94.7	94.7	1,106.8	28	83.7	83.7	1,837.5	27	92.1	92.1
石川県	97.2	13	97.9	97.9	1,039.3	34	78.6	78.6	1,949.9	11	97.7	97.7
福井県	89.0	43	89.6	89.6	1,133.0	26	85.7	85.7	1,792.8	35	89.8	89.8
山梨県	92.0	35	92.6	92.6	1,212.2	19	91.7	91.7	1,821.1	30	91.2	91.2
長野県	95.3	20	96.0	96.0	1,055.7	33	79.9	79.9	1,880.8	23	94.2	94.2
岐阜県	91.7	36	92.4	92.4	982.8	38	74.4	74.4	1,788.6	37	89.6	89.6
静岡県	94.2	23	94.9	94.9	1,541.3	9	116.6	116.6	1,892.9	19	94.8	94.8
愛知県	101.8	4	102.5	102.5	1,693.2	5	128.1	128.1	2,119.8	3	106.2	106.2
三重県	93.1	29	93.8	93.8	1,771.7	3	134.0	130.0	1,907.3	18	95.6	95.6
滋賀県	98.7	10	99.4	99.4	1,680.1	6	127.1	127.1	1,789.3	36	89.6	89.6
京都府	97.4	12	98.1	98.1	1,340.4	17	101.4	101.4	1,983.8	9	99.4	99.4
大阪府	100.6	7	101.3	101.3	1,207.9	20	91.4	91.4	2,195.3	2	110.0	110.0
兵庫県	96.6	14	97.3	97.3	1,378.2	16	104.3	104.3	1,946.5	12	97.5	97.5
奈良県	93.5	28	94.1	94.1	1,082.1	30	81.9	81.9	1,822.6	29	91.3	91.3
和歌山県	89.9	42	90.6	90.6	1,771.2	4	134.0	130.0	1,728.8	40	86.6	86.6
鳥取県	90.1	41	90.8	90.8	801.7	45	60.7	70.0	1,930.2	15	96.7	96.7
島根県	92.4	33	93.0	93.0	931.7	40	70.5	70.5	1,798.9	34	90.1	90.1
岡山県	98.7	11	99.4	99.4	1,447.5	11	109.5	109.5	1,933.1	14	96.9	96.9
広島県	96.3	17	97.0	97.0	1,307.6	18	98.9	98.9	1,925.8	16	96.5	96.5
山口県	92.5	32	93.1	93.1	2,031.6	1	153.7	130.0	1,777.5	39	89.1	89.1
徳島県	92.2	34	92.9	92.9	1,952.6	2	147.7	130.0	1,687.1	45	84.5	84.5
香川県	95.6	19	96.3	96.3	1,167.4	23	88.3	88.3	1,861.0	25	93.2	93.2
愛媛県	91.3	37	92.0	92.0	1,400.3	15	105.9	105.9	1,786.7	38	89.5	89.5
高知県	91.2	38	91.9	91.9	821.8	44	62.2	70.0	1,620.2	47	81.2	81.2
福岡県	101.6	6	102.4	102.4	1,169.1	22	88.5	88.5	1,991.0	7	99.8	99.8
佐賀県	93.5	27	94.2	94.2	1,082.4	29	81.9	81.9	1,693.0	43	84.8	84.8
長崎県	88.1	44	88.7	88.7	1,065.1	32	80.6	80.6	1,799.5	33	90.2	90.2
熊本県	95.8	18	96.5	96.5	1,013.0	36	76.6	76.6	1,802.0	31	90.3	90.3
大分県	92.7	31	93.4	93.4	1,590.4	7	120.3	120.3	1,723.5	41	86.4	86.4
宮崎県	92.7	30	93.4	93.4	1,017.5	35	77.0	77.0	1,702.4	42	85.3	85.3
鹿児島県	93.8	26	94.5	94.5	885.8	42	67.0	70.0	1,681.2	46	84.2	84.2
沖縄県	99.2	9	99.9	99.9	638.4	47	48.3	70.0	1,688.4	44	84.6	84.6

福井県9市・質的経済力（社会増減（転入出）比率，従業員あたり粗付加価値額，従業員あたり年間商品販売額）その2

	社会増減(転入出)比率				従業員あたり粗付加価値額				従業員あたり年間商品販売額			
	2013年	RANK	水準	CUT後	2013年	RANK	水準	CUT後	2012年	RANK	水準	CUT後
福井県	89.0	-	100.0	100.0	1,133.0	-	100.0	100.0	1,792.8	-	100.0	100.0
福井市	97.2	2	109.2	109.2	1,005.2	4	88.7	88.7	1,925.6	3	107.4	107.4
敦賀市	82.7	7	92.9	92.9	999.6	5	88.2	88.2	1,956.7	2	109.1	109.1
小浜市	83.5	6	93.8	93.8	766.2	7	67.6	70.0	1,680.9	5	93.8	93.8
大野市	72.0	8	80.9	80.9	587.9	9	51.9	70.0	1,668.2	6	93.0	93.0
勝山市	66.3	9	74.5	74.5	2,376.5	1	209.8	130.0	1,580.3	8	88.1	88.1
鯖江市	105.7	1	118.8	118.8	750.5	8	66.2	70.0	1,637.9	7	91.4	91.4
あわら市	84.0	5	94.4	94.4	2,348.1	2	207.2	130.0	1,490.5	9	83.1	83.1
越前市	84.5	4	94.9	94.9	1,319.3	3	116.4	116.4	1,686.0	4	94.0	94.0
坂井市	92.7	3	104.2	104.2	995.4	6	87.9	87.9	1,968.9	1	109.8	109.8

資料：表１に同じ.

表2　47 都道府県・質的経済力（流出入係数，財政力指数，出生率）その3

	流出入係数				財政力指数				出生率			
	2012年	RANK	水準	CUT後	2013年度	RANK	水準	CUT後	2008～12年	RANK	水準	CUT後
全国	1.000	-	100.0	100.0	0.46	-	100.0	100.0	1.38	-	100.0	100.0
北海道	1.038	10	103.8	103.8	0.39	29	83.9	83.9	1.25	46	90.6	90.6
青森県	0.993	18	99.3	99.3	0.31	35	66.7	70.0	1.37	37	99.3	99.3
岩手県	0.993	19	99.3	99.3	0.30	37	65.4	70.0	1.45	27	105.1	105.1
宮城県	1.203	2	120.3	120.3	0.53	17	113.4	113.4	1.29	43	93.5	93.5
秋田県	1.051	5	105.1	105.1	0.27	44	58.8	70.0	1.36	38	98.6	98.6
山形県	1.040	9	104.0	104.0	0.32	34	68.3	70.0	1.48	22	107.2	107.2
福島県	0.958	27	95.8	95.8	0.43	22	93.6	93.6	1.48	22	107.2	107.2
茨城県	0.951	29	95.1	95.1	0.61	8	130.9	130.0	1.43	30	103.6	103.6
栃木県	1.029	12	102.9	102.9	0.57	11	123.7	123.7	1.45	27	105.1	105.1
群馬県	1.038	11	103.8	103.8	0.56	12	121.6	121.6	1.46	24	105.8	105.8
埼玉県	0.884	42	88.4	88.4	0.75	5	161.0	130.0	1.31	41	94.9	94.9
千葉県	0.891	41	89.1	89.1	0.75	4	162.8	130.0	1.33	39	96.4	96.4
東京都	1.295	1	129.5	129.5	0.87	3	187.7	130.0	1.11	47	80.4	80.4
神奈川県	0.893	39	89.3	89.3	0.91	2	197.0	130.0	1.30	42	94.2	94.2
新潟県	1.048	7	104.8	104.8	0.40	26	85.9	85.9	1.42	33	102.9	102.9
富山県	0.977	25	97.7	97.7	0.43	24	92.6	92.6	1.43	30	103.6	103.6
石川県	1.050	6	105.0	105.0	0.44	21	94.0	94.0	1.46	24	105.8	105.8
福井県	1.012	16	101.2	101.2	0.37	31	79.0	79.0	1.62	4	117.4	117.4
山梨県	0.985	22	98.5	98.5	0.37	30	80.4	80.4	1.45	27	105.1	105.1
長野県	0.984	24	98.4	98.4	0.44	20	95.7	95.7	1.53	14	110.9	110.9
岐阜県	0.958	28	95.8	95.8	0.50	18	107.6	107.6	1.49	20	108.0	108.0
静岡県	0.992	20	99.2	99.2	0.68	7	147.4	130.0	1.53	14	110.9	110.9
愛知県	1.059	4	105.9	105.9	0.93	1	199.9	130.0	1.51	17	109.4	109.4
三重県	0.992	21	99.2	99.2	0.55	14	119.5	119.5	1.51	17	109.4	109.4
滋賀県	0.967	26	96.7	96.7	0.53	16	113.7	113.7	1.54	12	111.6	111.6
京都府	1.080	3	108.0	108.0	0.55	15	118.5	118.5	1.27	45	92.0	92.0
大阪府	1.041	8	104.1	104.1	0.73	6	157.0	130.0	1.32	40	95.7	95.7
兵庫県	0.897	38	89.7	89.7	0.60	9	128.4	128.4	1.40	35	101.4	101.4
奈良県	0.821	45	82.1	82.1	0.40	27	85.6	85.6	1.29	43	93.5	93.5
和歌山県	0.892	40	89.2	89.2	0.30	38	64.5	70.0	1.46	24	105.8	105.8
鳥取県	1.017	14	101.7	101.7	0.24	45	51.9	70.0	1.56	9	113.0	113.0
島根県	1.009	17	100.9	100.9	0.22	47	48.3	70.0	1.64	3	118.8	118.8
岡山県	0.936	32	93.6	93.6	0.48	19	102.5	102.5	1.49	20	108.0	108.0
広島県	1.013	15	101.3	101.3	0.56	13	119.9	119.9	1.54	12	111.6	111.6
山口県	0.933	34	93.3	93.3	0.40	25	86.0	86.0	1.52	16	110.1	110.1
徳島県	0.820	46	82.0	82.0	0.29	42	63.3	70.0	1.41	34	102.2	102.2
香川県	1.019	13	101.9	101.9	0.43	23	93.3	93.3	1.56	9	113.0	113.0
愛媛県	0.920	36	92.0	92.0	0.39	28	84.0	84.0	1.50	19	108.7	108.7
高知県	0.938	30	93.8	93.8	0.23	46	49.4	70.0	1.40	35	101.4	101.4
福岡県	0.984	23	98.4	98.4	0.58	10	125.4	125.4	1.43	30	103.6	103.6
佐賀県	0.878	44	87.8	87.8	0.31	36	66.1	70.0	1.61	6	116.7	116.7
長崎県	0.936	31	93.6	93.6	0.30	41	63.8	70.0	1.59	8	115.2	115.2
熊本県	0.933	33	93.3	93.3	0.36	32	78.1	78.1	1.61	6	116.7	116.7
大分県	0.931	35	93.1	93.1	0.34	33	72.7	72.7	1.55	11	112.3	112.3
宮崎県	0.917	37	91.7	91.7	0.30	39	64.5	70.0	1.66	2	120.3	120.3
鹿児島県	0.883	43	88.3	88.3	0.30	40	64.4	70.0	1.62	4	117.4	117.4
沖縄県	0.710	47	71.0	71.0	0.29	43	62.2	70.0	1.86	1	134.8	130.0

福井県 9 市・質的経済力（流出入係数，財政力指数，出生率）その 3

	流出入係数				財政力指数				出生率			
	2012年	RANK	水準	CUT後	2013年度	RANK	水準	CUT後	2008～12年	RANK	水準	CUT後
福井県	1.012	-	100.0	100.0	0.37	-	100.0	100.0	1.62	-	100.0	100.0
福井市	1.293	1	127.8	127.8	0.83	2	226.7	130.0	1.65	4	101.9	101.9
敦賀市	1.185	2	117.1	117.1	0.98	1	267.6	130.0	1.72	2	106.2	106.2
小浜市	1.093	3	108.0	108.0	0.42	8	114.7	114.7	1.77	1	109.3	109.3
大野市	0.924	5	91.3	91.3	0.41	9	112.0	112.0	1.49	8	92.0	92.0
勝山市	0.764	8	75.5	75.5	0.45	7	122.9	122.9	1.53	7	94.4	94.4
鯖江市	0.853	7	84.3	84.3	0.66	5	180.2	130.0	1.68	3	103.7	103.7
あわら市	0.595	9	58.8	70.0	0.65	6	177.5	130.0	1.42	9	87.7	87.7
越前市	0.991	4	98.0	98.0	0.72	3	196.6	130.0	1.54	6	95.1	95.1
坂井市	0.903	6	89.3	89.3	0.68	4	185.7	130.0	1.57	5	96.9	96.9

資料：表 1 に同じ.

表4　経済成長力・質的経済力『出所一覧表』

	項目	出所	発行元	調査年
経済成長力	人口増減率	住民基本台帳人口移動報告	総務省統計局	2004年3月末
				2014年1月1日
	事業所増減率	事業所・企業統計調査	総務省統計局	2001年
		経済センサス	総務省統計局	2012年
	製造業事業所増減率	工業統計調査	経済産業省	2002年
		経済センサス	総務省統計局	2012年
	製造業従業者増減率	工業統計	経済産業省	2002年
		経済センサス	総務省統計局	2012年
	小売業事業所増減率	商業統計	経済産業省	2002年
		経済センサス	総務省統計局	2012年
	小売業従業者増減率	商業統計	経済産業省	2002年
		経済センサス	総務省統計局	2012年
	年間商品販売額増減率	商業統計	経済産業省	2002年
		経済センサス	総務省統計局	2012年
	売場面積増減率	商業統計	経済産業省	2002年
		経済センサス	総務省統計局	2012年
質的経済力	若者(20～34歳)人口比率	国勢調査	総務省統計局	2010年
	昼間人口比率	国勢調査	総務省統計局	2010年
	完全失業率	国勢調査	総務省統計局	2010年
	社会増減(転入出)比率	住民基本台帳人口移動報告	総務省統計局	2014年1月1日
	従業員あたり粗付加価値額	経済センサス	総務省統計局	2012年
	従業員あたり年間商品販売額	経済センサス	総務省統計局	2012年
	流出入係数	経済センサス	総務省統計局	2012年
		住民基本台帳人口移動報告	総務省統計局	2012年3月末
	財政力指数	都道府県別決算状況調べ	総務省	2013年
		市町村別決算状況調べ	総務省	2013年
	出生率	人口動態統計月報年計	厚生労働省	2008～12年

表３　47都道府県の経済成長力・質的経済力（総合）

	経済成長力(総合)参考			質的経済力(総合)		
	水準	CUT後	RANK	水準	CUT後	RANK
全国	100.0	100.0	-	100.0	100.0	-
北海道	98.7	98.7	30	92.7	92.7	35
青森県	97.2	97.2	39	87.0	87.4	46
岩手県	97.8	97.8	33	88.5	89.8	41
宮城県	97.2	97.2	38	100.3	100.3	16
秋田県	97.5	97.5	37	84.9	87.5	45
山形県	99.3	99.3	27	91.5	91.9	38
福島県	94.5	94.5	46	94.0	94.0	32
茨城県	103.8	103.8	4	102.1	102.0	13
栃木県	102.5	102.5	6	104.1	104.1	8
群馬県	101.5	101.5	13	102.7	102.7	11
埼玉県	106.2	106.2	2	103.3	99.9	17
千葉県	104.0	104.0	3	106.9	103.2	9
東京都	94.7	94.7	45	118.7	112.2	2
神奈川県	100.3	100.3	21	112.3	104.8	6
新潟県	101.2	101.2	14	95.5	95.5	26
富山県	97.9	97.9	32	97.1	97.1	23
石川県	102.0	102.0	11	99.3	99.3	20
福井県	98.8	98.8	29	97.1	97.1	24
山梨県	99.7	99.7	25	94.7	94.7	29
長野県	98.2	98.2	31	97.6	97.6	21
岐阜県	101.0	101.0	18	96.9	96.9	25
静岡県	100.0	100.0	23	107.5	105.6	5
愛知県	102.5	102.5	7	120.9	113.1	1
三重県	103.0	103.0	5	107.6	107.2	4
滋賀県	109.3	109.3	1	107.4	107.4	3
京都府	96.4	96.4	42	102.9	102.9	10
大阪府	96.3	96.3	43	105.3	102.3	12
兵庫県	100.7	100.7	20	101.0	101.0	14
奈良県	100.1	100.1	22	88.7	88.7	44
和歌山県	99.1	99.1	28	94.0	94.1	30
鳥取県	95.6	95.6	44	90.2	93.3	33
島根県	97.8	97.8	34	93.7	94.9	28
岡山県	101.1	101.1	17	99.3	99.3	19
広島県	102.2	102.2	10	104.5	104.5	7
山口県	97.6	97.6	36	101.9	99.3	18
徳島県	93.9	93.9	47	93.7	92.5	36
香川県	99.9	99.9	24	97.3	97.3	22
愛媛県	96.8	96.8	41	94.1	94.1	31
高知県	97.7	97.7	35	82.7	85.9	47
福岡県	101.2	101.2	16	100.5	100.5	15
佐賀県	101.2	101.2	15	91.6	92.1	37
長崎県	97.0	97.0	40	90.2	90.9	39
熊本県	102.3	102.3	8	93.1	93.1	34
大分県	100.7	100.7	19	95.4	95.4	27
宮崎県	102.0	102.0	12	90.0	90.6	40
鹿児島県	99.5	99.5	26	88.5	89.5	42
沖縄県	102.2	102.2	9	85.2	89.2	43

福井県９市の経済成長力・質的経済力（総合）

	経済成長力(総合)参考			質的経済力(総合)		
	水準	CUT後	RANK	水準	CUT後	RANK
福井県	100.0	100.0	-	100.0	100.0	-
福井市	102.5	102.5	2	119.6	108.9	1
敦賀市	96.5	96.5	6	120.1	104.8	2
小浜市	93.0	93.0	8	102.2	101.5	4
大野市	95.5	95.5	7	89.0	91.0	9
勝山市	91.8	91.8	9	106.2	97.4	7
鯖江市	99.6	99.6	4	103.5	98.3	6
あわら市	98.7	98.7	5	109.5	96.9	8
越前市	99.7	99.7	3	109.9	102.5	3
坂井市	104.2	104.2	1	106.7	100.5	5

資料：表１に同じ.

三　地方創生に向けて今何をなすべきか

以上のように、「経済成長力」と「質的経済力」の両面から福井県を眺めてみると、確かに県内九市においては多少のバラツキがみられるものの、四七都道府県別では何とか全国並みの水準を維持していることがわかった。ただ、この結果はこれまでのもの、過去の結果に過ぎない。では、将来に向け冒頭でも述べた多様な問題に遭遇する福井が持続的発展を成し遂げるには、今後、どのような施策をとるべきなのであろう。地方版総合戦略でもわかるように、現在、地方圏では若者の滞留や結婚の誘発、出生率の上昇、子育て環境の充実、暮らしやすさ、安心・安全の確保等を狙って多様な施策が講じられている。確かに、こうした施策は地域にとってある一定の効果を導き出すことは間違いない。しかし、最も重要な施策は、地域の経済性を押し上げ豊かさを実感できる地域をどうつくるかである。経済性の低い地域に、介護も福祉も子育て環境の充実もあり得ない。こう考えてみると、地域にとって最も重要な施策は、経済性、豊かさを高めること、それには産業政策を如何にうまくやるかではないか。こうした観点から、以下では、後述する第1章–第7章より得られた福井県の強み・弱みを参考としながら、「官」のセクターと「民」のセクターに分け、産業政策を中心に今後の地域のあるべき姿、方向性を述べてみたい。

(1) 官（自治体、支援機関、教育機関等）の進むべき方向性

① 歴史、文化資本を再確認し、それを活かした地域活性化を

福井地域の歴史は古く、それが時代の中で十分活用されているとは言い難い。歴史資本、文化資本、それら象徴資本の存在を福井県民に啓発し、誇り、プライドの醸成を図るとともに、それを基礎とする地域活性化を図るべきではないか。さらに、これに関連して福井を眺めてみると、福井の場合、若者層を中心に地元経済を知らない人々が多いような気がする。福井には、繊維、めがね枠、化学、機械・金属工業など素晴らしい産業・企業が集積しており、こうした現実を社会教育、学校教育を通じて啓発すべきではないか。特に、高等教育機関では、企業訪問などのフィールドワークを率先し、福井の経済・産業の素晴らしさを教えていくことが重要と考える。できれば、幼いころから、こうした啓発活動に馴染んでいくことにより、地域を知り・学び・愛し、その結果として若者の流出を防ぎ、強いては人口減少対策にもつながっていくものと思われる。

② 時流にあった産業構造への転換を促進する

第二点目は、時流にあった産業構造への転換。言い換えれば、工業構造の高度化を促進することが重要である。参考までに、地域内企業の業種構造を眺めてみると、電子部品・デバイス、一般機械、化学工業等がそれぞれ高いウエイトを占めているものの、就業者数や企業数の面では構造不況に悩む繊維のウエイトが高く、また元気印の輸送機械はその構成比が極めて低い。要は、付加価値が高く、かつ労働集約型で海外進出が比較的多い業種からの離脱、さらに基盤技術を担う下請中小企業の高度

化を図るための施策が望まれるところである。それに関して、まず考えられることは、地域内での新産業の創出といえるが、これまで地域に存在しないものを新たに創造することは容易なことではない。それはそれとして推進していくとしても、それ以前にもっとやらなければならないことはないか。それは、既存の地域資源を活用しながら地域のイノベーションを探る方法を検討することであろう。つまり、新産業の創出を目指しながらも既存産業の周辺分野の育成、ベンチャー企業の育成を支援しながらも既存企業の第二創業・企業内ベンチャーを目指す企業への支援を充実するやり方が現実的ではなかろうか。

それと、もう一つ。地域製造業の多数を占める下請中小企業の存在を忘れてはならない。基盤技術を支えるこれら中小企業・小規模事業所の進化なくして、製造業の高度化はありえない。福井地域には、繊維のように垂直連携システムの下請構造の中で半製品の生産に特化するあまり、将来の方向性に迷う企業も多いと聞く。これら企業に対しては、地域にある各種支援機関は無論のこと地元自治体においても日々の経営に関する支援体制の強化が望まれる。具体的には「何をつくればよいか」「つくったものをどう売るか」の指導・支援のほか、資金繰りに苦しい中小企業に向けた安定化・高度化のための金融支援が必要である。また、公設試験研究機関においては、試験・研究機能の充実もさることながら、中小企業・小規模事業所に対する支援として、研究・開発機能を充実させることも重要となろう。

③繊維、めがね枠に次ぐ新たな地場産業の育成を

福井県は製造業を主要産業とする地域であり、これまで繊維産業やめがね枠産業、化学産業、機械産業など各種地場産業の発展が見られた。しかし、一九八五年のプラザ合意以降、急激な円高は地場産業にも多大な影響を及ぼし、繊維産業、めがね枠産業などを中心に生産拠点あるいは販売拠点の海外シフトが進み、こうしたグローバル化の波は、一方で地域内製造業の生産減少、雇用の喪失を招くとともに地域経済の活力低下につながった。確かに、各社の競争力強化、発展のためにグローバル化の進展は避けて通れない道ではあるが、一方で地域経済の疲弊といった負の影響が内在することも忘れてはならない。では、こうした流れの中で、地域が持続的発展を遂げるために何をなすべきか。それは、言うまでもなく、これまで地域を支えた主要地場産業に続く新たな成長産業を育成することに他ならない。もっと言えば、将来性のある成長産業を育て上げ活力を持続していくことであろう。

では、次の時代を担う成長産業として地域に相応しい産業とは何か。具体的には、「人工血管」、「網膜用機器」などの医療機器のほか、これに付随する非医療機器、例えば、「医療機器向けの材料・部品」、「介護・福祉器具、部品」、「健康器具、部品」、「病院で使われる医療機器以外の器具」、「理化学研究・分析用機器装置類」なども考えられる。いずれにせよ、世界規模での高齢化の進展と医療需要の拡大により、世界の医療機器市場は今後ますます拡大することは間違いない。福井県は、多様な技術を保有するモノづくり企業が集積する地域である。医療機器に必要な技術は、まさにこうしたモノづくり技術の組み合わせであり、その意味で福井県は医療機器分野で成長するための大きなポテンシャルを

持った企業が勢ぞろいしている地域といえる。今まさに福井のモノづくり技術を活かして飛躍するための千載一遇のチャンスなのである。

また、安倍政権下で進められている成長戦略から、今後育成すべき成長産業のヒントを得ることもできる。その一つが、農業（六次産業化も含めた）の産業化であろう。既に、福井は電源立地地域であり、他の地域に比べ安い電力コストを得られることから、地域外資本の野菜工場などの進出も見られる。安心・安全面や安定した供給が可能な野菜工場への投資は今後ますます増加するであろう。また、域内での農を中心とした六次産業化の動きや食をテーマにコミュニティービジネス化している食品加工グループの存在も忘れてはならない。この場合、農業生産者を中心としたグループ化ではなく、製造業者、商業者などビジネス感覚に秀でた人財、セクターを中心に六次産業化を図ることも重要な課題であろう。そのほか、将来的にさらなる発展が期待できる輸送機械（自動車）関連産業への注目も忘れてはならない。エネルギーが変われば部品も変わる。そこに福井の製造企業が参入するチャンスが生まれる。北陸の中でも福井は電装部品を中心に自動車部品関連企業の集積が高いと聞く。このチャンスを逃してはならない。

いずれにせよ、地域が持続可能な発展を遂げるために、地域産業がこれまで培った多様な技術・ノウハウを、成長産業育成に振り向ける努力をなすべきであろう。

④福井型マイスター制度の導入

人事労務用語辞典によれば、マイスター制度とはもともとドイツ発祥の職能訓練制度のことらしい。

中世以来の手工業の技を引き継ぐために一九五三年に法制化され、ドイツの産業発展を支えてきた。近年、日本でも製造業を中心に、現場の熟練技能者から中堅・若手人材への円滑な技能継承を促す仕組みづくりが模索され、注目を集めている。

もう少し具体的に述べると、ドイツでは、各職人の専門的な技術や理論を完全にマスターした人をマイスターとし称号を与えられる。近年、日本企業の人事戦略面などにおいても、このマイスターの概念を取り入れ、一つの分野に精通したプロフェッショナルや、匠の技を極めた従業員を適切に処遇する仕組みとして、あるいは、そういった専門分野を確立した従業員への対価（報奨金等）支払いの仕組みとしてマイスターといった名称でシステム化を図り導入している企業が増えているという。

仕組みの適切な導入・運用は、従業員が一つの専門領域を極めるための継続的な取り組みを促すことに寄与する。また、マイスター制度を導入する際には、対象者を正社員だけに限定せず、契約社員やアルバイトといった、いわゆる非正規社員も対象者に含めるといった傾向も最近の特徴である。従って、マイスター制度は正社員、非正規社員を問わず、広く従業員のモチベーションの維持・向上の施策の一つとして活用されている。正社員、非正規社員の垣根が崩れてきている現代の雇用環境においては、重要性の増す仕組みの一つとして今までと同様に、今後も注目される仕組みといえる。

特に福井の場合、労働力人口が減少する中、女子力の活用は無論のこと、知識・経験豊かな高齢者の活躍、障害者の活躍、さらに最も重要な若者の地域内定着率浮上を促すために、この制度を福井特有の制度に改め取り入れることはできないか。例えば、単に技能や知識習得者への対価としての意味だけではなく、幼いころから各分野のマイスターを目指し学問する場、実習する場を提供するとともに、マイスターを獲得した女子、若者たちには就職、独立に際しての支援まで行うといった制度である。揺りかごから墓場までを補償する「福井型マイスター制度」が確立されれば全国的にも注目を集め、単に労働人口の確保のみならず、その労働力を当て込んだ産業立地にもつながっていくものと思われる。今やホワイトカラーの時代は終わった。地域をあげて「ブルーカラーのエンジニア」を如何に育て地域に定着させるかを真剣に考えなければならない。

⑤内需型企業への応援体制の充実を（柔軟なM＆A制度の導入）

地域経済に目を投じると、産業分野ではグローバル化の進展により域外取引が増加する中で、域内取引が減少し、そのあおりを受けた内需型企業の淘汰が進んでいる。とりわけ我々の生活に密着した業種である生活衛生関係営業とよばれる業界、具体的には、宿泊業・飲食サービス業（旅館・ホテル、料理業、寿司商、麵類業、喫茶飲食業、飲食業、社交飲食業、氷雪販売業、食肉、中華料理……）と生活関連サービス業・娯楽業（理容業、美容業、クリーニング業、公衆浴場、興行……）等の淘汰はすさまじい。

ちなみに、福井県の場合、前述の平成二四年経済センサス活動調査によると、域内にある全事業所数四万二九一八件、全従業者数三七万五二一五人のうち、宿泊業・飲食サービス業が五四〇三件の従業者数三万三二三一人、生活関連サービス業・娯楽業が三五九四件の同一万五五〇〇人、両者を合わせると、事業所数で全体の二一・〇％、従業者数でも一三・〇％を占めているが、全体としてその規模は縮小傾向にあることが読みとれる。また、一事業所あたり売上高も、宿泊業・飲食サービス業が、全国の三八七三万円に対し、福井県はその五三・六％の二〇七四万円、生活関連サービス業・娯楽業が、全国の九八六二万円に対し、福井県がその五六・九％にあたる五六一一万円に過ぎない。つまり、この業界、全体としては全国に比べジリ貧状態にあるとみても過言ではない。

こうした中、福井県立大学地域経済研究所が二〇一三年九―一〇月に実施したアンケート調査（回答企業数二〇五社）によると、同業界のここ一―三年の売上高は、回答企業の六五・三％が「減少傾向」にあると答え、その中で三〇・七％が「自分の代で事業を閉じる」と答えるなど、極めて悲観的な見通しとなっている現実がわかった。

時代の変化とともに、ビジネスモデルも変化する。その中で、生活衛生関係営業の多くの企業が淘汰されていくのも仕方がない。しかし、その半面、息を吹き返す事業、求められる事業があってもいいはずだ。例えば、進展する超高齢社会の中に生活衛生関係営業の幾つかの業種がベストマッチングしてはいないか。同業界を何とか次の時代につなぎたい。その支援策はないものか。例えば、同業界の企業の中に暖簾を次の時代に継がせたいニーズ（経営者側）があるのなら、自立したい人（起業化したい若者、女性、中高齢者……）とのマッチング、いわゆる「柔軟なM＆A」を支援できないものか。そして、業界内に新しい風（人、モノ、金、情報……）を吹き込んで、何かしら夢、希望の持てる業界に変身させたいものである。無論、この考え方は、生活衛生関係業界だけでなく、中小製造業、建設業など内需型産業を中心とした多様な産業分野にもあてはまる。

⑥恒久の課題、産業立地の促進を

二〇世紀の後半、高速道路、新幹線の整備といった高速体系の進展で東北が変わった。この例を参考に福井の利便性を表に出した政策展開の遂行に期待したい。具体的には、極めてオーソドックスな考え方ではあるが、やはり産業立地、いわゆる企業誘致の促進を図ることであろう。地域活性化における究極の目的は地域内での雇用の場創出であり、そのための即効性といった面では企業誘致が最もインパクトが大きいためである。確かに、地方圏への企業立地はあまりにも非現実的である。しかし、ここで重要なことは、地域の雇用創出のために企業誘致が地域の産業政策における恒久のテーマであることを再確認し、誘致活動を恒常的な施策として位置づけ努力することであろう。ただ、このためには労働力の供給体制整備が急務である。福井は製造業、建設業中心の産業構造に特徴がある。実業系の専門性の強い学部、学科にこだわり、技術者・現業職の排出に注力すべきではないか。もはや、ホワイトカラー至上主義の時代は終わった。

⑦「リタイヤ組」に活躍の場を

団塊の世代と呼ばれる人々が第一線を去り、そのおかげで日本中が人手不足に陥った。しかし、よくよく考えてみると、彼らはまだまだ働ける。ただ、働くチャンスがないだけだ。彼らが保有する知識と経験、技術とノウハウを次代にうまく活かす術を考慮してほしい。

(2) 民（産業・企業・金融機関等）の進むべき方向性

① ビジネスをオーガナイズする（オーガナイザー企業を目指して）

オーガナイザー企業とは、内外の市場ニーズに機敏に反応し工程専業企業をオーガナイズして商品を生産し市場に回す企業をいう。

ところで、こうしたオーガナイザー企業の存在は、以前からイタリアのプラトー、コモ、ボローニャ等の中小企業を中心とする産業集積内で活躍する企業モデルとして語られていた。これらの産業集積では、同業種の工程専業の小規模企業群が多く存在するとともに、これら企業群と内外の市場をつなぐオーガナイザー企業が存在し、そのオーガナイザー企業が、内外の市場ニーズに機敏に反応し工程専業企業をオーガナイズして商品を生産し市場に回す。例えば、プラトーの織物産地などで活躍するコーディネートを専門とする企業では、自らの企画機能を最大限に活かして、テキスタイルとアパレルの橋渡しを行い、糸から染め、織りまで工程ごとに最適なメーカーを選んでコーディネートする役割を担っている。それぞれの工程で高い技術やノウハウを選んで組み合わせることで、それまでは難しかった新しい素材や斬新な企画が実現できているわけである。かつての福井繊維産地でも、オーガナイザー的企業、コンバーター機能を持った産地問屋が存在した。しかし、それらの多くは、原糸メーカー、総合商社の圧力などにより消滅し、それが繊維産業の衰退にもつながったのである。

しかし、福井のように中小・小規模企業が集積する地域では、今こそ市場のニーズと生産者をうまくまとめコントロールするセクターが必要ではないか。いや、日本全体、世界全体を見ても、市場の成熟化、多様化、高度化が進む中、得意の企画力、アイディア力、市場との取引能力、金融機能、ディテール機能を持ち合わせ、市場と生産者をうまく結びつけるセクターが多様な産業で求められているような気がする。そして、繊維産業でその技術・ノウハウを培った福井の企業だからこそ、これまでの経験を活かして様々な分野でオーガナイザー企業を目指せるのではなかろうか。

② 複合化（六次産業化、M&A……）への挑戦

地域産業の活性化を考える場合、どのような視点で取り組むべきなのか。第一に考えられることは、一つの手段として、地域内への企業誘致など外発型による活性化を目指す道である。それは確かに即効性があり評価できるものの、昨今の経済情勢から判断すると実現性に乏しい。それゆえ、地域の産業が地域に根ざしたものである以上、やはり地域にある固有の資源を活かした内発型の活性化を前提としていくべきであろう。地域ならではの資源を最大限活用した、ほかでは真似のできない活性化策を構築しなければならない。

そして、このための方策を検討するうえで参考となる事例として、かつて動きを見せた大企業間における包括提携の動きをあげることができる。例えば、家電メーカー間での技術開発分野での提携や、鉄鋼メーカー間における製品の相互供給体制整備のための提携など枚挙に暇がない。

企業間関係には、競争がある一方で連携があり、連携の極端な形としてM&Aや合併が存在する。こうした中、今、競争と連携の中間にあるゾーンで企業同士が手を結びながら独自資源を融通し合い、最大限の競争力を引き出そうとする動きが活発化しているのである。その筆頭が、一次産業から二次

産業、三次産業までを横につなぐ六次産業ではないか。地域産業活性化の道筋を、こうした流れを参考とすることで、見つけ出すことができないか。つまり、域内にある個々の企業がそれぞれ保有する独自資源を持ち寄り、相互に補完しながら、地域産業活性化に向けてスタートを切るといった方向である。それは、業種、業態の垣根を越えた川上から川下までの集団であり、もちろん支援機関としての行政や研究機関である大学なども重要な役割を演じることになる。そして、これらが総合的に結びついた地域内ネットワークが動き出すことで、地域の固有資源が地域の共通資産へと発展し、さらには地域産業活性化のための大きな原動力となっていくものと思われる。

③企業内ベンチャー、第二創業を目指す

企業成長の方向性を考えると、それは有望と思われる製品・サービスで出発し、当初はその事業分野で事業が成り立つが、いつまでもそこにたじろいでいることはできない。なぜなら、どんな製品・サービスにも寿命はあり、それに依存していると事業がいつしか衰退するからである。そこで、次の段階として、あらたな市場や顧客を求め、新たな製品・サービスを出して、永続性を維持していくのである。この場合、企業が成長を目指す方向性として、一般的には四つの方向が指摘されている。まず一つ目は、経営基盤強化型。これはあくまで既存事業分野で変革を行って競争力を高める取り組みである。経営学でよく使われる言葉に、戦略の3Sという言葉がある。これは何かというと、選択と集中、差別化。人、モノ、金など、経営資源に限りある中小企業の場合、もてるもので最大限の効率を上げるために、まずどんな事業領域で戦うかを選択し、最大の効率を上げるためにそこに資源を集中する。しかし、そ

れだけでは競合他社に勝てないのであって、そこで、何らかの差別化戦略をとる。経営基盤強化型の経営革新とは、この差別化戦略に徹することである。差別化には、技術・ノウハウ、工期短縮、きめ細かいサービスなど、様々なやり方があるが、差別化して競争力をさらに高めるために、業者どうしが得意分野を持ち寄り、ネットワークを組んで補完機能を高めるというやり方も考えられる。事例としては、一社単独では困難なため、複数企業や大学などと連携してネットワークを組み、ITを活用して業務効率化を図り、海外から資材を調達するなどにより、コストダウンや安定供給を実現している例もみられる。二つ目は、新技術開発型。これは、既存の市場・顧客を対象に、新たな技術・ノウハウを提供することにより、他社と差別化できる事業に取り組むこと。これには、発注者や顧客にこれまで提供してきた商品・サービス以外に、新たに提供できる技術・ノウハウの開発・獲得が必要になる。しかし、ゼロから開発しなければならないわけではない。まずは、顧客が困っていること、顧客のニーズ、ウオンツを発見して、自社の技術・製品を改善・改良することで、対応できることも沢山ある。つまり、既存技術・ノウハウに何か新たな機能を付加し、既存の技術を組み合わせることによって新しい技術や商品、サービスを開発するといった方法もある。また、これまで眠っていた技術・ノウハウを活用することも考えられる。三つ目は、新市場開拓型。これは、自社が保有している既存の技術・ノウハウをベースに、新しい市場や顧客を開拓していくこと。これまで業界内で長年培ってきた自社の技術・ノウハウを他の市場で活用できないかという視点でビジネスチャンスを得ようとするもの。例えば、受注先を民生用から産業用にかえる、公共から民間にかえるなどの方法が考えられる。四つ目は、新分野進出型。これは市場も技術・ノウハウもまったく新規の領域に取り組むものと、市場や技術・ノウハウ面で関連性がある分野へ進出する二つのケースに大別できる。関連性がある分野は既存事業と新規事業との間でスキルやノウハウなどのシナジー（相乗）効果を発揮しやすいというメリットがある一方、関連性がない分野は新規事業と既存事業の関連性が低いので難易度は高いが、成功すれば複数の事業を持つことでリスク分散が図れるというメリットがある。ここで取り上げる企業内ベンチャー・第二創業とは、上記の四つ目の方向性を指している。いずれにせよ、この多角化に成功すれば、企業としての経営基盤がさらに強化されることは間違いない。

④グローバル化への対応

今後の地域経済を中長期的スパンで考えた場合は、近年世界的に加速するグローバル化の動きに着目しておく必要があろう。FTA、EPA、そして昨秋から大きな話題となったTPP参加問題など、こうした経済統合の盛り上がりは、これまでの海外直接投資を中心とするグローバル化の時代から、国境を越えた市場の統合・開放などを通じて、さらなるグローバル化・ボーダレス化の時代へと進化していることを示唆するものである。そして、この件につき更に付け加えるとすれば、これまでのようにグローバル化を資本の海外移動、つまり海外生産によるローコスト追求といった側面だけでは語れない時代に入ったことを確認しなければならない。つまり、生産面でのグローバル化を考える場合、自社の生産拠点を東アジア諸国に移しローコストのみを追求する戦略だけが地域企業のグローバル化ではないという事実である。生産のフラグメンテーション化（生産のブロック化）が進む中、自社が守らなければならない生産ブロック、ポジションは何かを追求することや、生産拠点はあくまで地域に残し、新興国から素材、部品や技術・ノウハウを輸入し利用することでローコストを図ること、さらに完成品自体を輸入し国内市場あるいは海外市場に回すことも考慮しなければならない。また、内需型企業においても、ＴＰＰなど世界的経済統合が進む中で、自社の流通そのものを見直し、コスト面で競争力の高い海外品に目を向けることも必要となろう。また、海外と競合する製品を国内で生産する企業においては、今後はこれまで以上にコスト競争力を求められることを意識しなければならない。

⑤地理的優位性を活かす

福井地域の強みを一つあげるとすれば、三大都市圏に近いという地理的優位性を指摘する人々も多いことであろう。特に、東海北陸自動車道の開通により中部圏との時間距離が短縮されたことに注目したい。また、昨年の金沢までの北陸新幹線開業に加え、近い将来実現するであろう敦賀までの延伸や中部縦貫自動車道の開通にも期待したい。こうした高速体系の整備により、地域がターゲットとして期待できる市場が広範囲に広がったことは間違いない。

また、東北地方を後背地にもつ首都圏や中国・四国地方との関係が深い近畿圏に比べて、中部圏は連携している自治体・企業がまだ少ないと聞く。従って、今後は地域企業が関係を深めて連携する余地やその可能性は大きい。中部圏の企業にとっても地域企業と連携することで中国やアジアが近くなるというメリットもある。既に、地域には、東海地域が得意とする自動車部品工場が稼動している例も散見されるが、地域のこうした地理的優位性を活かしながら、思い切った産業施策を企業を中心に地域ぐるみで進めていくことが求められているように思える。

⑥後継者の育成強化を

江戸時代、福井は徳川御三家に次ぐ家柄であり、それだけに現在でも、「縦社会」、「年功序列」を重んじる古い気質が結構残っている。それはそれとして大事だが、こと経営に関しては、如何にうまくスムーズに後継者にバトンを渡せるかが、企業長寿の鍵ともなる。帝国データバンクの調査によると（後継者問題に関する企業の実態調査〔二〇一四〕）、日本の場合、社長の年齢でみれば、六〇代で五三・九％が、七〇代で四二・六％が、八〇代でも三一・四％が後継者不在であり、高齢社長といえども後継者問題がスムーズに進んでいるとは言い難い実態が浮かび上がっている。福井県の企業にとっても、今、次代に積極果敢に立ち向かう若手経営者の育成を早めに取り掛かることが必要な時期ではないか。

⑦重要性が増す地域金融の役割

最後に、重要性が増す地域金融の役割についても述べてみたい。地域金融にとって、地元企業を元気にすることは最大の役割である。二〇一二年、「中小企業経営力強化支援法」が施行され、中小企業に対して専門性の高い支援事業を行う経営革新等支援機関の認定制度が創設された。そのため、地域の金融機関も同制度による支援機関としての認定を受ける例が増えている。しかし、運用面をみると、現状では中小企業が補助金等を受ける際の書類づくりに関与するだけにとどまるケースも多く、本来の目的である革新的企業の育成までには届いていない。その要因は、金融機関内部で、中小企業・

小規模事業所に十分なアドバイス・支援を行うノウハウが不足しているためであろう。地元の金融機関は、あらためて産業・企業を創造し育成する地域経済活性化のための担い手であることを再確認する必要がある。

そのうえで、金融機関内部で企業支援を専門とする組織の充実、強いては目利き役と成りえる人材育成を図らなければならない。合繊業が集積する福井の場合、かつての金融マンの中には、フライ織機の音を聞くだけで、どのような織物を製造しているか判断する能力を持った人材が数多く存在したという。要は、現場に強い人材、企業の技術力・市場の変化を読み取る能力を備えた人材の育成ということになろう。今後、地域経済発展に欠かせない役割を担うのは紛れもなく地域金融であり、その重みを十分に理解する必要がある。地域の産業・企業と直結し生きた情報を保有する金融機関の役割は極めて大きいのである。

あのバブル崩壊以降、日本経済を振り返ると、それは大企業中心の世の中であり、中小企業・小規模事業所にとってはあまりにも厳しい環境が長く続いた時代であった。しかし、日本は五〇〇万社ともいわれる国内企業の大半が中小企業・小規模事業所であること。そして、市場ニーズの多様化、高度化、細分化が進む中で、それに対応可能な中小企業・小規模事業所の重要性が増している現実を考慮すると、地域金融によるこれら企業の育成・支援は地域経済発展のために必要不可欠であることは間違いない。地域経済の活性化にとって、地域金融はキーマンとしての役割が極めて大きいことを理解して欲しい。

第Ⅰ部　福井地域への招待

お市の方と三姉妹像（柴田公園）
（筆者撮影）

第1章　福井県はどのように成立したか

一　「継体天皇《けいたいてんのう》」と「越国《こしのくに》」

福井県といえば、「越山若水」という言葉を思い浮かべる人も多いことであろう。「越山若水」とは、越前の豊かな山と若狭の清らかな水を例えた言葉であり、これらに育まれた福井県は、極めて魅力的な場所として誇りうる地域でもある。では、こうした福井県は、いったいどのようにして成立したのか。それを確かめるには、おそらく多くの人々が「継体天皇」の時代から、あるいは「越国」の歴史からたどるべきだと主張するかも知れない。

参考までに、「継体天皇」とは、一説によると母・振媛の生誕の地、三国（みくに、福井県坂井市三国町）に近い越前国高向（たかむく、福井県坂井市丸岡町高田付近か？）で五〇年あまりを過ごした後、五〇七年に五八歳で即位したヤマト国の天皇らしい。一方、「継体天皇」が育ったといわれる「越国」とは、現在の福井県敦賀市から北は新潟県に達し、山形県庄内地方の一部にもかかるほど広大な地域に設けられた地方区分としての国（令制国）である。六世紀の段階ではイズモ（出雲、因幡、伯耆）やタニハ（丹波、丹後、但馬）と並び日本海側の重要な拠点の一つだったと聞く。その「越国」は、七世紀後半に越前国、越中国、越後国に分割され、その越前国の国府が福井県の旧武生市（現在の越前市）にあった。国府とは、国が政務をとる中心の場所を指している。また、三国に分割された時の「越前国」の領域は、現在の石川県と、福井県の北部を含み、後の敦賀郡、丹生郡、足羽郡、大野郡、坂井郡、江沼郡、加賀郡、羽咋郡、能登郡、鳳至郡、珠洲郡の一一郡にわたる広大な面積であったといわれる。その後、越前国からは七一八年に能登国（羽咋郡、能登郡、鳳至郡、珠洲郡の四郡）が、さらに八二三年には加賀国（江沼郡、加賀郡）が誕生することになる。

ただ、これまでの話を総括すると、この時期に現在の福井県としての若狭地方が出てこない。それもそのはず、この時期には既に若狭地方は「若狭国」として成立していたのである。では、いつの時代に「若狭国」と「越前国」が一体化し、福井県と呼ばれるようになったのか。古代史の話はこれくらいにして、時代を「越山若水」、若狭地方を含む嶺南と嶺北から出来上がった福井県の成立時期へとタイムスリップしたい。

二　近世、幕末へ

(1) 幕末の諸藩

幕末の福井地域、諸藩の在り様を知るには、その始まりとなる一六〇〇年代初頭、江戸幕府の誕生の頃から振り返らなければならない。

一六〇〇年の関ケ原の戦い以後、それまで若狭地方を治めていた木下勝俊や越前敦賀の大谷吉継は石田光成の西軍に味方したため領地を奪われ、徳川家康の東軍に属した府中（現在の越前市）の堀尾吉晴、北庄（現在の福井市）の青《あお》木《き》一矩《かずのり》なども領地を移された。そして、越前一国が家康の次男である結城秀康（六八万石）

図1-1　関ケ原の戦い後の所領構成

図1-2　1624（寛永元）年の所領構成

資料：福井県編［1998］「図説福井県史」より抜粋.

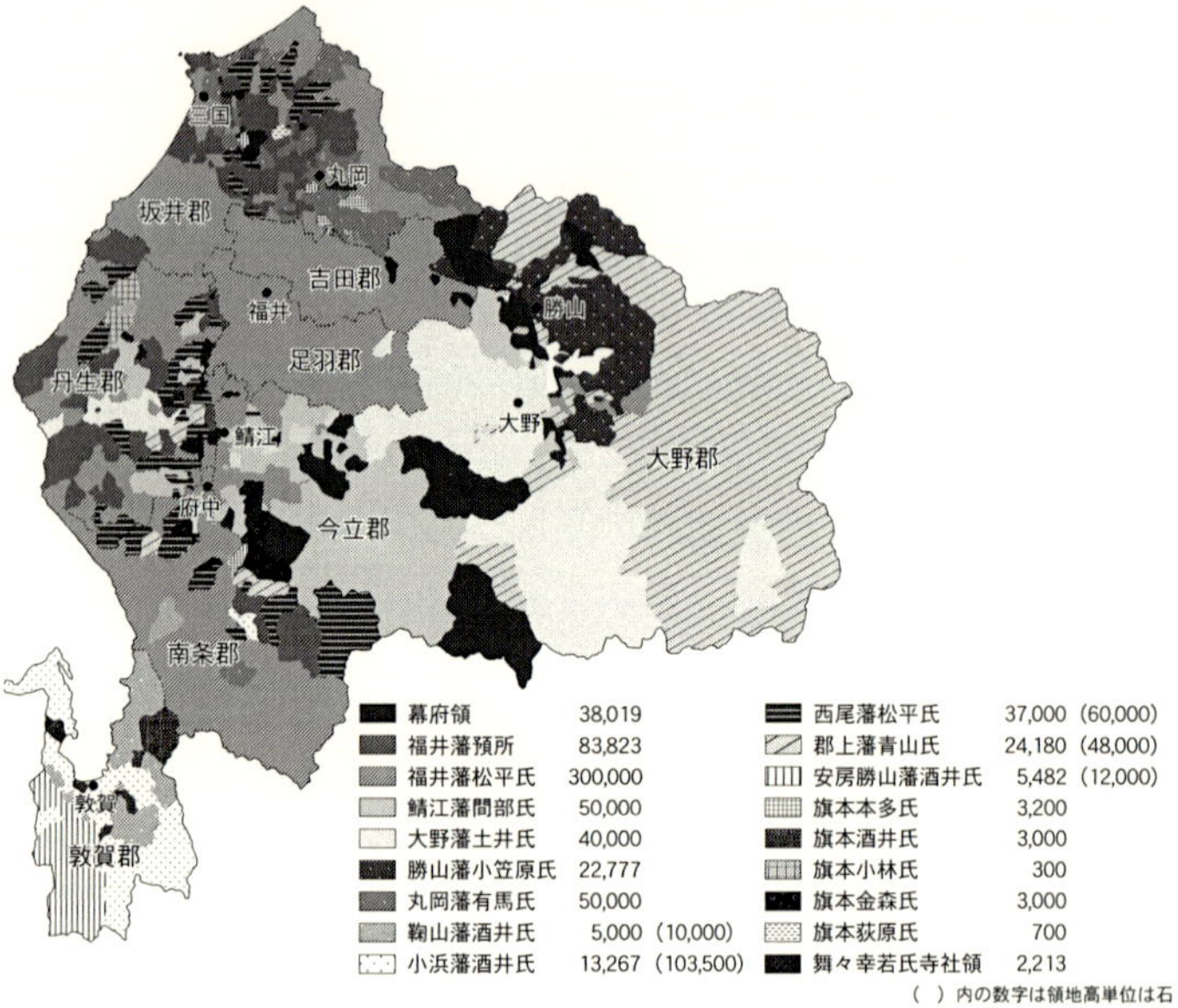

幕府領	38,019	西尾藩松平氏	37,000 (60,000)
福井藩預所	83,823	郡上藩青山氏	24,180 (48,000)
福井藩松平氏	300,000	安房勝山藩酒井氏	5,482 (12,000)
鯖江藩間部氏	50,000	旗本本多氏	3,200
大野藩土井氏	40,000	旗本酒井氏	3,000
勝山藩小笠原氏	22,777	旗本小林氏	300
丸岡藩有馬氏	50,000	旗本金森氏	3,000
鞠山藩酒井氏	5,000 (10,000)	旗本荻原氏	700
小浜藩酒井氏	13,267 (103,500)	舞々幸若氏寺社領	2,213

（ ）内の数字は領地高単位は石

図1-3　1770（明和7）年の越前の所領構成

資料：図1-1に同じ.

に、若狭一国が大津城で関ケ原の戦いの直前まで奮戦した京極高次（九万石）に与えられ、福井藩と小浜藩が成立することになる。

その後、福井藩二代目の松平忠直は、大坂の陣で戦功を立てながらも将軍に認められなかったことから、次第に幕府に反抗的態度をとるようになった。そのため、忠直は幕府から不行跡や江戸への参勤を怠ったことなどの乱行を理由に、一六二三（元和九）年改易され豊後国大分に配流される。翌年の一六二四（寛永元）年四月、越後高田藩で別家二五万九〇〇〇石を与えられていた忠直の弟（秀康の次男）、松平忠昌が五〇万石で入封。その後、居城周辺の街・北ノ荘は「福居」（後に福井）

と名を改められる。聞くところによると、北という字義には、「背く、逃げる、違《たが》う、敗れる、という意味があり、一国の主城の名称や城下の名としてふさわしくない」という者がいて、忠昌がすなおに「福居」を採りあげたらしい。確かに、柴田勝家から忠直に至るまで、北ノ庄には悲運が続いた。そのため忠昌は「福居」に改め、その後、福井の文字が使われるようになった。しかし、地名のおこりは諸説があって定かではない。もっともらしい説には、本丸あたりに「福の井」という霊泉があったからだと聞いている。

一方、若狭では、一六三四（寛永一一）年に小浜藩が時の老中酒井忠勝に与えられ、譜代大名の領地となって明治維新まで続く。同時に、敦賀郡では小浜酒井氏の分家が三家成立した他、一六八二（天和二）年に大野は譜代大名の土井氏へと領主が代わる。こうした中で、もっとも大きな変化は一六八六（貞享三）年に福井藩の領地が半分に削られたことである（もっとも、幕末には三二万石まで戻したが……）。この結果、越前には広大な幕府領が成立するとともに、一六九一年には勝山に小笠原氏が入封、一六九七年に紀州家の分家の松平二氏（この内一家はのちの八代将軍となる徳川吉宗が当主）の領地が成立し、一七二〇（享保五）年には鯖江に間部氏が入った。このほか、大坂城代の土岐氏、美濃郡上藩、三河西尾藩の領地などがもうけられ、さらに旗本の諸領もわずかながら設定された。

その結果、一七〇〇年代後半の越前には、城や陣屋を持つ大名六人、それ以外の大名四人、旗本五人、幕府領も含めると実に一六人の領主がいたといわれる。そして、こうした状況は概ね幕末まで続くことになる。

(2) 近世、幕末にかけての主要産業

次に、近世の始まりから幕末にかけての主要産業の特徴を、福井県編『福井県史通史編四　近世二』[一九九六]をもとに振り返ってみよう。

本書によれば、近世、ことにその前半、越前敦賀・若狭小浜の二つの湊町は、全国的にも大いに脚光をあびていたことが記されている。北国の領主たちは、手に入れた年貢米を中央市場である上方へと輸送し、それで得た金銀で鉄砲や高級織物などの手工業品を買い求めていた。これを中継したのが、敦賀・小浜の湊町であったらしい。特に、一七世紀の中ごろ、敦賀には年間二〇〇〇艘を超える船が入津し、米だけで六〇万俵あまりが陸揚げされた。たぶん、行き先は琵琶湖を通って大津・京都といったところであろう。ただ、この繁栄も一七世紀末に西廻航路が開かれたことで陰りをみせはじめる。しかし、近世後期には、小浜の古河屋、越前河野浦の右近家など、いわゆる「北前船主」が活躍し、この地は幕末まで引き続き全国流通に深くかかわっていたらしい。

海を生業の場とした越前・若狭の浦々は、近世前期には中世以来の漁業の先進性を背景に、城下町の成立による新たな需要を得て大きく発展したのである。また、古代以来の塩づくりもさかんであったが、一八世紀に入ると塩づくりは瀬戸内の塩に圧倒されるようになり、漁業もその勢いが失われていく。しかし、新たにサバやカレイ漁がさかんとなり始め、塩づくりに代わって油桐の栽培が急速に伸びて若狭の特産となっていくのであった。

一方、農村に目をむけると、近世には越前・若狭ともに秀吉から厳しい太閤検地が行われたが、そ

れでも一七世紀中は人口増もみられ、生産力の増加がうかがえた。ただ、一八世紀以降は、凶作や飢饉が続発し停滞していく。これは、越前・若狭に特徴的なことではなく全国的な状況である。

また、この時期、鉱工業の進展も目覚ましく、例えば、鉱山開発の場所として、今立郡、南条郡、坂井郡、大野郡などに金山の跡が、丹生郡、今立郡、南条郡、大野郡などに銀山の跡が残っている。一六世紀中ごろより、全国各地で金銀山が開発されたが、その理由をたどれば、それまでの戦国大名の領国経営を中心とした経済から全国的な商品流通経済の拡大にともなう当然の流れといってよいかも知れない。

また、工業製品としては、奉書紙の名が代表する越前五箇（旧今立町の岩本、不老、大滝、定友、新在家）の越前和紙の生産は云うに及ばず、越前打刃物などの生産も活況を呈した。鉄と銅を赤く熱し槌で打って槌接し、銅に焼を入れて硬くし、研磨して刃をつけて仕上げる。近世における越前打刃物は鎌鍛冶中心で、越前鎌とも呼ばれた。その他、旧松岡町（現在の永平寺町）や旧今立郡五分市（現在の越前市）、旧南条町（現在の南越前町）、旧坂井市三国町（現在の坂井市）、敦賀市などでの鋳物業、山地に自生するトチ、ケヤキ、ミズメ、ブナ、ヒノキなどの木材を鉋《かんな》、銓《せん》、鑿《のみ》などで加工して、椀、膳、盆、杯、杓子、玩具などの日用木器具をつくる、いわゆる木地師なども数多く存在した。その他、大麻や苧麻（「ちょま」と呼びイラクサ科の多年草で衣料や漁網、莫蓙の縦糸、蚊帳用糸、苧縄用などに加工して使用されていた）や真綿、生糸・絹織物、木綿、桐油、越前焼、砥石《といし》、笏谷石などの数多くの特産物が生産されていたと記されている。

特に、笏谷石は、一七世紀後半に西廻航路が整備されると、北へ向かう船のバラストを兼ねて多くが運ばれ、土木・建築の一般商品として、遠くは函館や江差あたりまでも規格化され販売されたという。
このように、近世、幕末にかけて、越前・若狭では農業以外の商工業が活発に営まれ、これらの生産物は北前船などの広域ネットワーク整備により全国的な広がりを見せていたことがうかがえる。

(3) 近世、幕末の逸材

近世、特に後期の越前・若狭は、多くの逸材も輩出した。例えば、日本における洋学発達の歴史において極めて重要な人物、『ターヘル・アナトミア』を翻訳した杉田玄白・中川淳庵もその一人である。大野藩主の土井利忠は、洋学の受容に積極的で、藩政改革や蝦夷地開発にも努力した。

また、幕末期、小浜藩主酒井忠義は京都所司代、前福井藩主松平慶永（春嶽）は政事総裁職に就くなど、幕政に深く関与した。元小浜藩士である幕末の儒学者 梅田雲浜、福井藩士「啓発録」の著者 橋本左内や、福井藩の財政再建で手腕を振るった三岡八郎（後の由利公正）、坂本龍馬が起草したとされる新国家体制の基本方針 船中八策の原案をつくったといわれる横井小楠らが幕末の政局に大きな影響を与えたことは云うに及ばない。その他、国学者で歌集「独楽吟《どくらくぎん》」の歌人 橘曙覧、幕末の福井藩士で米国ラトガース大学へ留学した日下部太郎、その日下部と深い関係にある米国人で福井藩の藩校明新館で化学と物理を教えたW・E・グリフィスなど枚挙に暇がない。また、幕末期には民衆もまた海防、幕府の長州攻め、京都警護などへ藩士とともに動員された。同時に、開国の影響が徐々に越前・若狭にも及び、物価騰貴は著しく民衆の生活を圧迫するなど世情が激動の様相をみせる中で明治維新を迎えることになる。

三　福井県の誕生

(1) 藩の解体と敦賀県・足羽県の成立

改元の詔書が出された旧暦・慶応四年九月八日、新暦の一八六八年一〇月二三日をもって、元号が慶応から明治へと変わる（詔書では慶応四年一月一日に遡って明治元年一月一日と定められた）が、その一年後、一八六九（明治二）年一月、薩長土肥の藩主連盟の版（土地）・籍（人民）奉還の上奏がされると諸藩も相次ぎ、福井藩、小浜藩なども奉還書を提出。旧藩主は藩知事に任命され、藩政の改革が始まった。そして二年後の一八七一（明治四）年、新政府によって廃藩置県が断行され、新たに三府（京都府、大阪府、東京府）三〇二県が成立した。これにより、これまでの藩主の上京と共に有力藩士も政府に出仕して国元を離れ、江戸時代を通じて地方に築きあげられた地方分権の時代は終わり強固な中央集権体制が東京中心に確立されたのであった。その僅か四カ月後には、三府三〇二県から三府七二県に整理統合され、同年一一月、若狭三郡（遠敷郡、大飯郡、三方郡）と越前今立、南条、敦賀の三郡をもって敦賀県を、他の越前五郡（足羽郡、吉田郡、丹生郡、坂井郡、大野郡）をもって福井県が置かれた。敦賀県は中央派遣の職員を中心に県庁が敦賀に置かれたが、これは実質上、旧小浜藩の解体であり、南北朝以来数百年にわたって若狭の中心であった小浜の行政的役割を終えることになる。また、福井県は旧福井藩

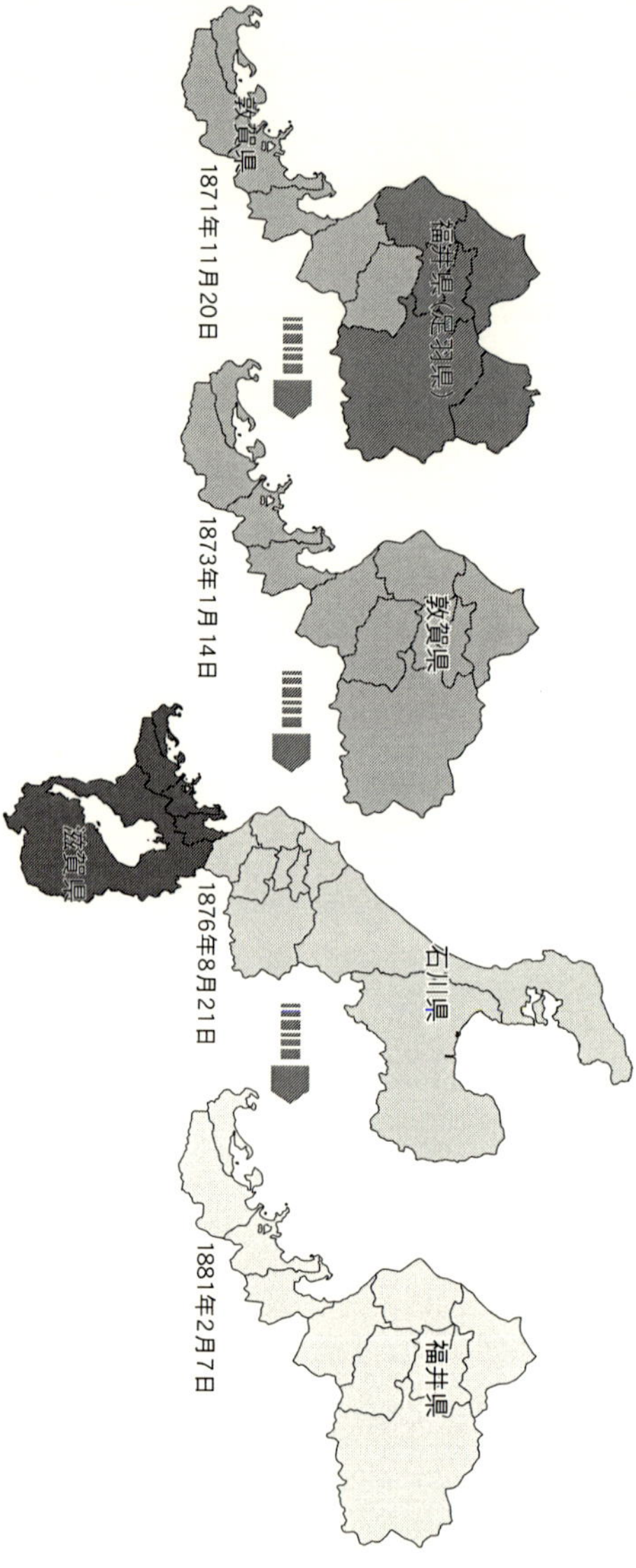

図1-4　福井県が設置されるまでの県域の変遷

資料：図1-1に同じ.

士を中心に県庁が福井に置かれるが、旧福井藩色を嫌った新政府は僅か一カ月あまりで福井県から足羽県へと県名を変更させるのであった。もっとも新政府は、旧佐幕派（江戸幕府の補佐派）の城下町に新県庁は置きたくないという恣意もはたらき足羽県は一年あまりで消滅し、現在の福井県とほぼ同エリアの新敦賀県（一八七三年）が誕生、その県庁所在地が敦賀に置かれることになる。そして、こうした動きは旧足羽県側の反発を生む原因となったことは云うに及ばない。

(2) 嶺北は石川県へ、嶺南は滋賀県へ

ところで、今の福井県人が当たり前のように使う「嶺北」、「嶺南」の言葉は、いったいいつ頃誕生したのか。中島辰夫著『福井県の誕生』〔二〇一四〕を読むと、そのルーツが述べられている。中島氏によると、「嶺北」、「嶺南」の言葉は、足羽県を合併した新敦賀県において、県庁の所在地を巡り、木の芽峠を境に以北に住む主に足羽県側の人々と木の芽嶺以南の人々との意見の相違により生まれたと記されている。つまり、木の芽嶺以北の人々にとって県庁所在地が敦賀にあることは何かと不便であったのに対し、木の芽嶺以南の人々にとっては敦賀県のほぼ中央に位置する敦賀が県庁所在地として適切であると反論した。こうした対立から生まれた言葉が、古代律令からの国名である「越前」、「若狭」とは異なる木の芽嶺の南北をもって分ける「嶺北」、「嶺南」という地域名が登場するきっかけとなったと記されている。

いずれにせよ、こうした県庁所在地への不満をはじめ、新政府の様々な新施策（地租改正、廃刀令、

散髪の奨励や太陽暦の採用、新しい学校教育の開始……）に対する不満は全国的な広がりを見せ、これに危機感を募らせた新政府は、県庁経費の節減と旧幕藩勢力のさらなる一掃を目的に再び県の統廃合を行い、その一環として、敦賀県は嶺北七郡を石川県に、嶺南四郡を滋賀県に分属させてしまうのであった。これは、ちょうど一八七六（明治九）年の出来事である。参考までに、この時の日本全体を見ると、これまでの三府七二県から三府三五県にまで統合が進められている。

(3) 福井県の誕生

前述の新政府による三府三五県への統合は、違った意味での恐怖心を新政府に与えた。例えば、越前七郡を統合した新石川県は、現在の富山県をも統合し、人口規模で一九五万人、旧石高で二二〇万石にも及び、人口、石高で当時全国一位の大県に達していた〔中島　二〇一四：六二〕。この頃の日本の人口が約三四八〇万人であったことを考えると、新石川県は日本全体の五・六％にあたり、富山、石川、福井の三県にも及ぶ新石川県は、いわば古代の越国の復活を想像させるものである。

こうした中、一八八一（明治一四）年二月七日、若狭三郡と越前敦賀郡が滋賀県から、越前七郡が石川県から分離されて、現在の福井県が成立する。初代県令は、旧彦根藩士石黒務であった。では、ここに至って何故再び福井県が誕生したのか。その理由として、中島氏によれば、まず現在の四七県を基準に考えると、新政府としては当時の日本全体の人口から試算した結果、一県あたり七〇万人程度を妥当と考えたこと。ちなみに、この再置県によって、関係各県の人口は、石川県七〇万人、富山県六八万人、福井県五七万人、滋賀県六二万人となったらしい。それと旧石川県側は、坂井郡出身の杉田定一が指導する越前七郡の執拗な地租軽減運動、抵抗を嫌ったという側面も見逃せない。翌年より、毎年二月七日には旧福井藩士族を中心に「置県懇親会」が開かれたが、これは九年の空白をおいてふたたび旧福井藩を核とする県が成立した喜びの表れであったという。また、元福井藩主松平慶永も県令石黒氏にあてた書簡の中で、福井県の誕生を喜びとして伝えている。一方、伝統、文化、人的・物的な交流などの面で滋賀県との関係の深い嶺南四郡にとっては協調路線を歩んでいただけに、福井県への分属は青天の霹靂となった。これ以降、一〇年以上にわたり嶺南四郡の滋賀県への復県を求める運動が続くことになる。

四　明治初期における福井県の産業

(1) 日本屈指の工業地域

これまで述べてきたように、福井県は分離、統合、時には消滅という危機的状況を乗り越えながらも、明治期のはじめに現在の福井県とほぼ同じ地形の県域をつくりあげていった。では、こうした歴史的背景の中で、福井県が誕生した明治初期における本県の産業はいったいどのような特徴を持っていたのか。以下では、福井県編『福井県史通史編五　近現代一』〔一九九四〕を紐解きながら振り返ってみよう。

本書では、明治初年の福井県下農村社会における諸物産の生産状況を検討するにあたり、北陸三県の概観が述べられている。その基礎となる資料は、明治七年の「府県物産表」であるが、それによると北陸三県の状況について、まず米の生産高では、新潟県など主要産出一七県のうち敦賀県（福井県）が一二位、石川県が一〇位、新川県《にいかわけん》（富山県）が四位となっている。また、菜種では、愛知県はじめ主要産出一四府県のうち敦賀県が九位、石川県が一〇位、綿織物では、大阪府をはじめ主要産出一一府県のうち新川県が二位となっている。次いで、麻類では、栃木県をはじめ主要産出九県のうち敦賀県が二位、蠟《ろう》類では、大阪府をはじめ主要産出一〇府県のうち敦賀県が四位に入っている。こうした北陸三県の主要産物の生産状況からみても、当時の全国六三府県の中で、敦賀県（福井県）の農村商品生産は比較的高位にあったことがわかる。

　しかし、当時の敦賀県（福井県）での物産生産力の特徴はそれだけではない。本書によれば、当時の敦賀県下の諸物産の構成比と全国のそれを比較すると、次の特徴を見出すことができる。第一に、**表1-1**から、物産合計額の全国（三億七〇七八万六〇〇〇円）と敦賀県（七八三万一〇〇〇円）を比較すると、敦賀県は全国の二・一%を占めていることがわかる。現在の福井県は人口比で全国の〇・六%程度で出荷額等も全国比〇・八%程度である。確かに、当時の人口は全国比で一・七%程度を占めていたことから、全国に占める産額のウエイトも現在より大きくなることはわかるが、当時の人口比を斟酌しても二・一%はかなり大きい。つまり、福井地域は、近世から明治にかけ、日本屈指の工業地域だったのである。

表1-1　全国・敦賀県の諸物産構成比（明治7年）

物産名	全国（%）	敦賀県（%）	主要品目価額比率（敦賀県）（%）
米・麦・雑穀	49.6	45.4	米 38.4，麦 2.5
蔬菜，果実	3.3	1.5	蔬菜 1.3
加工原料作物	8.3	5.1	菜種 1.6，煙草 0.5，麻 1.3，綿 0.7，染料 0.2
禽獣類	2.0	0.1	
林産物	3.3	5.3	炭 2.5
水産物	1.9	4.5	鯖 2.2，海藻類 0.1
肥料・飼料	1.1	0.2	
飲食物	12.0	5.9	醸造物 5.5
農産加工	11.9	14.8	油　類 3.3，織物 4.4，生糸 1.5，製茶 0.5，紙類 0.5
水産加工	1.3	1.8	藤竹器類 0.5
陶漆器	0.8	0.9	漆器類 0.5
雑貨手芸品	1.9	5.5	
器具・船舶	1.3	5.4	釘 4.1，鎌 0.6
その他加工品	0.2	1.4	傘 0.2
金属・石鉱	1.1	2.2	石炭 1.2
計	100.0	100.0	
（千円）	370,786	7,831	
農林水産物	68.9	61.3	水産物までの合計＋肥料・飼料の2分の1
工産物	31.1	38.7	飲料物からの合計＋肥料・飼料の2分の1

注：敦賀県は明治7年『府県物産表』，全国は古島敏雄『産業史Ⅲ』による．
資料：福井県編［1994b：475］より抜粋．

(2) 和釘の生産では日本最大

第二に、敦賀県が全国平均と比べて低率なのは、米麦雑穀を筆頭に、加工原料作物、飲食物であり、反対に全国平均をかなり上回るのは、農産加工、水産物、器具・船舶となっている。すなわち、農林水産物が全国平均を下回るのに対し、工産物は全国平均をかなり上回っており、敦賀県下の加工商品生産の進展度がかなり高かったことをうかがわせている。ちなみに、農産加工の分野では、織物（奉書紬、木綿縞、白木綿、布、蚊帳）・油蠟類（木の実油、蝋燭）・生糸・麻糸・綿糸・製茶・紙類の品目が、器具・船舶では、金属加工品（釘鋲・針・刃物類・農具）が主要なものとなっている。また、この事実をさらに確信させる文献として、古島敏雄著『体系日本史叢書12　産業史Ⅲ』［一九八五］では、福井県が明治初期において鉄製品製造、特に和釘をはじめとする鉄製品生産の一大拠点であったことが記されている。

同書によれば、「敦賀県では織物が第一位にあるが、これは後年顕著な発展をとげる羽二重生産によるものではない。絹織物の比重は高いが、それは奉書紬・糸織縞（両者計一一万一七二七円、織物合計の三二・二％）のような太糸によるものである。羽二重の発展は明治二〇年代以降のことである。麻布・蚊帳など麻製品が最も多く一四万八九五円で織物類総価額の四〇・七％であり、木綿も八万一〇〇〇余円産している。特色は、これよりも第二位の金属加工四・三％にある」と述べたうえで、さらに古島氏は、敦賀県の金属加工業について次のように述べている。「敦賀県の金属具の名産に越前鎌がある。物産表には四万九一二九円、九七万挺《ちょう》があげられている。このほかにも包丁・斧・鋏・錐《きり》・鑿《のみ》・鋸《のこぎり》など刃物類の一万七八一二円があり、その他農具類も多く、刃物類の主要生産地の一つとなっている。刃物類は、兵庫県姫路周辺の飾磨県が第一位で五万八〇〇〇円、大阪・京都がこれについで四万円前後、敦賀県は第四位となっている。敦賀の鉄製品生産地としての特徴はこれらのほかに釘、鋲・針等の最大の産地であることにある。直接これら商品の全国総生産額を計算してはないが、これらをその一部に含む器具・道具類のほぼ八〇％を生産する二〇県でこれらの生産物を九五万余円生産するうち、敦賀県で三一万八三四〇円（三三・四％）を占めている。金属加工としたものはこの釘の類のみである。これらに次ぐものは新潟県一八・四％、大阪の一〇％、静岡の九・五％等である。釘はもちろん和釘であり、この後輸入洋釘に圧倒されて国内生産は失われ、明治四〇年代に入って、再び大阪中心に新しく洋釘の生産が始まるのである。敦賀県は釘類・刃物類・金属製農具類生産の中心地として、江戸時代から鉄製品生産地帯の地位を占めていた。農具・刃物類をも加えれば器具・金属製品の生産額は総生産額の五・八％となる。これが加わって敦賀県が工業県となったことは江戸時代の鉄製品工業の中心地がここにあり、それが明治七年まで続いたことを示す意味をもっている。その具体的な姿は今日未だ十分に解明されていないのである……」〔古島　一九八五：八七―八八〕と。和釘といえば新潟県の金属洋食器産地 燕・三条産地を連想するが、明治初期、福井県の和釘生産量は新潟県のそれをはるかに上回り、日本一の生産を誇っていたのである。

いずれにせよ、明治七年の「府県物産表」には、敦賀県の生産物構成が、農林水産物六一・三％（全国六八・九％）工鉱産物三八・七％（全国三一・一％）で、商品経済化の進展度が高く、明治の初めから、いや江戸時代から、福井県は農業地域というよりは工業地域として栄えていたことをうかがわせている（**表1-1**）。ただ、主力とする和釘が洋釘へと変化する中で、福井の金属加工業も新潟県の燕・三条産地と同様に、その地位を落としていったのではないか。そして、明治二〇年以降の言わば産業革命期に入ると、輸出向け羽二重を中心とする絹織物が飛躍的な伸びとなり、明治期の終わりには群馬の桐生産地をも凌ぐ勢いをみせている。一方で、重化学工業は阪神・京浜両地帯に集中するという国内産業の特質から、福井県には機械工業はまったく形成されず、結果として農業と軽工業である繊維工業を柱とする産業構造を創り上げていったのであろう。

蛇足ではあるが、和釘を主力とする金属加工産地の燕・三条産地は、運よくその加工技術を煙管、矢立、そして明治の終わりには戦後まで主力となる洋食器（ナイフ、フォーク、スプーン）に向かわせることに成功する。しかし、福井県の場合は、いったいどのような変貌を遂げたのか。ひょっとして、その技術は、一九〇五（明治三八）年に増永五左衛門によって突如出現するめがね枠産業などを中心とした線材の加工技術として活かされていったのかも知れない。

コラム1-1

「北前船主の館　右近家」を訪ねて

先日、越前海岸の南端、敦賀湾の入り口に位置する旧河野村（福井県南条郡南越前町河野）を訪ねた。当地には、江戸時代から明治時代にかけ北前五大船主として名を馳せた「北前船主の館　右近家」がある。そもそも北前船とは何か。蝦夷地と大坂（現在の大阪）を西廻航路（日本海航路）で結び、船主自らが立ち寄る港々で商品を買い付けながら、それら商品を別の港で販売し利益を上げる買積み廻船のことをいうらしい。

ところで、江戸時代、武士の給料は米を単位として与えられていたが、北海道の松前藩では米がとれないため、家臣には漁場が与えられた。家臣は、自分の漁場で捕れた漁獲物を本州の商人に売り、生計を立てていたが、商いに馴れない家臣たちは商人に漁場での商売を任せ、商人から運上金を取り生計を立てるようになった。

そこでできた制度に場所請負制というものがある。これは、松前藩の家臣が自分の漁場での商いを商人に任せた特権制度であり、場所請負人とは特権を与えられ運上金を収めた商人のことを指す。江戸前期から江戸中期まで場所請負人の特権を握った近江商人は蝦夷地の産物を荷所船に乗せて敦賀や小浜の港に運んだ。この荷所船の船頭として越前や加賀の船乗りたちが雇われていたのである。しかし、江戸時代中ごろになると、蝦夷地に進出してきた江戸商人によって近江商人が衰退していく。この近江商人の衰退により、荷所船の船頭をしていた越前や加賀の船乗りたちは、これまでの経験を活かして、自分で船を持ち買積みという商いを始めるようになったのである。これが北前船の始まりともいわれる。各地を寄港しながら自分で安く商品を仕入れ、高く売れる港で売却する北前船の買積みという商い方法は、運賃積と異なり大きな利益を生み、主に西廻航路で蝦夷と大坂を結ぶ北前船の時代は明治の中頃まで続いたという。

では、北前船は何を運んでいたのか。大坂から蝦夷地に向かう荷を下り荷と呼び、大坂や下関の港では、竹、塩、油、砂糖、木綿、紙、たばこなどの日用雑貨を、小浜や敦賀の港では、縄、むしろ、蝋燭など、新潟や坂田の港では米などを積み込んだという。逆に、蝦夷地から大坂に向かう荷を上り荷と言い、カズノコ、コンブなどの海産物やニシンを積み込んだ。北前船の一航海の利益は、下り荷と上り荷を合せた収益から、船乗りの給料、食費、船の修理代を差し引いたものであった。明治五年の「八幡丸」の収支報告を見ると、収入は下り荷が二二三両、上り荷が一一六九両、その他一四六両、合計一五三八両。支出は七二四両で、差し引き八一四両の利益が出ている。こうしてみると、上り荷の利益が極めて大きいことがわかる。当時、蝦夷地で捕れたニシンは田や畑の肥料として大量に使用されていた。千石船一航海一〇〇〇両と呼ばれた北前船の収益の多くは、上り船のニシンだったのである。

さて、話を右近家に戻そう。旧河野村にある右近家は、いったい何時頃誕生したのであろう。一説によれば、初代、右近権左衛門が一軒の家と一槽の船を持ち、船主として名乗りを上げたのが延宝八（一六八〇）年の頃と言われる。その後、右近家の廻船経営が明らかとなるのは、江戸時代の中頃、天明年間（一七八一－

一七八九年）、七代目権左衛門の頃からである。

七代目は蝦夷地と敦賀・小浜等を往復し物資を運ぶ近江商人の荷所船の船頭をする傍ら、自分で物資を売買する買積み商いを始め、次第に北前船主としての道を歩み出したのであった。こうして北前船の基礎を築いた八代目、繁栄を極めた九代目と続いていく。一〇代目は、明治時代中頃から衰退していく北前船主の中でいち早く汽船を導入し輸送の近代化をはかる一方、海上保険会社の創立など事業の転換をはかった。一一代目は、日本海上保険会社と日本火災保険株式会社の合併や右近商事株式会社など経営の基盤を確立した。そして、一二代目、安太郎氏は右近家の歴史と伝統を受け継ぎ日本火災海上保険株式会社の社長を長く務める一方、旧河野村の北前船歴史村事業に賛同し、本宅を村の管理に委ね「北前船主の館　右近家」として一般に公開し、現在に至っている。

いずれにせよ、北前船の船主が当地に存在していたという事実は、一五－一六世紀、あのコロンブスやマゼランが活躍した大航海時代を彷彿させるものであり、さらに、小浜、敦賀、三国など大陸文化伝来の玄関口として栄えた地が存在していた事実と併せて考えれば、福井県そのものが古より広域ネットワークの拠点として、経済、文化、人的交流などの面で極めて重要なポジションを担っていた事実を認めなければならない。

第2章　福井県経済の今

一　経済規模

(1) 世界の国内総生産（名目ＧＤＰ）

次に地域経済の概観から考察しよう。その場合、定量分析や定性分析といった様々な分析手法もあるが、ここでは最もオーソドックスで解かり易い規模分析、すなわち地域経済の規模に関するデータから評価・分析したい。もちろん、その対象となるデータは、比較的認知度が高い域内ＧＤＰ（一定地域内で一定期間内に各種の経済活動を通じて発生した付加価値の合計額）である。

ところで、世界の国内総生産（名目ＧＤＰ）を眺めてみると（表2-1）、リーマンショックが起きた翌年の二〇〇九年現在、全世界の名目ＧＤＰは総計五九兆八〇二九億ドルであった。しかし、そ

表2-1　世界の国内総生産（名目GDP，構成比）

（単位：%）

国（地域）	2009	2010	2011	2012	2013
世　界					
GDP(10億ドル)	59,802.9	65,349.2	72,374.0	73,630.6	75,566.3
構成比	100.0	100.0	100.0	100.0	100.0
アジア	29.4	31.2	32.6	33.8	33.3
日本	*8.4*	*8.4*	*8.2*	*8.1*	*6.5*
イラン	0.6	0.6	0.8	0.8	0.7
インド	2.2	2.6	2.7	2.6	2.6
インドネシア	0.9	1.1	1.2	1.2	1.1
韓国	1.5	1.7	1.7	1.7	1.7
サウジアラビア	0.7	0.8	0.9	1.0	1.0
シンガポール	0.3	0.4	0.4	0.4	0.4
タイ	0.5	0.5	0.5	0.5	0.6
中国	8.5	9.1	10.1	11.2	12.1
トルコ	1.0	1.1	1.1	1.1	1.1
フィリピン	0.3	0.3	0.3	0.3	0.4
香港	0.4	0.3	0.3	0.4	0.4
マレーシア	0.3	0.4	0.4	0.4	0.4
北アメリカ	28.6	27.7	26.2	26.7	27.0
アメリカ合衆国	24.1	22.9	21.4	22.0	22.2
カナダ	2.3	2.5	2.5	2.5	2.4
メキシコ	1.5	1.6	1.6	1.6	1.7
南アメリカ	5.0	5.8	5.9	5.8	5.7
アルゼンチン	0.6	0.7	0.8	0.8	0.8
ブラジル	2.7	3.3	3.4	3.1	3.0
ヨーロッパ	32.4	30.2	30.0	28.2	28.6
イギリス	3.9	3.7	3.6	3.6	3.5
イタリア	3.7	3.3	3.1	2.8	2.8
オランダ	1.4	1.3	1.2	1.1	1.1
スペイン	2.4	2.1	2.0	1.8	1.8
ドイツ	5.7	5.2	5.2	4.8	4.9
フランス	4.5	4.1	4.0	3.6	3.7
ポーランド	0.7	0.7	0.7	0.7	0.7
ロシア	2.0	2.3	2.6	2.7	2.8
アフリカ	2.7	2.9	2.9	3.1	3.1
南アフリカ	0.5	0.6	0.6	0.5	0.5
オセアニア	1.9	2.2	2.4	2.4	2.3
オーストラリア	1.7	2.0	2.1	2.1	2.0
[参　考]					
主要先進国 1)	54.6	52.3	50.6	50.1	48.9
OECD加盟国(34カ国) 2)	70.7	67.9	65.8	64.4	63.4
EU加盟国(28カ国) 2)	28.3	25.8	25.2	23.4	23.7
ASEAN加盟国(10カ国) 2)	2.6	2.9	3.1	3.2	3.2
台湾 3)	0.6	0.7	0.6	0.6	0.6

注：1）日本，アメリカ合衆国，カナダ，イギリス，イタリア，ドイツ，フランス及びロシア．
　2）付録「本書で掲載している地域経済機構加盟国一覧」参照．　3）台湾国家発展委員会「Taiwan Statistical Data Book 2014」による．
資料：総務省統計局．UN, National Accounts Main Aggregates Database［2015.1］．

の後は徐々に回復し、二〇一三年には七五兆五六六三億ドルへと対二〇〇九年比で二六%の伸びをみせている。ただ、この間の地域別状況をみると、全世界を一〇〇とした構成比で、イギリスが三・九%→三・五%、イタリアが三・七%→二・八%、ドイツが五・七%→四・九%、フランスが四・五%→三・七%、米国も二四・一%→二二・二%と欧米諸国の相対的低下、言い換えれば主要先進諸国の低下（五四・六%→四八・九%）が著しく、こうした中で、中国（八・五%→一二・一%）、インド（二・二%→二・六%）をはじめ、インドネシア（〇・九%→一・一%）、タイ（〇・五%→〇・六%）などのASEAN加盟国といったアジア地域のウエイトが高まっていることがわかる。

(2) 国内総生産の〇・六%を占める福井県

こうした中で、同じアジアの国ながら、相対的にGDPが落ち込んでいる国に注目しなければならない。それは日本である。ちなみに、日本のGDPは二〇〇九年現在、全世界の八・四%を占めてい

表2-2　都道府県別域内総生産（名目）　2011年

RANK	都道府県	域内総生産	
		百万円	構成比(%)
1	東京都	92,387,777	18.57
2	大阪府	36,600,004	7.36
3	愛知県	31,881,502	6.41
4	神奈川県	30,422,165	6.12
5	埼玉県	20,370,029	4.10
6	千葉県	18,799,527	3.78
7	兵庫県	18,313,629	3.68
8	北海道	18,263,055	3.67
9	福岡県	17,945,938	3.61
10	静岡県	15,564,207	3.13
11	茨城県	11,462,562	2.30
12	広島県	11,061,197	2.22
13	京都府	9,845,602	1.98
14	新潟県	8,712,110	1.75
15	長野県	7,950,268	1.60
16	栃木県	7,813,595	1.57
17	群馬県	7,644,016	1.54
18	宮城県	7,632,961	1.53
19	岡山県	7,222,681	1.45
20	岐阜県	7,123,625	1.43
21	三重県	7,091,928	1.43
22	福島県	6,432,386	1.29
23	滋賀県	5,750,090	1.16
24	山口県	5,643,005	1.13
25	熊本県	5,611,936	1.13
26	鹿児島県	5,438,005	1.09
27	愛媛県	5,100,033	1.03
28	富山県	4,436,522	0.89
29	長崎県	4,409,382	0.89
30	青森県	4,404,529	0.89
31	大分県	4,255,542	0.86
32	石川県	4,217,520	0.85
33	岩手県	4,179,680	0.84
34	沖縄県	3,795,466	0.76
35	香川県	3,731,428	0.75
36	山形県	3,650,352	0.73
37	和歌山県	3,541,483	0.71
38	奈良県	3,500,992	0.70
39	宮崎県	3,498,167	0.70
40	秋田県	3,463,505	0.70
41	福井県	3,235,861	0.65
42	山梨県	3,143,441	0.63
43	徳島県	2,863,274	0.58
44	佐賀県	2,673,583	0.54
45	島根県	2,395,905	0.48
46	高知県	2,164,634	0.44
47	鳥取県	1,765,961	0.36
全県計		497,411,060	100.00

地域ブロック	ブロック内総生産	
	百万円	構成比(%)
北海道・東北	56,738,578	11.41
関東	199,993,380	40.21
中部	73,551,165	14.79
近畿	77,551,800	15.59
中国	28,088,749	5.65
四国	13,859,369	2.79
九州	47,628,019	9.58

資料：国民経済計算.

たが、二〇一二年には八・一％へ、二〇一三年には六・五％へと大きくウエイトを落としている。これを都道府県別に見たのが表2-2である。この表は、二〇一一年の都道府県別域内総生産（名目）を金額の多い地域から順位づけをしたものだが、それによると東京都の九二・三兆円（全国比一八・五七％）をトップに、二位が大阪府（三六・六兆円の同七・三六％）、三位が愛知県（三一・八兆円の同六・四一％）、四位が神奈川県（三〇・四兆円の同六・一二％）……。そして、福井県は全国順位四一位、三・二兆円の規模であり、そのウエイトは全国比〇・六五％しかない。福井県の経済力を評してよく「〇・六％経済圏」と呼ばれる所以はここにある。

参考までに北陸三県ではいったいどのような状況となっているのか。富山県が二八位で四・四兆円、全国比〇・八九％、石川県が三二位で四・二兆円、同〇・八五％で、北陸三県を足し込んでも一一・八兆円、全国比二・三九％に過ぎない。かつて北陸地方は、富山、石川、福井の三県で三％経済圏と呼ばれたが、いつのまにかそのウエイトは低下しているのである。ただ、二〇一五年は北陸新幹線金沢開業もあり、観光を中心に域内需要が堅調に推移しているほか、製造業の生産活動も順調と聞く。さらに福井県への北陸新幹線乗り入れもそう遠くはないことから明るい見通しも立っており、今後は観光客やビジネス客の増加による地元経済のさらなる活性化へとつながることを期待したい。

二　人　口

(1) 明治以降、福井県の人口の伸びは低かった

人口減少社会の到来は、域内需要の低下など地域経済も様々な側面から深刻な影響が予想されるだけに、今、日本全土でこの人口減対策への注目が集まっている。

ところで、福井県の人口の伸びを明治時代から眺めてみると、全国平均に比べかなり低い伸びにとどまっていたことがわかる。ちなみに、一八七二（明治五）年に内閣統計局が推計した「明治五年以降我が国の人口」によると、この頃の日本の総人口は三四八〇万人であったらしい。それが、今からおおよそ一一〇年前の一九〇四（明治三七）年に四六一三万人となり、一九一二（明治四五）年には五〇〇〇万人を超えた。つまり、当時の日本の人口増加率は毎年平均して一%を超えていたのである。では、こうした人口増加の背景にはいったいどのような理由があったのか。一般には、明治以降の農業生産力の増大や工業化による経済発展に伴う国民の所得水準の向上と生活の安定、さらに保健・医療等の公衆衛生水準の向上、内乱がない社会の安定など様々な要因があげられている。確かに、現状では二〇一〇年をピークに日本の人口が減少に転じている。しかし、たかだか一五〇年あまりで一億二八〇〇万人まで膨れ上がり、明治初期の約三・六倍にも達したという事実を私達日本人はいったいどのように評価すればよいのであろう。

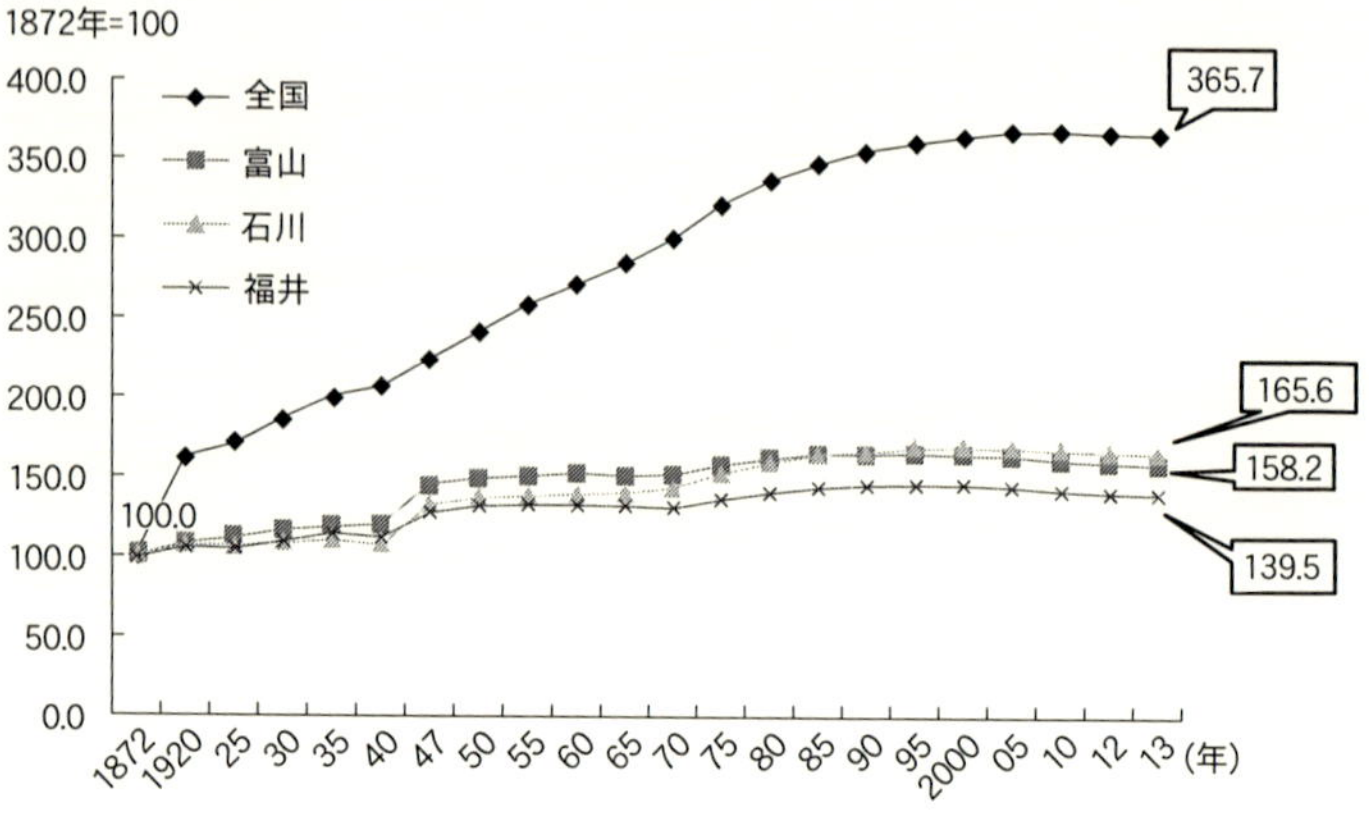

図2-1　日本，北陸3県の人口推移（1872年=100とした指数）

注：1）国勢調査結果に基づく補正人口．2）沖縄県を含まない．3）長野県西筑摩郡山口村と岐阜県中津川市の間の境界紛争地域（73人）は，全国に含まれているが，長野県および岐阜県のいずれにも含まれていない．

資料：福井県の場合，1972年の人口は，中川辰夫著『福井県の誕生』[2014] より，福井県が誕生した明治14年の人口を用いた．富山県，石川県についても同じ．
全国の場合，1972年の人口は内閣統計局「明治5年以降我が国の人口」による．1920年以降は，「国勢調査」による．

しかし、こうした日本全土の状況とは裏腹に北陸三県の人口の伸びは、全国とかなりかけ離れたものであった。参考までに、同期間の北陸三県における人口の伸びを独自推計すると、同期間、石川県が一・六五倍、富山県が一・五八倍、福井県については一・三九倍とかなり低い（図2-1）。この要因は、明治時代以降、政府の国土利用策に日本海側と太平洋側で大きな差異があったためであろう。いずれにせよ、近年の日本における課題は地方創生と人口減対策である。この課題に応えるためにも、まずは国家的な戦略として均衡な国土利用策を検討すべきではなかろうか。

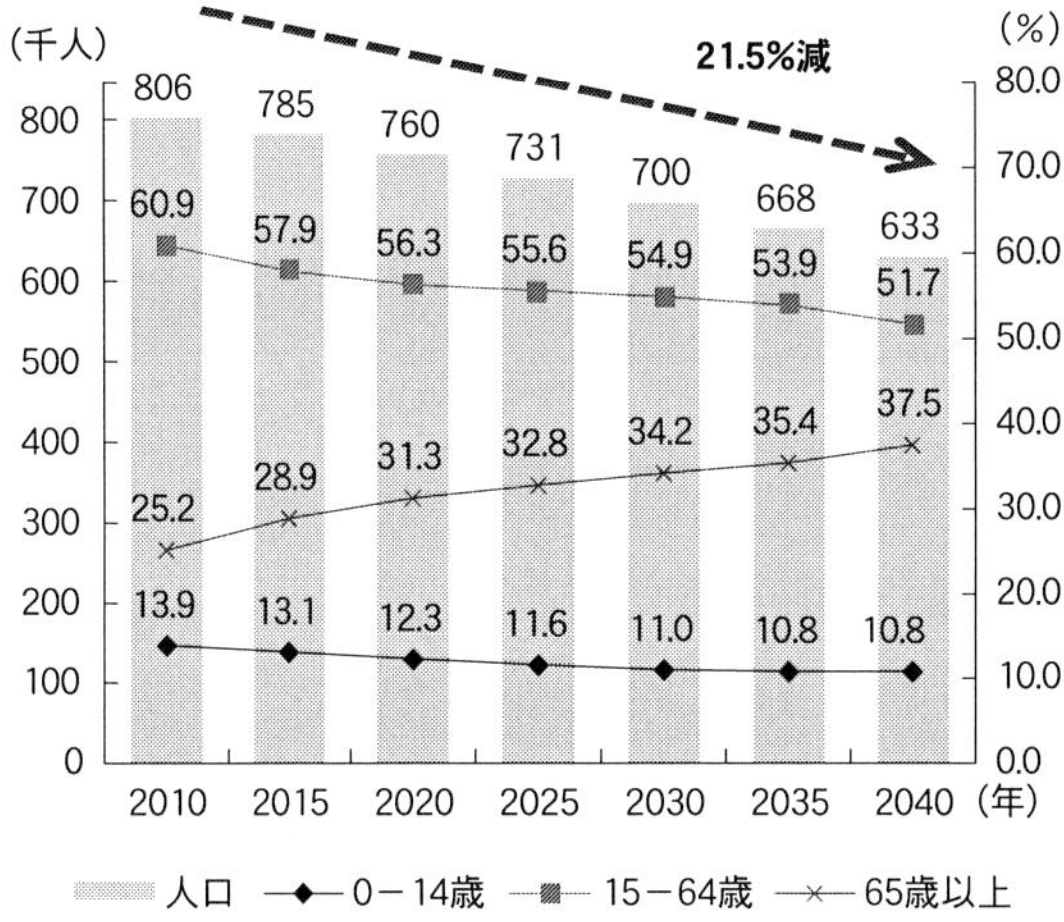

図2-2　福井県の将来推計人口

資料：国立社会保障・人口問題研究所編［2013］.

(2) 今後の人口増も期待薄で、その要因は社会増加率の大幅なマイナス

これまで述べてきたように、明治以降、人口の伸びが比較的低かった福井県ではあるが、今後はいったいどのような状況となるのか。参考までに、国立社会保障・人口問題研究所の『日本の地域別将来推計人口』(二〇一三年三月)をみると、日本の将来推計人口は、二〇一〇年の一億二八〇〇万人から二〇四〇年には一億七〇〇万人へと一六・四%減少する見込みとなっている。

一方、福井県は、この間、八〇万六〇〇〇人から六三万三〇〇〇人へと二一・五%の減少予想であり、今後は全国平均を上回る早いスピードで人口減少が進むと予想されている。こうした中で、一五－六四歳の働き盛りの生産年齢人口も二〇一〇年の六〇・九%から二〇四〇

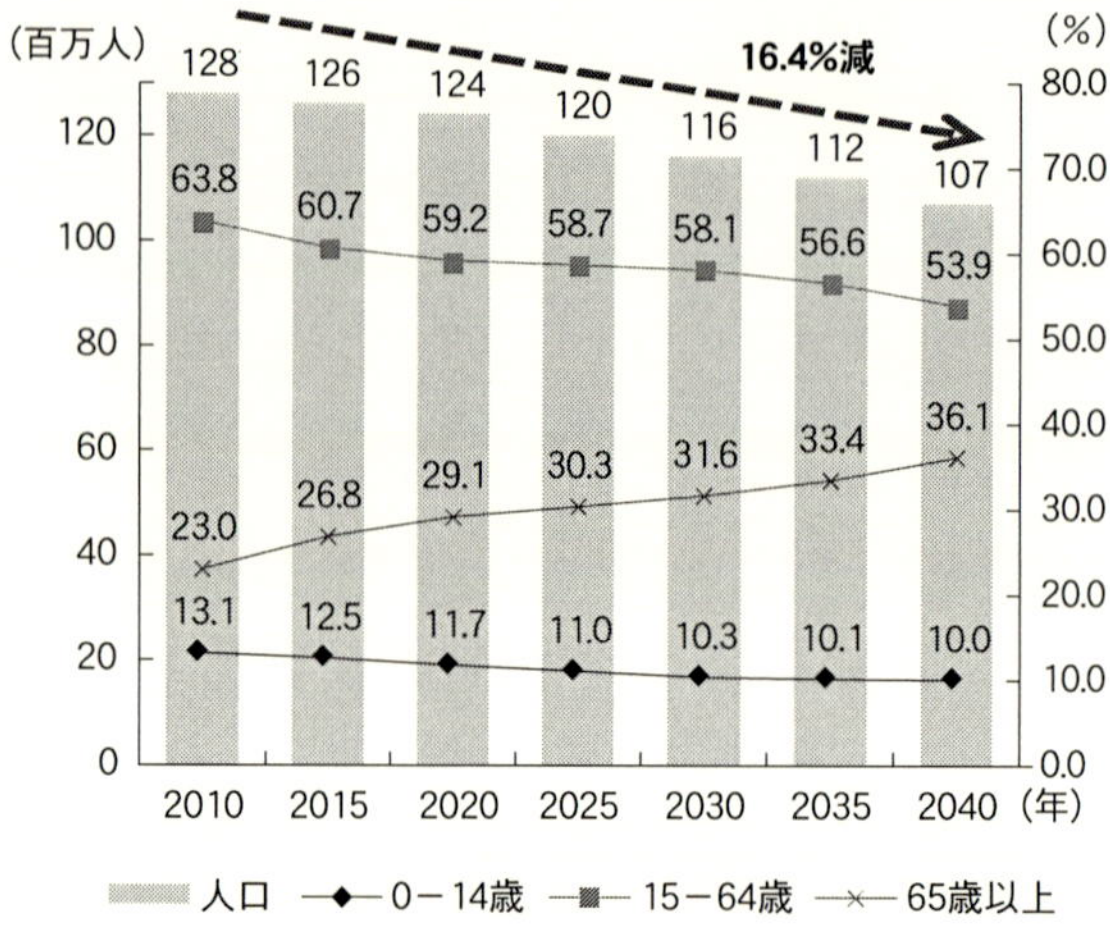

図2-3　日本の将来推計人口

資料：図2-2に同じ.

年には五一・七％へと、全国（五三・九％）を二・二ポイント下回る推計となっているほか、これとは反対に六五歳以上人口は二〇一〇年の二五・二％（全国二三・〇％）から二〇四〇年には三七・五％（全国三六・一％）へと、全国を一・四ポイント上回る予想となっている。ただ、〇ー一四歳の年少人口（全国一三・一％→一〇・〇％、福井県一三・九％→一〇・八％）だけは、その減少率が全国より小幅な推計となっているため、二〇四〇年のウエイトは全国を上回る水準となっている（**図2-2、図2-3**）。

　この最大の要因は、福井県の場合、出生率は高い（合計特殊出生率：平成二四年、全国一・四一、福井県一・六〇、厚生労働省『平成二五年人口動態統計月報年計（概数）の概況』より）が社会増減の面で流出超過となっているためである。ちなみに、二〇一三年の人口増加率をみると、社会増加

表2-3　全国，北陸3県の性別人口及び人口増加率（2013年）

都道府県	人　口（千人）			人口増加率（%）		
	総　数	男性	女性	総数	自然増加	社会増加[1]
全　国	127,298	61,909	65,388	▲ 0.17	▲ 0.18	0.01
富　山	1,076	519	557	▲ 0.60	▲ 0.45	▲ 0.15
石　川	1,159	561	598	▲ 0.30	▲ 0.26	▲ 0.04
福　井	795	385	410	▲ 0.53	▲ 0.29	▲ 0.24

注：1）人口増加から自然増加を差し引いた率.
資料：総務省統計局『人口推計』による．10月1日現在.

表2-4　全国，北陸3県の府県内・府県間別市区町村間移動数及び率（2013年）

(1) 総数

	実　数				率（%）				
	府県内移動者	他府県からの転入者	他府県への転出者	府県間転入超過[1]	府県内移動者	他府県からの転入者	他府県への転出者	府県間転入超過[1] 2013年	府県間転入超過[1] 2012年
全国	2,713,676	2,301,895	2,301,895	‥	2.16	1.83	1.83	‥	‥
富山	10,946	12,152	13,506	▲ 1,354	1.03	1.14	1.27	▲ 0.13	▲ 0.06
石川	15,864	17,803	18,585	▲ 782	1.38	1.55	1.62	▲ 0.07	▲ 0.04
福井	8,948	8,493	10,548	▲ 2,055	1.14	1.08	1.35	▲ 0.26	▲ 0.21

(2) 男性

	実　数				率（%）				
	府県内移動者	他府県からの転入者	他府県への転出者	府県間転入超過[1]	府県内移動者	他府県からの転入者	他府県への転出者	府県間転入超過[1] 2013年	府県間転入超過[1] 2012年
全国	1,387,594	1,281,571	1,281,571	‥	2.27	2.09	2.09	‥	‥
富山	5,389	7,174	7,563	▲ 389	1.05	1.39	1.47	▲ 0.08	▲ 0.02
石川	7,799	10,703	10,691	12	1.40	1.93	1.92	0.00	0.02
福井	4,411	4,944	5,891	▲ 947	1.16	1.30	1.55	▲ 0.25	▲ 0.19

(3) 女性

	実　数				率（%）				
	府県内移動者	他府県からの転入者	他府県への転出者	府県間転入超過[1]	府県内移動者	他府県からの転入者	他府県への転出者	府県間転入超過[1] 2013年	府県間転入超過[1] 2012年
全国	1,326,082	1,020,324	1,020,324	‥	2.06	1.58	1.58	‥	‥
富山	5,557	4,978	5,943	▲ 965	1.01	0.90	1.08	▲ 0.18	▲ 0.10
石川	8,065	7,100	7,894	▲ 794	1.36	1.20	1.33	▲ 0.13	▲ 0.09
福井	4,537	3,549	4,657	▲ 1,108	1.12	0.88	1.15	▲ 0.27	▲ 0.23

注：1）▲は転出超過.
資料：総務省統計局『住民基本台帳人口移動報告年報』による．率は10月1日現在日本人人口100について.

は、全国の〇・〇一％に対し、富山県が▲〇・一五％、石川県が▲〇・〇四％であるのに対し、福井県は▲〇・二四％と北陸三県の中で最も減少が激しい（**表2-3**）。

特に、若者、女性の流出超過は深刻で、例えば、福井県の大学進学者の七割、約三〇〇〇人が県外に出てUターン者は一〇〇〇人程度といわれる。また、女性の場合はさらに厳しい状況にあり、**表2-4**からも明らかなように、二〇一三年現在で他府県からの転入者が三五四九人に対し、他府県への転出者は四六五七人を数え、なんと一一〇八人が転出超過となっている。

こうした中、福井県あるいは各市町では、産業振興による雇用の創出、県内定住の促進、地元への意識向上（ふるさとへの愛着心の醸成）など様々な施策が講じられており、こうした施策が徐々に効果を発揮してくれることを期待したい。

三　産　業

(1) 主要産業は、製造業と建設業、そして電気・ガス・水道業

次に、福井県経済の基盤となる産業構造をみてみよう。**表2-5**は、福井県が一年間に生み出す付加価値の合計額、おおよそ三・二兆円（二〇一一年）をどのような産業が稼ぎ出しているか。つまり、産業別にみた付加価値の額と全産業に占める構成比を福井県および全県計（全国）で比較したものである。それによると、「政府サービス生産者」は別として、民間産業の中で農林水産業が全国とほぼ

表２-５　経済活動別県内総生産（名目）（2011年）

	福井県		全県計	
	実数（百万円）	構成比（%）	実数（百万円）	構成比（%）
産業	2,788,722	86.2	438,768,782	88.7
農林水産業	35,768	1.1	5,294,936	1.1
鉱業	1,894	0.1	395,595	0.1
製造業	711,492	22.1	91,027,851	18.4
建設業	186,538	5.8	24,892,356	5.0
電気・ガス・水道業	239,545	7.5	10,914,471	2.2
卸売・小売業	292,493	9.1	67,855,050	13.7
金融・保険業	127,473	4.0	23,780,852	4.8
不動産業	394274	12.3	68,454,991	13.8
運輸業	147,264	4.6	23,225,391	4.7
情報通信業	95,400	3.0	25,845,522	5.2
サービス業	556,582	17.3	97,081,765	19.6
政府サービス生産者	358,289	11.1	45,525,866	9.2
対家計民間非営利サービス生産者	67,611	2.1	10,397,077	2.1
小計	3,214,623	100.0	494,691,729	100.0
輸入品に課される税・関税	38,952	－	5,198,937	－
（控除）総資本形成に係る消費税	17,714	－	2,479,606	－
県内総生産	3,235,861	－	497,411,060	－
参考　第１次産業	35,768	1.1	5,294,936	1.1
参考　第２次産業	899,924	28.0	116,315,805	23.5
参考　第３次産業	2,278,931	70.9	373,080,987	75.4

資料：国民経済計算.

同水準（福井県一・一%、全国一・一%）にあるほか、全国の構成比を上回っている産業は、製造業（福井県二二・一%、全国一八・四%）、建設業（福井県五・八%、全国五・〇%）、電気・ガス・水道業（福井県七・五%、全国二・二%）の三つの産業となっている。つまり、これら三つの産業が福井県で特化集中する産業、言い換えれば、福井が得意とする産業分野といっても過言ではない。こうした中、『平成二六年経済センサス―基礎調査（速報）福井県分集計結果の概要』によれば、福井県内の全産業に占める製造業の割合は一二・五%で全国二位、建設業も一一・六%で全国四位といった高い水準を誇っている。また、電気・ガス・水道業については、その構成比で全国との差が五・三ポイントもあり、同産業の主力である原子力産業から生み出された付加価値が如何に高かったかがわかる。

その結果、一次、二次、三次の産業別では、二次産業比率が全国の二三・五％に対し福井県が二八・〇％と福井県の二次産業比率の高さを裏付けている半面、三次産業比率は、全国の七五・四％に対し福井県が七〇・九％と大きく水をあけられた形となっている。今後、日本全体としても経済のソフト化サービス化が進展する中で都市型産業、すなわち三次産業のウエイトが高まっていくものと思われるが、その中で、福井県はあくまで二次産業中心でいくのか、それとも観光、レジャー、ＩＴ、サービス業などの都市型産業の集積を目指していくのか、今、まさに大きな岐路に立たされているように思える。

(2) 人口千人あたり民営事業所数は五三・七事業所で全国一位

一方、福井県が二〇一五年六月に公表した『平成二六年経済センサス－基礎調査（速報）福井県分集計結果の概要』によると、事業内容等が不詳の事業所を除いた民営事業所数は四万二三九七事業所で、これを人口千人あたりの事業所数（民営）でみると五三・七事業所、全国一位となっている。つまり、福井県は、人口の割に事業所数が全国で一番多い地域なのである。この要因として、よく言われるのが「福井県は起業家精神が豊かな地域」だからといった大変嬉しい話も聞く。しかし、その理由をよくよく考えると、これだけではない。例えば、これまで福井県の主要産業が繊維産業やめがね枠産業など地場産業、さらに建設業などといった比較的分業化し易い産業が中心であっただけに、次々と起

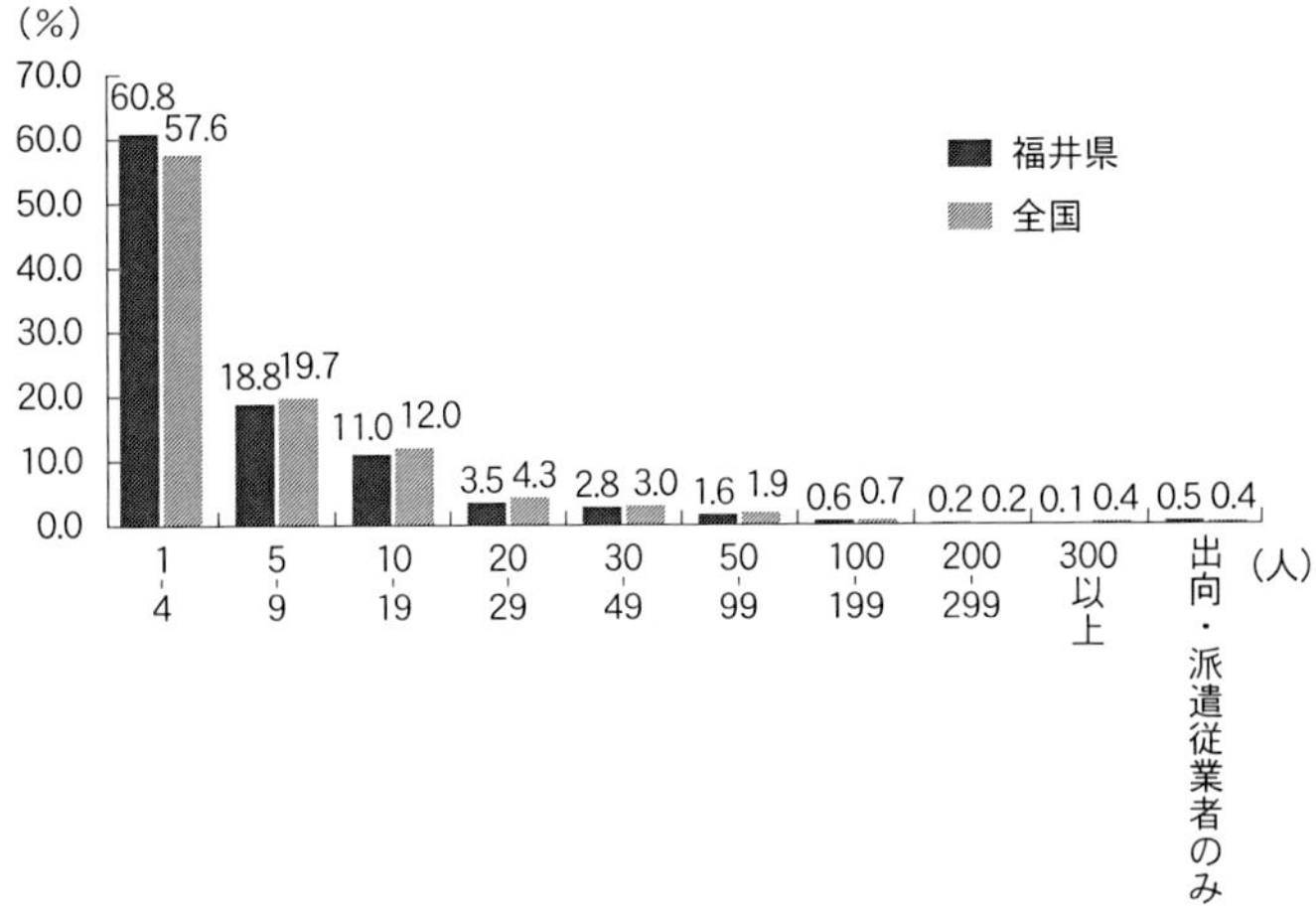

図2-4　従業者規模別民営事業所数の割合

資料：福井県，総務省『平成26年経済センサス基礎調査』．

業家が誕生したこと。さらに、福井県の地域特性として、地域完結型つまり受注から生産、販売までをできるだけ域内で完結したいと考える人々が多かったこと。もっと言えば、福井人は出稼ぎ気質がなく、地域内での生活をこよなく愛する県民性なのである。こうしたことが、人口千人あたりの事業所数日本一位という地域特性につながっていったものと思われる。

一方、そのためか福井県内の事業所をみると、比較的規模の小さな事業所が多い。個人経営の事業所割合は四三・一%を占め、全国（三八・三%）より四・八ポイントも高く（全国一五位）、また、従業員一〇人未満の事業所が全体の八割（全国一二位）を占めているのも特徴的である（**図2-4**）。

(3) 製造業の主要産業は、化学、電子・デバイス、繊維、プラスチック、電気機械

最後に、福井県の産業の中では付加価値生産性の面で最も大きい製造業について、業種別状況をみてみよう。図2-5は、製造業の業種別に事業所数、従業者数、製造品出荷額など（生産額）を示したものである。まず、事業所数ではやはり繊維産業（五九四件）がダントツとなっているほか、従業者数でも繊維産業（一万五六六八人）が最も多く、次いで電子・デバイス（八四七一人）、プラスチック（四八二四人）、食料品（四七四六人）、化学（三八六二人）の順。ただ、生産額の面では、化学の二八九四億円をトップに電子・デバイス（二五七〇億円）、繊維（二三四七億円）、プラスチック（一四六二億円）、電気機械（一四一七億円）、となっている。従って、生産額を基準に考えれば、福井県の主要産業は、化学、電子・デバイス、繊維、プラスチック、電気機械といったところであろう。

ただ、今から三〇年ほど前、ちょうど日本がプラザ合意（一九八五年）により超円高が進み日本企業の海外展開が始まった頃を振り返ると、その頃の福井県の製造業は、地場産業である繊維が生産額で約四〇〇〇億円を確保し県内トップであったが、その後徐々に生産高を落とし現在の二〇〇〇億あまりに低下している。また、めがね枠産業も一九九二年のピーク時には約一二〇〇億円を記録した時代もあったが、産地の海外展開が進むにつれ徐々に空洞化し今では推定七〇〇億円程度と思われる。そして、これら地場産業の衰退をカバーしてきた業種が、ここで示した化学や外発型（県外資本）の電子・デバイス、電気機械といった産業であった。こうして福井県は、これまで製造業の生産規模二兆円を確保してきたのである。ただ、時代とともに産業構造も変化する。次の時代はいったいどのような産

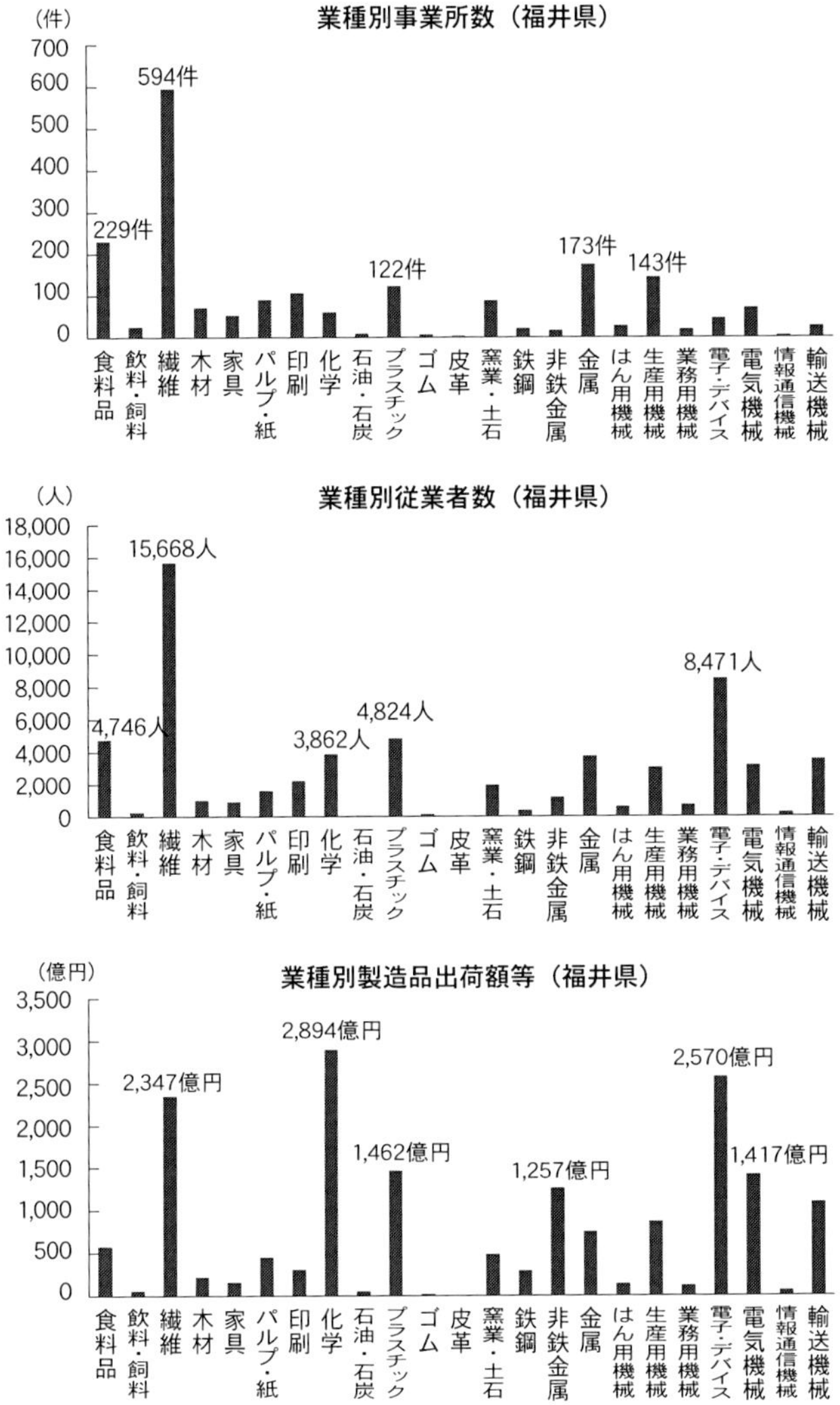

図2-5　製造業の業種別にみた事業所数，従業者数，製造品出荷額等（福井県）

資料：福井県［2015］.

業が求められているのか。福井県の製造業はこれまでも産業構造の硬直化を指摘されてきたが、目まぐるしく変化する時代の中で、時流にマッチした産業構造への転換は地域経済発展のための重要なポイントであることは忘れてはならない。

四　労　働

(1) 勤勉で粘り強い県民性

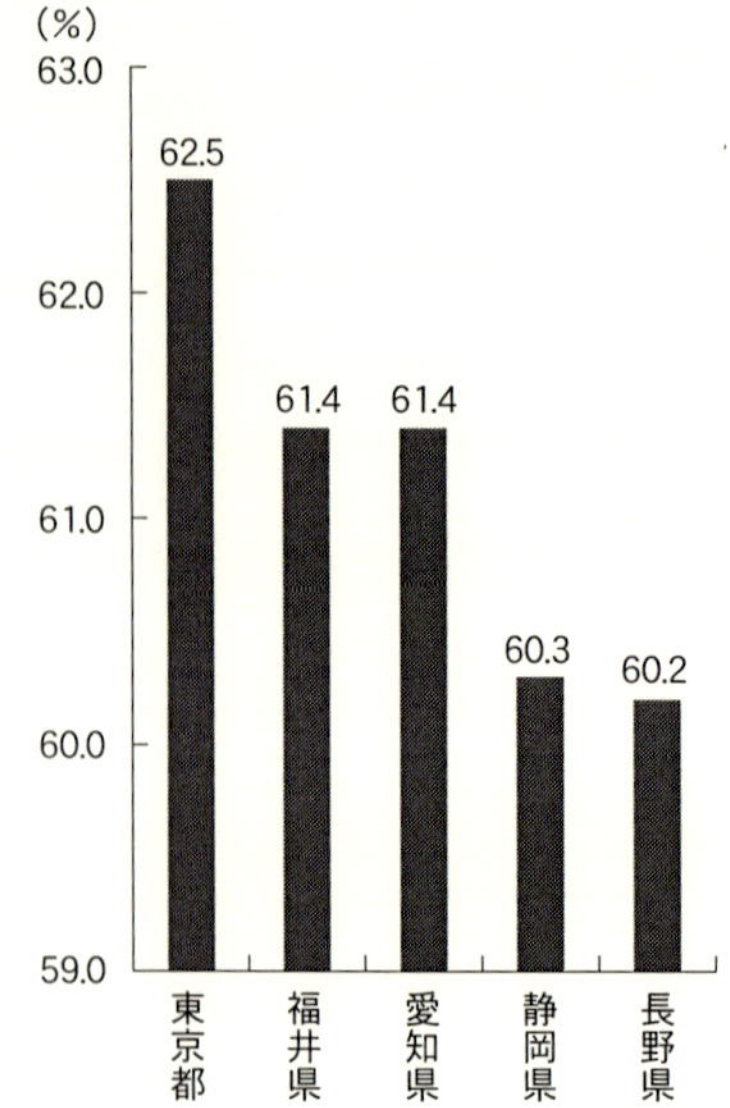

図2-6　都道府県別有業率ベスト5

資料：総務省［2012］.

『平成二四年就業構造基本調査』（総務省）から、福井県民の就業状態をみると、一五歳以上の人口六八万九〇〇〇人（男性三三万人、女性三五万九〇〇〇人）のうち有業者は四二万三〇〇〇人で、率にして六一・四％を占める（図2-6）。これは東京に次ぐ全国二位の水準である。このことは、福井県の場合、何らかの仕事についている県民が多いことを示し

表2-6　業種別，男女別，地域別賃金

		業種															
		産業計		建設業		製造業		情報通信業		運輸業，郵便業		卸売業，小売業		医療，福祉		サービス業（他に分類されないもの）	
		月賃金（千円）	全国比（%）	月賃金（千円）	全国比（%）	月賃金（千円）	全国比（%）	月賃金（千円）	全国比（%）	月賃金（千円）	全国比（%）	月賃金（千円）	全国比（%）	月賃金（千円）	全国比（%）	月賃金（千円）	全国比（%）
男女計	全国計	329.0	100.0	322.5	100.0	318.7	100.0	416.8	100.0	270.0	100.0	331.7	100.0	348.3	100.0	262.6	100.0
	東京	402.5	122.3	375.1	116.3	401.5	126.0	455.1	109.2	324.3	120.1	397.3	119.8	404.8	116.2	295.8	112.6
	富山	296.3	90.1	301.7	93.6	284.5	89.3	324.0	77.7	259.5	96.1	303.4	91.5	333.7	95.8	260.9	99.4
	石川	298.4	90.7	313.3	97.1	277.2	87.0	380.4	91.3	263.1	97.4	329.8	99.4	294.7	84.6	244.4	93.1
	福井	305.7	92.9	313.6	97.2	290.7	91.2	345.5	82.9	265.2	98.2	290.5	87.6	326.1	93.6	248.6	94.7
男性	全国計	329.0	100.0	322.5	100.0	318.7	100.0	416.8	100.0	270.0	100.0	331.7	100.0	348.3	100.0	262.6	100.0
	東京	402.5	122.3	375.1	116.3	401.5	126.0	455.1	109.2	324.3	120.1	397.3	119.8	404.8	116.2	295.8	112.6
	富山	296.3	90.1	301.7	93.6	284.5	89.3	324.0	77.7	259.5	96.1	303.4	91.5	333.7	95.8	260.9	99.4
	石川	298.4	90.7	313.3	97.1	277.2	87.0	380.4	91.3	263.1	97.4	329.8	99.4	294.7	84.6	244.4	93.1
	福井	305.7	92.9	313.6	97.2	290.7	91.2	345.5	82.9	265.2	98.2	290.5	87.6	326.1	93.6	248.6	94.7
女性	全国計	233.1	76.3	224.3	71.5	201.8	69.4	301.7	87.3	207.7	78.3	219.9	75.7	247.2	75.8	209.7	84.4
	東京	283.7	92.8	268.6	85.7	281.1	96.7	334.0	96.7	274.3	103.4	267.0	91.9	291.0	89.2	242.7	97.6
	富山	214.0	70.0	218.6	69.7	198.7	68.4	231.6	67.0	197.9	74.6	200.6	69.1	232.6	71.3	179.4	72.2
	石川	213.5	69.8	196.7	62.7	195.8	67.4	267.2	77.3	208.5	78.6	203.9	70.2	226.5	69.5	187.6	75.5
	福井	212.6	69.5	222.1	70.8	193.2	66.5	237.0	68.6	197.9	74.6	191.7	66.0	230.3	70.6	176.3	70.9

注：産業計には，上掲のほか，鉱業，採石業，砂利採取業，電気・ガス・熱供給・水道業，情報通信業，金融業，保険業，不動産業，物品賃貸業，学術研究，専門・技術サービス業，宿泊業，飲食サービス業，生活関連サービス業，娯楽業，教育，学習支援業及び複合サービス事業を含む．

資料：平成25年賃金構造基本統計調査（全国）結果．

ている。特に、女性の場合は全国一位の有業率（五三・〇％）を誇り、その結果、共働き率（夫婦のいる世帯の中で夫婦とも働いている場合）も五六・八％と全国一位の水準にある。さらに、離職率は四・一％（全国五・〇％）と全国四六位。つまり、福井県民は、働き者で仕事に一度就いたらなかなか辞めない、あきらめない粘り強い県民性の持ち主であることがうかがえる。こうした県民性もあって、福井県内の雇用環境は極めて良好で、失業率は二・六％（平成二五年　総務省『労働力調査』）と全国（四・〇％）と比較してもかなり低い。有効求人倍率も直近の平成二七年一〇月現在、全国の一・二四倍に対して福井県は一・六〇倍と、東京に次ぐ水準にあるほか、女性の正規社員比率は全国トップレベル（『平成二四年就業構造基本調査』：全国四二・五％、福井県五一・二％）となっている。ただ、これに伴う賃金はというと、全国平均の九割程度、東京都の七割程度（表2-6）であり、決して恵まれた地域とは言い難い。しかし、とにかく福井県民は仕事に勤勉で、粘り強い性格を持つ人々が極めて多い地域なのである。

(2) 勤勉で粘り強い職業意識はどのようにできあがったのか

では、賃金等の労働条件がそんなに良くもないかわりに、どのようにしてこのような勤勉で粘り強い県民性、特に女性の就業者が多い地域が出来上がったのであろう。この答えを福井県が持つ「歴史観」、「宗教観」、「地域風土」という三つの側面から述べてみたい。

まずは「歴史観」からその背景を考えてみよう。昭和の中期、ちょうど一九五〇－六〇年代、福井県では繊維産業が大いに栄えた時代があった。いわゆるガチャマン時代である。当時の機織機として活躍したフライ織機が一回「ガチャン」と音を立てて機を織ると一万円札が湧いて出るくらい福井県は繊維産業で景気が良かった。それを例えて「ガチャマン時代」と呼ばれていた。この頃の福井は、景気の良い機屋に目をつけ次々と家内工業として独立する人々が後を絶たず、嶺北地方一円どこに行っても「ガチャトン、ガチャトン……」と機の音が絶えることがなかった。しかし、主にその機を織っていたのは女性だったのである。では、男性は何をしていたのか。全部ではないが、機屋の主人（男性）の多くは稼業をご婦人に任せ、いわゆる「魚屋《さかなや》」と称する今の時代でいう料亭で昼間から宴を催し遊びほうけている人が多かったのである。思い起こせば、福井県はその頃から女性の社会進出が盛んであったのであろう。しかし、そのルーツは、もっと遡ることができる。福井に繊維産業が持ち込まれたのは、七一二（和同五）年と聞いている。時の政府がこの地で綾錦織物の生産を奨励したのが始まりといわれるが、その後、江戸時代に入り、福井に入封した結城秀康も織物の生産に注力した。しかし、二代目藩主の松平忠直以降、石高の極端な減歩という悲運に見舞われた福井藩では、武家婦人の手内職として織物で生計を立てるというスタイルが定着していった。そして、明治の殖産興業、つまり地域をあげて繊維産業に注力していった時代、江戸時代から織物業で活躍していた女性たちが労働予備軍として繊維産業の担い手になっていったのであろう。繊維産業以外にも福井県には女性が主役の職場が出来上がった。明治期の終わり一九〇五（明治三八）年に増永五左衛門によって持ち込まれためがね枠産業である。そこでもやはり労働集約型産業として女性労働者の活躍の場があった。「歴史観」からみれば、こうした背景が今の女性就業率の高さに影響したのではないか。

そして二つ目の「宗教観」についてである。やはり福井県の嶺北地方で門徒宗七割以上（福井県全体では約六割）を占める浄土真宗の影響を忘れることはできない。浄土真宗の教えが福井県民の労働意識、すなわち勤勉で粘り強い人々を生み出すルーツとなったと考えられるためである。一四七一年、この福井の地に入った蓮如上人は、福井の北端にある吉崎地区に坊舎を立て布教活動を行った。一四七三（文明五）年、蓮如上人が示した「真宗門徒の掟一一カ条」を読むと、「もろもろの神菩薩等を軽んじてはならない、諸法諸宗を誹謗してはならない、わが宗のふるまいをもって他宗を非難してはならない、念仏者は国の守護地頭を大切にすることを決して軽んじてはならない、念仏集会の日、本性をうしなうほど酒をのんではならない……」等、一見、協調主義ともみえるが、人々に我慢、忍耐することの大切さを教えた。そして、この影響を受けた福井県民のDNAはやがてモノづくりの面でも大いに良い影響として広がっていったのであろう。福井県では、宗教の持つ力が地域住民の生き方に影響し、それが男性だけでなく女性の職業観にも大きなインパクトを与えていることを確認しなければならない。

最後に、三つ目の「地域風土」についてである。これについてはもはや語るまでもないが、福井県は、繊維産業、めがね枠産業など軽工業を中心とした地域であること。さらに、中小・小規模事業所が多いこと。言い換えれば、労働集約型の産業、中小・小規模事業所を中心とした福井県は、比較的小さな経済力、産業力の割に多くの労働力を必要とした。それが結果として、女性就労者の多さにもつながっていったのであろう。また、働く女性に対する地域社会の受け入れ態勢が整っていたこともあげなければならない。例えば、歴史的にみると、主要産業の一つである繊維関連の企業では、女性就労者の子育て環境を充実させるために、企業自らが保育園を経営したり、勝山市ではかつて仕事をしながら学べる環境整備のため夜間高校（勝山精華高校）まで創立するなど、早くから学び働く環境づくりが整備された。また、福井県は他地域に比べ三世代同居が多く、一家の年寄が子どもを育てる慣習が出来上がっていたことや待機児童ゼロといった子育て環境の整った地域であることなども、女性就労者を増やす要因につながったものと思われる。その他、地域社会においても、是非はともかく、女性の就労、特に「嫁が働くことは当然」と考える地域風土を備えた地域であったことも一つの要因としてあげなければならない。

五　県民生活

(1) 日々の暮らしは慎ましく、一点豪華主義

福井県の特徴を尋ねると、共働き世帯の多さと、一世帯あたりの多額の預貯金残高を例にあげる人も少なくない。事実、本県の共働き世帯は全世帯の五六・八％（「国勢調査」二〇一〇年）を占め全国一位、そのため一世帯あたり有業人員も全国の一・六七人に対し、福井は一・七六人（二〇一四年）と多い（表2-7）。また、貯金残高は一世帯あたり一四六一万円（「全国消費実態調査」二〇〇九年）で、これも全国五位の水準である（図2-7）。従って、貯金残高を基準に考えれば、「それが高額であるのは、共働き

表2-7　世帯あたりの1カ月の収入と支出（2人以上の勤労世帯）

		世帯人員（人）	有業人員（人）	世帯主の年齢（歳）	実収入（円）	可処分所得（円）	消費支出（円）	食料（円）	住居（円）	光熱・水道（円）	家具家事用品（円）	被服及び履物（円）	保健医療（円）	交通・通信（円）	教育（円）	教養娯楽（円）	その他の消費支出（円）
全国	2009年	3.43	1.67	47.1	518,226	427,912	319,060	70,134	19,614	21,466	10,152	13,773	12,036	47,093	19,493	33,243	72,055
	2010年	3.41	1.66	47.3	520,692	429,967	318,315	69,597	20,694	21,704	10,638	13,573	11,398	48,002	18,195	34,160	70,353
	2011年	3.42	1.66	47.3	510,117	420,500	308,826	68,417	21,596	21,742	10,406	13,102	10,879	45,488	18,611	31,294	67,291
	2012年	3.42	1.68	47.8	518,506	425,005	313,874	69,469	20,479	22,511	10,484	13,552	11,721	50,233	17,992	30,506	66,926
	2013年	3.42	1.70	48.0	523,589	426,132	319,170	70,586	19,775	23,077	10,385	13,715	11,596	52,595	19,027	30,861	67,554
	2014年	3.40	1.67	48.1	519,761	423,541	318,755	71,189	20,467	23,397	10,868	13,730	11,279	53,405	18,094	30,435	65,890
福井市	2009年	3.70	1.81	50.1	551,856	470,391	334,120	73,715	8,998	22,802	11,193	11,952	14,302	46,849	18,027	29,559	96,724
	2010年	3.47	1.89	50.5	634,573	529,039	365,286	74,107	13,524	25,437	10,671	12,644	12,201	49,479	17,524	29,107	120,591
	2011年	3.88	1.85	49.6	578,879	485,029	348,419	73,575	11,685	26,768	8,613	13,308	10,630	47,819	18,627	32,339	105,055
	2012年	3.70	1.81	47.9	520,011	440,703	287,169	65,762	16,145	24,754	8,156	10,503	8,970	39,569	12,719	24,429	76,165
	2013年	3.65	1.91	49.8	568,887	476,525	328,742	69,382	15,248	25,365	10,766	11,121	7,962	67,216	14,574	24,965	82,142
	2014年	3.62	1.76	49.7	570,140	478,589	304,400	71,070	20,730	24,632	8,625	11,866	10,623	50,342	12,122	26,502	67,889

資料：総務省「家計調査年報」.

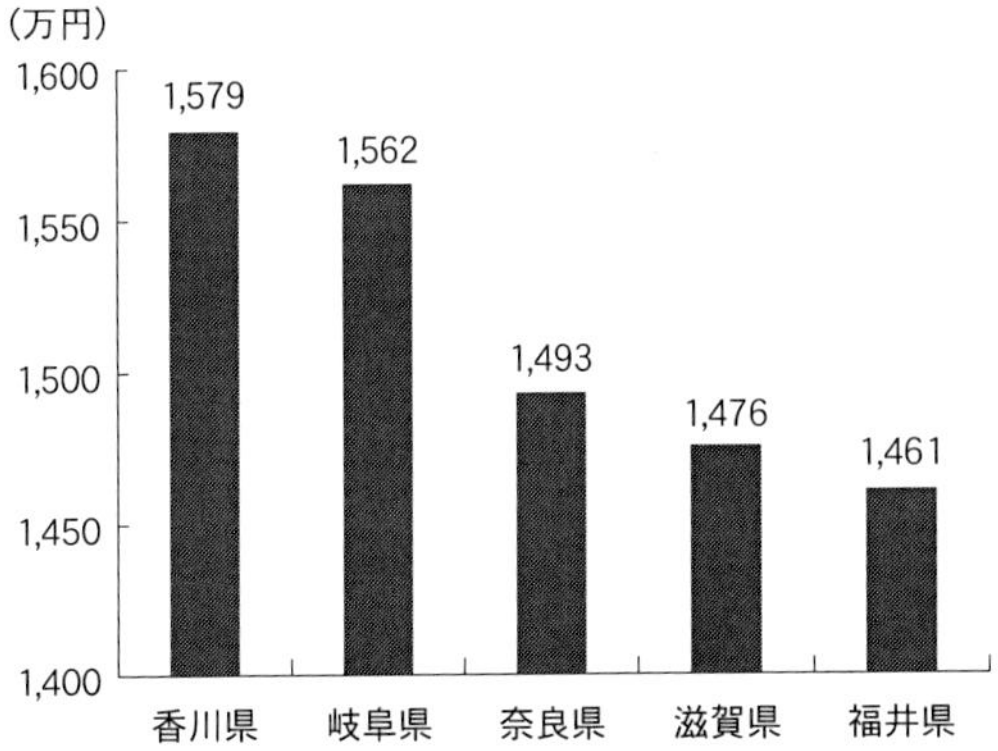

図2-7　都道府県別貯蓄残高ベスト5

資料：総務省『全国消費実態調査』2009年.

で一世帯あたりの収入が多いため」ということになる。しかし、もう少し掘り下げてみると、その要因は福井県民の日々の暮らしぶりから見出すことが出来る。

例えば、総務省統計局の家計調査年報より平均消費性向（一世帯あたりの可処分所得に対する消費支出額）をみると（**図2-8**）、二〇一四年で全国平均の七五・三％に対し、福井県は六三・六％と一一・七ポイント低く、過去の推移をみても全国水準以下であることがわかる。実額ベース（二〇一四年）でも、消費支出は全国平均の三一万八七五五円に対し、福井県は三〇万四四〇〇円と一万四三五五円も低く、過去を遡ってもこの傾向に大きな差異はみられない。また、**表2-7**から福井市の主要家計指標（一世帯あたりの一カ月の収入と支出）をみると、衣食住に関連する多くの費目で全国平均を下回っている。つまり、これらのデータは、他の地域に比べ慎ましやかな福井県民の日々の暮らしぶりを表しており、その結果として高水準の貯蓄をもたらしてい

図2-8　消費性向の推移

資料：総務省「家計調査年報」.

ることを物語っている。

こうした事実は、供給者側の指標をみても明らかとなる。ちなみに、本県での人口一人あたり大型店面積をみると一・三七平方メートル（全国大型小売店総覧・総務省統計局　二〇一二年）で全国三位でありながら、その効率を示す人口一人あたり年間販売額は八八万円で全国一六位と、商業者にとってはすこぶる厳しい現実が見て取れる。

その半面、ある特別の出費に関しては、全国をはるかに上回るケースがある。それは、本県の結婚費用の額である。昔から、結婚費用は名古屋が一番と言われているが、本県の場合もそれに負けず劣らず、特に嶺北地方を中心に高額な出費がなされていたのである。ややデータは古いが、県内のあるシンクタンクが実施した結婚費用実態調査（一九九六年）では、県内の新婚カップル一組あたりの結婚費用総額は一五二六万円とでており、これは全国平均（七九七万円）の約二倍に相当する。

このように、福井県民の生活は、日々の暮らしは〝慎ましく〟、しかし特別の催事には惜しげもなく出費する〝一点豪華主義〟が特徴であり、裏を返せば、いざという時に備えて、日頃から慎ましく過ごす福井県民の暮らしぶりが浮かび上がるのである。

⑵ 歴史から生まれたライフスタイル

話は変わるが、本県金津町（現在の福井県あわら市）に浄土真宗八代目宗主蓮如上人が開いた吉崎御坊がある。前述のように、蓮如上人は一四七一年からわずか五年ではあるが、この坊舎を拠点に布教を行い、この地に浄土真宗を広めた。そして、いつしか村人はその教えを請うため持ち回りで〝講〟を催すようになったが、これに備えて常日頃から貯えを惜しまず、〝講〟を盛大に執り行ったという。もしかして、今ある福井の県民性は、こうした「いにしえ」の習いを受け継いだもの、言い換えれば、歴史から生まれたライフスタイルなのかも知れない。

コラム－2

蓮如上人ゆかりの地、吉崎御坊を訪ねて

先日、福井県あわら市に位置する北潟湖、その湖畔、石川県加賀市との県境にある吉崎御坊を訪ねた。ちょうどその日は、幸運にも当地とゆかりの深い浄土真宗中興の祖、蓮如上人の御忌《ぎょき》法要が営まれていた日でもあり、かなりの人々で賑わいを見せていた。毎年四月半ばになると、蓮如上人が歩いたといわれる吉崎までの道のり約二四〇キロを、供奉人に守られながら湖西廻りで一週間をかけ、蓮如上人自らが残された御影《みかげ》とともに京都の東本願寺から吉崎の地へ運ぶ旅、いわゆる御影道中がとり行われる。今年で既に三四二回を数えるらしい。吉崎の東別院では、御影をお迎えした後、蓮如上人御忌法要を一〇日間にわたって厳修《ごんしゅう》し、法要後は、今度は湖東廻りで京都の真宗本廟（東本願寺）に向け旅立たれるらしい。

ところで、六世紀半ば、インド・中国を経て伝来した仏教は、朝廷・貴族のものだった奈良・平安の時代を経て鎌倉時代には武士・町民さらには農民にまで普及した。とりわけ浄土真宗は農民層に熱い支持を受けながら、この福井県ではやがて「真宗王国」と呼ばれるまでに普及したことは言うまでもない。ちなみに、現在、福井県には本願寺派、大谷派など真宗教団連盟加盟一〇派のうち四派（出雲路派、誠照寺派、三門徒派、山元派）の本山が所在し、福井県二八万世帯のうち真宗門徒世帯が六割を超えるといわれている。では、当地で何故ここまで浄土真宗が普及したのか。その理由を前述した蓮如上人の布教活動に求める人々も多い。『福井県史』通史編一によると、蓮如上人は、文明三（一四七一）年、叡山延暦寺の迫害を避け、近江から越前より加賀に遊化し吉崎に居を定め、当地には山上の本坊を中心に多くの多屋（宿坊）が建てられたと記述されている。そして、

吉崎御坊を拠点に、周辺の村落、越前では河口庄十郷、現在のあわら市、坂井市、石川県加賀市や小松市までも精力的に足で布教し門信徒を獲得していったという。とりわけ、文明五（一四七三）年、蓮如上人が示した「真宗門徒の掟一一カ条」の中では、「諸法諸宗を誹謗してはならない」、「わが宗のふるまいをもって他宗を非難してはならない」「守護地頭を大切にすること」といった協調路線を提示している。こうした蓮如上人のマーケティング手法はいつしか職業感にもつながり、我慢強い福井県民のＤＮＡとして引き継がれてきたのであろう。そして、近世以降、これらは福井県の主要産業である繊維産業やめがね枠産業、化学産業などを生み出す原動力として作用したのではないだろうか。ただ、こうした職業感を保有する福井県の県民性は、近年の若年層を中心とした宗教離れや核家族化の中で希薄化しつつある様にも思える。戦後の日本は、宗教を政治や教育と関連させることをタブーとしてきた。しかし、親が子に社会の伝統を重んじる心を伝える、その語り継ぐ過程で宗教があり、それが高い道徳、倫理観となり新たな日本型の誰でも誇れる職業感に発展することも考えられる。その結果、地域の再興にもつながっていく気がするのだが。

第3章　歴史で辿る市まちの姿

一　温泉と蓮如上人ゆかりのまち「あわら市」

(1) 温泉と蓮如上人ゆかりのまち

あわら市は、二〇〇四年三月、旧金津町と旧芦原町が合併し成立した人口二万九〇〇〇人あまりのまちである。特に、北側の旧金津町側は、古くから北陸街道の宿場町として栄え、ここには浄土真宗中興の祖、蓮如上人ゆかりの地として知られる「吉崎」地区がある。ただこの地区は、ちょっと変わった特徴もある。それは、この「吉崎」というまち、集落の中に福井県と石川県の県境を跨ぐという一種独特な特徴をもっていることである。福井県側からいえばあわら市も、石川県側からいえば加賀市も「吉崎」というまちが存在しているのである。では、何故、石川県加賀市吉崎町と福井県あわら市吉崎町は隣接しているのか。何故、一つの町が石川県と福井県に二分されたのであろう。これはあくまで筆者の推測だが、それは明治以降の県の再編成に関係している気がする。歴史的にいえば、「吉崎」はもともと越前国の吉崎につくられた。しかし、一八七六（明治九）年に福井県は越前七郡を石川県に、越前一郡・若狭一郡を滋賀県に編入され、福井県そのものが消滅してしまう。そして、一八八一（明治一四）年、再び福井県が復活するが、そのときに県境を何処にするか両県でもめたのではないだろうか。両県とも歴史上意義がある吉崎御坊を県域に編入したい。そうした経緯もあり、まちが二つに分断されたのではなかろうか。いずれにせよ、「吉崎」は、歴史的、宗教的にみて、あわら市にとって、いや福井県にとっても重要な地域であることは間違いない。

図3-1　福井県行政区画図（2015年）

　一方、旧芦原町側をみると、いまさら言うまでもないが、多くの人々が福井を代表する関西の奥座敷、芦原温泉を思い浮かべることであろう。この地域、かつては低湿な沼地であったらしい。一八八三（明治一六）年、集落に住むひとりの農民が灌漑用の水を求めて水田に井戸を掘ったところ、約八〇度の温泉が湧出したのが始まりといわれている。翌年には、何軒かの温泉宿が開業し湯治客を泊めるようになり、一九一二（明治四五）年に旧国鉄三国線が開通して以降、温泉街として発展していったのである。その後、福井大震災や芦原大火（昭和三一年）などにあうが、こうした度重なる災害を乗り越え今日に至っている。ちなみに、現在、地元の芦原温泉旅館協同組合には一四の旅館が加盟している。

(2) 観光と農業を軸に

あわら市は、現在、芦原温泉街を中心に北は丘陵地帯、南は水田地帯が広がり、観光と農業を軸とした発展を図ろうとしている。特に農業部門では、ハウス栽培によるメロン、スイカ、トマト（越のルビー）の栽培が盛んで、まちの特産物となっているほか、最近、隣の石川県に立地する大手量販店からトウモロコシなどの受注を得るなど、流通業者を核とする六次産業化の新たなビジネスモデル構築にも成功している。また、芦原温泉に隣接する北潟湖は、休日になると県内外から訪れるカヌーイストや釣り人で賑わい、また、春から夏にかけてのシーズンには、北潟湖畔花菖蒲園内に約三〇〇種・五〇万株の菖蒲が一斉に花開き、新たな観光スポットの一つにもなっているらしい。今後も、同市が北陸新幹線金沢開業による地の利をうまく味方にしながら、石川県との県境を越えた観光ネットワークを構築するなどして、福井県の観光産業活性化に貢献していくことを大いに期待したいものである。

二　テクノポート福井と三国湊のまち「坂井市」

(1) テクノポート福井

坂井市は、二〇〇六年三月に福井県北部、坂井郡にあった三国町・丸岡町・春江町・坂井町が合併して新設されたまちである。新設以来、同市では福井県の自治体で初めての地域自治区制度を採用し、旧四町と同区域・同名の地域自治区である三国町・丸岡町・春江町・坂井町を設置している。ただ、地域自治区制度が地域の融和を阻害するという懸念もあるため、郡が市にとって変わっただけとならない政策の必要性が問われている。一方、同市の誕生時点での人口は約九万二〇〇〇人、県内での人口規模では南に隣接する県庁所在地の福井市に次いで二番目の規模を誇る。

ところで、坂井市を産業面から眺めてみると、まず工業に関しては、県外から入ってきた外発型企業が四一事業所を数え、福井県全体（一五一事業所）の二七・一％を占めている。中でも、域内に本社機能を置いた事業所は福井県内で最も多く一三社を数えるなど、製造業の集積が高い地域といってよい。その理由は、まぎれもなく本市西部、三国町に昭和四四年ごろから造成を開始したテクノポート福井の影響が大きい。団地内には化学工業をはじめ、金属、鉄鋼、木材など多様な業種が集積しており、同市の産業力を支える重要拠点となっている。

そして、もう一つ坂井市の特徴をあげるとすれば、同市中心部にある坂井平野は福井県を代表する

表3-1　福井県内9市別に見た外発型企業の状況

	企業数	従業員数 2014年の決算による	売上高2014年の決算による	工業統計調査による2013年の出荷額等	構成比（%）
あわら市	3	422	24,593	175,217	14.0
越前市	8	6,751	231,292	430,136	53.8
坂井市	13	947	30,286	282,980	10.7
鯖江市	3	169	9,772	156,676	6.2
小浜市	3	872	39,146	37,299	105.0
大野市	3	323	5,430	39,629	13.7
敦賀市	5	155	7,715	110,428	7.0
福井市	9	855	47,820	363,979	13.1
勝山市	1	240	5,896	116,041	5.1
その他	2	60	725	11,566	31.1
合計	50	10,794	402,675	1,723,951	23.4

資料：独自調査による．資本金，従業員数，売上高は，個社の別決算期直前のデータによる．本データは，外発型企業のうち域内に本社機能を持つ事業所に限る．

穀倉地帯でもあることだ。しかし、ここでちょっとばかり残念な話がある。それは、おおよそ千年にわたりこの坂井平野を潤してきた「十郷用水」が地下パイプライン化事業によって、昨秋、地上から姿を消したことだ。同用水は、平安末期、今の坂井地区にあった春日大社と興福寺の荘園への用水路建設が始まりとされ、鹿の足跡を農民が掘ってつなげたという伝説が各地に残る。そして、水路網は豊かな穀倉地帯を生んだ。今後は、この「十郷用水」の存在を地域発展をもたらした重要な歴史遺産として後世に伝えていってもらいたいものである。

(2) 三国湊

一方、観光面については、例えば東尋坊、三国祭り、丸岡城などがある。特に、丸岡城は、柴田勝家の甥、勝豊によって築かれた城で、現在、全国に一二ある天守の中で最古の建築様式をもつ。そのほか、福井県一の大河、九頭竜川の河口に位置する本市三国町のまち中散策は人気が高い。「かぐら建て（切妻造りの建物に切妻造りの片流屋根をかけたもので、一見して平入り家屋と見える建て方になっている）」造りの町屋「旧岸名家」や三国の情報拠点「三国湊座」、三国湊の繁栄に思いを寄せる貴重な文化遺産「旧森田銀行本店」など、散策地点は数多い。中でも、高台にそびえる「みくに龍翔館」は地域の歴史・文化・伝統・芸術・暮らしなどを知るうえで素晴らしい。同館は、オランダ人土木技師エッセルがデザインしたと言われ、明治一二年から三五年間建っていた木造五階建て八角形の龍翔小学校の外観を模して復元した博物館で、今や三国町のシンボルとなっている。

しかし、三国湊といえば、何といっても古来より九頭竜川やその支流の足羽川を使った水運による物流の拠点として栄えたことを忘れてはならない。戦国時代の武将朝倉義景が居城を構えた「一乗谷朝倉氏遺跡」内の庭園跡には、船によって運ばれてきた東尋坊周辺の岩が庭石として残っているという。また、柴田勝家も水運を重視し足羽川近くに居城「北の庄城」を構え、荷揚げ用の港を設けていたらしい。

江戸中期になると、狭い範囲で行っていた水運・海運が、それらの港をつなぐ海上航路へと発達し、それまで使用された北国船やハガセ船とは機能面で優れるベザイ船を使った「北前船交易」が始まる。三国湊においても、海運で上方（関西）・瀬戸内・山陰・東北・北海道から物品が集まり、物流の一大集積地として賑わったらしい。また、三国湊町には北前船を所有する廻船問屋をはじめ、様々な物品を販売する商店らが軒を並べ、町は大きく発展した。その繁栄は、明治時代に入ってもしばらく続いたが、西洋型帆船や大型汽船が主流となり、新しい商戦時代が到来したこと、さらに鉄道が開通し、物流の中心が船から鉄道へと移行する中で、三国湊は商港としての機能を失っていった。

ところで、三国というと、今でも思い出すことがある。筆者がまだ子どものころ、京福電鉄三国線が走っていたころ、それにのって、海女《あま》さんたちが素潜りで採ったアワビ、サザエ、ウニなどを天秤棒で担ぎ、筆者が住んでいた旧松岡町まで商いに来ていたことだ。いわゆる「ぼてさん」と呼ばれる人たちである。まことに福井の女性は昔から働き者だったのであろう。

三　朝倉氏一〇〇年の栄華が眠る県都「福井市」

(1) 戦国武将・朝倉氏から柴田氏を経て福井藩・越前松平家へ

先般、福井市立郷土歴史博物館を訪ねた。同館は、あいつぐ戦災と震災から復興した福井市のシンボルとして一九五三（昭和二八）年足羽山に開館し、二〇〇四（平成一六）年には越前松平家の別邸であった「養浩館庭園（旧御泉水屋敷）」隣に移設された。現在、この場所には、福井城の門「舎人門《とねりもん》」も復原されており、福井市内の中でも歴史を漂わせる風情ある場所の一つとして存在感を知らしめている。

同館に入ると、郷土に関する資料や、特に福井市春嶽記念文庫をはじめとする福井藩、越前松平家に関する資料が充実していることに気付く。それを読んでいくと、古代の福井は、阿須波《あすわ》氏や生江《いくえ》氏などの豪族がこの地を治め、なかでも生江氏などは東大寺の土地開発に関係し、道守荘をはじめとする荘園の管理や経営に深く関係していたと記されている。

中世に入ると、〝ふくい〟は南北朝時代の抗争、斯波氏や朝倉氏それに一向一揆・織田信長の支配や進出を経て、信長の重臣、柴田勝家が城下町を形成し繁栄した。現在でも、福井市東部にある一乗谷朝倉氏遺跡は、全体で二七八ヘクタールという広大な範囲が国の特別史跡として指定保存され、全国でも稀有な戦国城下町遺跡として残されているほか、一九六七（昭和四二）年以来続けられている発掘調査によって得られた出土品は、福井県立一乗谷朝倉氏遺跡資料館に保存展示されており、そこを訪れる人々の興味を満喫させる。また、福井市中心部には、柴田勝家が築城したといわれる由縁の場所に柴田神社が建設され、北ノ庄城址、柴田公園としても整備が進んでいる。

ところで、戦国時代、柴田氏はまもなく羽柴秀吉によって滅ぼされ、やがて江戸時代へと引き継がれていくが、当地に最初に入封した大名が、徳川家康の次男、結城秀康で六八万石での入封であった。秀康は、産業の育成、中でも絹織物に尽力し、「玉紬」を「北荘紬」と改称し、藩士の妻の内職として奨励、品質の改良、販路の拡張に努めたという。そして、こうした試みが婦人労働者の予備軍となって明治の繊維産業振興につながっていったのである。その後、福井藩二代目の松平忠直は、大坂の陣で戦功を立てながらも将軍に認められなかったことから、次第に幕府に反抗的態度をとるようになった。そのため、一六二三（元和九）年改易され豊後国大分に配流される。しかし、翌年の一六二四（寛永元）年には、忠直の弟（秀康の次男）、松平忠昌が五〇万石で入封。その後、居城周辺の街・北ノ荘は「福居」（後に福井）と名を改める。そして、第一六代松平慶永（春嶽）を経て、幕末から明治の福井藩最後の藩主、第一七代茂昭まで続いていく。

廃藩後の一八八九（明治二二）年、福井市は人口四万人でスタートを切ることになるが、絹織物業の発展に伴って、都市機能が充実するなど、徐々に政治・経済・文化の中心として発展。都市計画も進み、昭和六年以降、近隣の町村を次々と合併していった。そして、一九四五（昭和二〇）年七月の福井大空襲、その三年後の福井地震・水害によって壊滅的な打撃を受けたが、復興事業を強力に推し進めることにより「不死鳥福井」として生まれ変わっていく。ちなみに、福井市の人口は一九九五（平成七）年の二七万三〇〇〇人をピークに徐々に減少に転じ、現在二六万三〇〇〇人あまりとなっている。また、約一万六〇〇〇の事業所のうち三割は卸・小売業が占め県内の水準（二六・一％）より高いが、その分、製造業のウエイトは一割（福井市九・四％、福井県一三・二％）を下回っており、どちらかと言えば商業中心のまちであることがわかる。

(2) 北陸新幹線福井開業、駅西口再開発に向けて

二〇一二年からは、第六次福井市総合計画がスタートした。この計画で示した将来の都市像は「自然・活気・誇りにみちた　人が輝く かえりたくなるまち ふくい」の創造である。具体的には、福井市に住んでいる人にとってはこのままずっと住み続けたいと思えるまちを、市外の人は福井市に行ってみたい、住んでみたいと思えるまちを、進学・就職などで福井市を離れた人はかえりたいと思えるまちを創ることを目指す。これを達成するための基本目標は四つあり、①みんなが快適に暮らすまち、②みんなでつくる住みよいまち、③みんなが生き生きと働くまち、④みんなが学び成長するまち、

である。この四つの基本目標は、将来都市像を「社会基盤」「市民生活・福祉」「産業」「教育」の面から具体的に取り組む方向性を表したものであり、現在は、人口減対策、総合戦略策定をにらんで、さらに発展した形の「第七次福井市総合計画」の策定にも取り組んでいる。これと併せて、福井市が抱える緊急の課題には、北陸新幹線福井開業への備えや、それに伴う福井駅西口再開発の進化と同時に中心市街地を如何に活性化するか、雇用・人材育成・新産業創造といった産業政策など枚挙に暇がない。特に、福井駅西口再開発の目玉となる再開発ビル「ハピリン」にどう賑わいを持たせ拠点化するかは重要な課題であり、今年四月二八日のオープンに注目したい。いずれにせよ、福井市は県都、福井県の中心都市であり、それにふさわしい福井の顔として生まれ変わってもらいたいものだ。ただ、そのためには、官も民も企業も、そして、福井市民だけでなく福井県全体が一つになって応援していく気概が必要なのではないだろうか。

四　天空の城でブームを呼ぶ「大野市」

(1) 古くから、越前・美濃を結ぶ交通の要所として栄える

福井県の東部に位置する大野市は、人口三万五〇〇〇人と小規模ながら、周囲を白山の支脈に囲まれ、同市の約八七%を森林が占める地域であり、それだけに当地に一歩足を踏み込むと、その自然の豊かさには目を見張るものがある。

また当地は、古くから越前・美濃両国を結ぶ交通の要所として栄え、戦国時代に金森長近が当地に赴き築城して以来、城下町の建設に着手したことで、約四四〇年を経た現在でも、市街のいたるところに寺社仏閣、碁盤目状の道路などが現存し、その面影を今に伝えている。その一つに、おおよそ七〇〇年前、道元禅師とともに中国で学んだ寂円禅師によって開かれ大本山永平寺に次ぐ第二道場として知られる宝慶寺がある。同寺の宝物館には多くの文化財があり、中でも道元禅師の肖像画は福井県指定の文化財となっている。杉木立の参道にひっそりとたたずむ同寺を訪ねると、ゆったりとした時間の流れを感じることができる。今の自己を見つめなおすには最高の場所でもあり、一度は足を運んで欲しいものだ。そのほか、大野には越前大野城、全国名水百選にも選ばれた御清水、七間朝市などが加わって、今では「北陸の小京都」として歴史・文化の匂い漂う地域でもある。

一方、金森長近のあと、大野は、長谷川・青木・織田・松平氏を経て、天和二（一六八二）年、土井利房が大野に封ぜられたが、その七代目藩主、土井利忠（一八一一―一八六八年）は殖産興業による財政改革と人材育成に注力し、その功績は高く評価されている。例えば、その家臣、内山良休は、武士でありながら商いを学び、大野藩で煙草や生糸などを産業化することを提案。一八五五年以降、越前、大坂（現在の大阪）、函館などで全国三七店舗の藩直営店「大野屋」の運営に乗り出し、大野藩の財政立て直しに貢献した。また、その弟、内山隆左は、蝦夷地開拓を提案。一八五八年、洋式帆船「大野丸」を建造して、一八六四年、同船が根室沖で座礁するまで敦賀―函館間を往来し、人員、物資の運搬に努めた。さらに、土井利忠は人材育成にも専念し、一八四四年、身分に関わらず誰でも入学できる藩校「明倫館」を開設。これと並んで、洋学の研究にも注力した。家臣を江戸・京都・大坂方面に送り、西洋医学や砲術などを学ばせ、一八五六年には「洋学館」を建て、緒方洪庵の適塾の塾頭伊藤慎蔵を教師に招いた。

一八七一（明治四）年の廃藩後、一八八九（明治二二）年には町村制が実施され、大野・下庄・乾側・小山・上庄・富田・阪谷・五箇・西谷・上穴馬・下穴馬の一町一〇村となった。一八九六（明治二九）年、下穴馬村から分立し石徹白《いとしろ》村が設立（但し、石徹白村は一九五八年、岐阜県白鳥町に編入している）。下庄村は一九五一（昭和二六）年一一月に町制を施行。一九五四（昭和二九）年に二町六村が合併して大野市が誕生し、その後、一九七〇（昭和四五）年に西谷村を編入、二〇〇五（平成一七）年に和泉村と合併し現在に至っている。

(2) ブームを呼ぶ天空の城「越前大野城」

しかし、近年の大野市を眺めてみると、少子・高齢化の進行による人口の減少、主要産業である繊維産業等の衰退など、今後の地域振興を推進する上で極めて厳しい局面にあることも見逃せない。

こうした中、同市では、二〇一二年度から地域振興の施策として、地域が保有する食、自然、歴史、文化、伝統などの地域資源を活かし、磨き、育てることでブランド力をつけ、その魅力を域内外に効果的に情報発信する取り組みを検討する「越前おおのブランド戦略」の策定、推進に乗り出している。

現在、同市ではブランド戦略の基礎となるキャッチ・コピーを「結《ゆい》の故郷《くに》　越前おおの」と定め、これをベースに多様なブランド戦略、戦術の展開を検討中である。そうした矢先、同市の大野城が「天空の城」として全国的に脚光を集める事態が勃発した。春と秋のシーズン、前日に雨が降った早朝から徐々に日が高くなるにつれ上空から霧が薄れるにともない、大野城がぽっかりと顔を出す。まさに「天空の城」そのものの風情を楽しむことができるのだ。これに伴い、観光客も増加し、二〇一四（平成二六）年度は二〇〇万人に迫る勢いを見せている。

いずれにせよ、今、大野市は、県内外の人々に「大野のよさを知ってもらい、来てもらって、食べて、観て、体験して……」もらう、そんな仕掛けづくりを行い、徐々に成果に結びついているのである。「越前おおのブランド戦略」は、人、歴史、文化、伝統、自然環境、食など大野市が誇る魅力ある資源を磨き上げるとともに、大野市全体のイメージを大きくアピールすることで経済性を持たせ、市民が地域に自信を持つことで所得向上にもつなげていこうとするものである。

地域の自立化・自活化を目指し、地域資源を活かしながら地域振興を図ることは、全国的に盛んだが、「越前おおのブランド戦略」は一味違う、そんな仕掛けをつくってもらいたいものである。ひょっとして、そのヒントは、結の大切さを重んじる大野人《おおのびと》の人のよさ、ぬくもりといった気質に隠されているのかも知れない。それはともかく、今後の「越前おおのブランド戦略」に期待したい。

五　平泉寺、繊維産業、恐竜のまち「勝山市」

(1) 越前有数の煙草産地から、明治時代には絹織物産地に

本市は、人口二万四〇〇〇人あまりの小さなまちだが、その歴史は古く九頭竜川が形成したこの地域の河岸段丘上には、旧石器時代から人々が暮らした痕跡が残っているという。

しかし、この地の歴史的遺産を一つあげるとすれば、「越国」の僧、泰澄《たいちょう》大師によって確立された白山信仰の一大拠点、平泉寺が今もその姿を残していることであろう。最盛期には四八社三六堂六〇〇〇坊を誇り、越前文化の中心的存在であったとも言われている。一五七四（天正二）年に一向一揆勢により焼き討ちに合うが、その九年後の天正一一年、平泉寺に戻った僧たち（顕海僧正と、その弟子専海、日海たち）が平泉寺の再興に着手、現在残る平泉寺白山神社を建立した。以後、この地の大名たちから手厚い保護を受け、徳川将軍家の朱印地となるなど、江戸時代には白山信仰の拠点としてその土台を築いた。そして現在まで、地元の重要な遺産としてその存在感を高めているのである。

一方、平泉寺が焼き討ちにあった後の当地は、柴田勝安が一向一揆を鎮め、袋田村に勝山（袋田城）を築き統治したと聞く。勝山の地名は一向一揆勢が立てこもった御立山（通称村岡山）を「勝ち山」と呼んだことから起こったと言われている。江戸時代の一六九一（元禄四）年には小笠原氏が入封し、明治に至るまで藩政が続いた。

ところで、江戸時代の当地の産業といえば、一七世紀の後半から始まった煙草栽培が有名である。そのほか、繭《まゆ》、生糸、菜種などがよく知られている。特に、幕末に藩政改革を行った林毛川《はやしもうせん》は、煙草の生産に着目し専売を目指した政策を進めた。そして、この時培った販路の開拓手法、品質の改善力は、明治時代の繊維産業へと引き継がれていくのである。

廃藩置県後、機業が勃興し、羽二重を中心とする絹織物の製造が盛んになり、さらに昭和初期には人絹織物の導入によって織物立国を形成した。戦後は、設備の近代化、技術革新により高級合繊織物の一大産地として国内外に知られた。

(2) 恐竜のまち

行政の組織は明治の市制町村制により、現市域内に、一町九村が誕生。その後猪野瀬村が勝山町に編入合併され、一九五四（昭和二九）年、町村合併法により、勝山町、平泉寺村、村岡村、北谷村、野向村、荒土村、北郷村、鹿谷村、遅羽村の一町八村が合併し市制を施行。人口三万九〇〇〇人の勝山市が発足した。

一方、一九八八（昭和六三）年に、手取層群の一つ北谷町杉山で、一億二〇〇〇万年前の肉食恐竜の化石等が発見されて以来、この地域一帯は全国でも貴重な恐竜化石の宝庫としてクローズアップされている。二〇〇〇（平成一二）年に福井県立恐竜博物館が開館し、二〇一四年度は二年連続で年間入館者数が七〇万人を突破、二〇一五年度は北陸新幹線金沢開業効果もあり、さらに二一―三割はアップしているようだ。

また、まちづくりの面では、二〇〇二（平成一四）年に「勝山市エコミュージアム推進計画」を掲げている。これは、まち全体を屋根のない博物館（ふるさと元気博物館）とする構想で、市民が自らのまちに愛着を持ち、自然、歴史、伝統文化、あるいは産物、人的ネットワークといった地域の資源を再発見し、それらの新しい価値を見つけ発展させ、地域の誇りと元気を取り戻す計画である。二〇一一（平成二三）年からは第五次勝山市総合計画がスタートし、「エコミュージアムによるふるさとルネッサンスの実現」を基本理念に、「小さくてもキラリと光る誇りと活力に満ちた ふるさと勝山」を目指した様々な施策の展開を図る。文化、観光面では、二〇〇六（平成一八）年に史跡平泉寺を含む「霊峰白山と山麓の文化的景観」を世界遺産の暫定リストとして登録申請を行った。二〇一二（平成二四）年には、「白山平泉寺歴史探遊館まほろば」が、平泉寺および白山の歴史、自然および文化を紹介する拠点としてオープンした。二〇〇九（平成二一）年に、近代化産業遺産に認定された「はたや記念館ゆめおーれ勝山」が、まちなか誘客の拠点としてオープンし、昨年には入館者七〇万人を達成した。二〇〇九（平成二一）年には、勝山市全域をエリアとする「恐竜渓谷ふくい勝山ジオパーク」が日本ジオパークに認定された。

福祉および子育て支援では、勝山市の高齢化率が三一・四％（平成二七年四月一日現在）と高齢化が進んでいる中、一〇年前にオープンした福祉健康センター「すこやか」が、市民の地域福祉活動と健康づくりの拠点として親しまれる施設の充実を図っている。また、誰もが夢と希望を持って子育てができる環境を整えた「子育て環境日本一」を目指して、様々な子育て支援施策を展開している。元来、当地は、繊維産業が根付いて以来、子育て支援や教育環境の充実のために、官民一体となって取り組んできた地域である。例えば、早くから織子さんのためにケイテー、松文産業、山岸機業、白木興業、協和産業などの地元企業が造った「女子寮」、一九六〇（昭和三五）年には「県立勝山精華高等学校」の建設、一九六四（昭和三九）年には「勝山女子高等学院」の建設など、働きながら学べる環境づくりに取り組んでおり、現代の人口減少、若者流出をくい止めるための先例として大いに参考とすべき地域であろう。

六　繊維、めがね枠、漆器のまち「鯖江市」

(1) 越前では最も遅く成立した鯖江藩

鯖江市本町に真宗誠照寺派の本山、誠照寺《じょうしょうじ》というお寺がある。元々、鯖江市はこのお寺の門前町として栄えていたらしい。鯖江市の『市制施行五〇周年記念誌』によれば、その起源は一二〇七（承元元）年、親鸞上人の越後配流まで遡るといわれる。親鸞上人が配流の途中に鯖江を通過されるとき、豪族波多野景之の館で法を説かれたらしい。そして、一二七九（弘安二）年、親鸞上人の五子道性が、現在の誠照寺の地に堂宇を立て、この地に仏教を広められて以後、門前町が出来上がったと聞く。

江戸時代初期は、徳川家康の次男、結城秀康の所領に属したが、一六四五（正保二）年、丹生郡吉江（現在の鯖江市吉江）を中心に成立した吉江藩では、近世の近松門左衛門が幼少期を過ごしたという。一七二〇（享保五）年には間部詮言《まなべあきとき》が越後村上から移封され鯖江藩五万石が成立。江戸中期の入封だけに、近隣諸国との軋轢もあったことだろう。以後、鯖江は城下町として、明治の廃藩まで続く。この間、藩主の中でも特に名声を誇ったのは、一一歳で七代藩主となった間部詮勝《まなべあきかつ》であろう。詮勝は、一八五六（安政三）年、領民の憩いの場として鄕陽渓《きょうようけい》、現在の鯖江市西山公園の基礎を創った。また、幕末期の大坂城代や京都所司代を務め、井伊直弼が大老の時代には老中など江戸幕府の要職を務めたことでも知られている。老中の時期には安政の大獄で総指揮を執り、恐れられた時期もあったが、一八五九（安政六）年、井伊直弼のあまりの大獄に間部詮勝は抵抗し老中を辞任、歴史の表舞台から姿を消していった。

ところで、鯖江の名の由来だが、『市制施行五〇周年記念誌』を見ると、このように書かれてある。「今から約二〇〇〇年前、一〇代宗神天皇の時代に四道将軍の一人大彦命が北陸道賊徒討伐に巡行された。賊徒は神矢によってたおれ、その矢が鯖の尾に似ていることから地名を鯖矢と呼び、後に転訛して鯖江になったと伝えられている」（「舟津社記」）。

(2) 繊維、めがね枠、漆器産業に特化

廃藩後、鯖江は鯖江県となったが、その後の県の統合廃止の中で、一八八一（明治一四）年、福井県に移った。一八八九（明治二二）年に町制を施行、その二年後に今立郡役場が置かれた。また一八九七（明

治三〇）年には、かの勇猛な鯖江三六連隊が神明・立待地区に置かれた。同年に二町五村が合併して市制を施行、鯖江市が誕生した。その後、北中山村を編入合併、一九五七（昭和三二）年に河和田村を編入合併して、現在の鯖江市が誕生した。

この間、当地の産業情勢をみると、当地の基盤産業といえば、古くから盛んであった繊維産業をあげなければならない。特に、明治の半ば以後は、輸出羽二重の生産が始まり、昭和初期の世界恐慌により羽二重織物が衰退すると人絹織物に転換、「人絹王国福井」を支えた。昭和三〇年代以降は合繊織物が盛んとなり、現在では原糸、撚糸、整形・サイジング、織布、編立、染色、縫製など繊維に関する一連のメーカーが集積し、衣料部門以外にも様々な分野で果敢に挑戦する姿がみられる。

また、当地、鯖江といえば多くの人々が周知しているめがね枠産業がある。一九〇五（明治三八）年、増永五左衛門が、冬場の当地の手内職として少ない投資で現金収入が得られるめがね枠づくりに着目。当時、めがね枠づくりが盛んであった大阪から職人を招いて、当地の産業として根付かせた。そして、一九九二年のピーク時にはめがね枠関連製品の出荷額が一二〇〇億円に達し、輸出も五〇〇億円を記録するなど、大いに飛躍を果たした時期もみられた。ただ、近年は、日本全体の生産額の九割以上を占めているとはいえ、イタリア、中国などの世界の産地との競合の中で、めがね枠の生産技術を活かした他分野への参入にも動きが活発となっており、今後の飛躍に期待したいところである。

最後に、当地に古くから根付き当地の基盤産業となっている河和田地区の漆器産業をあげなければならない。一五〇〇年前に発祥と言われる河和田の漆器は、堅牢でその優美さに定評があり、全国に広く知られるようになった。一八五〇年ごろには、京都の蒔絵、輪島の沈金の技法を取り入れ、装飾的にも一層の進歩を遂げたほか、一八九〇年代後半には、丸物以外に角物の生産も始まり、従来のお椀だけでなく、お盆、重箱、花弁などの生産も始まった。さらに、一九六〇年代頃からプラスチック素材に漆を塗る技術が確立されると、旅館や外食産業などが使う業務用漆器の分野では全国シェア八〇%以上を占めるまでに発展した。また、昨年は漆の可能性を探る「鯖江うるしアワード」を開催。募集したアイディアは3Dプリンタなどを使いながら試作し、商品開発に挑むなど、新たな挑戦も始まっている。

いずれにせよ、これら三大産業は、常に「今」の時代にふさわしい、言い換えれば時代にマッチしたモノづくりに専念しており、これからも鯖江市経済の中核を担う産業として大いに発展が期待されている。

七　一三〇〇年の歴史と製造業のまち「越前市」

(1)「越国」の中心「府中」として

越前市は、二〇〇五（平成一七）年、武生市と今立町の合併により誕生したが、文化財保有数が県内一である事実からも分かるように、福井県内の中では越前の中心的地域として古くから発展してきたことがうかがえる。ちなみに、承平年間（九三一―九三七年）に成立した『和名抄』によると、既にこの頃から越前の国府が丹生郡にあったことが記されており、その他の文献を調べると、実際には七〇八（和銅元）年頃より「武生」に国府建設が始まったらしい。その頃、武生盆地では農業が、また繊維、製紙、窯業などの産業も盛んに行われ、経済・文化の中心地であったようだ。また、平安時代には、「源氏物語」の作者で有名な紫式部が、越前国守となった父、藤原為時《ふじわらためとき》について一年余り武生で暮らしている。その証に、源氏物語の中には武生の地名が登場する。奈良・平安時代の越前国府は「たけふ」と呼ばれていた。「府中」と呼ばれるのは中世以降である。

戦国時代、朝倉氏が滅びると、織田信長は府中を中心とした三郡、合わせて一〇万石を、不破光治《ふわみつはる》、佐々成政《さっさなりまさ》、前田利家《まえだとしいえ》に支配させた。この三人は府中三人衆と呼ばれ、協議制で領内を治めた。佐々成政の居城であった小丸城跡には、今も一部に野面積《のづらづ》みの石垣が残っている。府中で大名になった利家は城を築き、家臣団を組織した。前田氏一〇〇万石の礎はまさに府中で築かれたのである。関ヶ原の戦いの後、結城秀康が福井藩主となる。この時、家臣本多富正《ほんだとみまさ》が福井藩の付家老として秀康に従い、三万九〇〇〇石の府中領主となった。富正は、戦乱のため荒れ果てていた府中の整備や日野川の治水工事、用水・道路工事などに着手。また、打刃物や織物など産業の発展にも力を尽くし、今の越前市の基礎を築いた。本多家は明治維新まで九代にわたって府中領主として支配を続けるのである。

一八六九（明治二）年、中世以降「府中」と呼ばれていた地名が「武生」と改められ、一八八九（明治二二）年の町村制の導入により、武生町が誕生した。明治二年の華族制度によりかつての大名は華族となった。江戸時代を通して大名格扱いを受けた本多氏は当然華族になると思われたが、政府は福井藩の家来ということで士族としたため、これに反対した家臣や町人は、明治三年に暴動を起こした。これを武生騒動という。この結果、一八七九（明治一二）年、本多副元《ほんだすけもと》は華族に加えられ、一八八四（明治一七）年に男爵を授けられた。一九四八（昭和二三）年、武生市が誕生。その後、一九五九（昭和三四）年にかけて近隣の九村を編入し、一九九〇（平成二）年には人口七万人を超える都市として成長した。そして二〇〇五（平成一七）年、今立町と合併し現在の越前市が誕生した。

⑵ 伝統的工芸品産業と先端産業のまち

現在、越前市の人口は八万四〇〇〇人と福井県内では、福井市、坂井市に次ぐ人口規模にあり、これを支える主要産業をみると、電子・自動車・家電部品産業やニットアパレル産業などが盛んで、福井県下第一の製造品出荷額を誇る「モノづくり都市」としても名高い。ただ、これらを支える企業は、先端産業の福井村田製作所やアイシン・エイ・ダブリュ工業、信越化学工業など、県外資本のウエイトが高く、そのため地域の課題としては、ローカル企業の育成を今後どのように図っていくかといった点もある。また、当地は、昔、大陸から日本海を渡ってきたモノづくり技術がこの地に根付き、今日でも越前和紙や越前打刃物、越前箪笥などの伝統的工芸品の産地となっており、新旧あいまみえる工業地域といった点で極めてユニークな地域でもある。一方、市街地に入ると、中心部には白壁の蔵が立ち並ぶ「蔵の辻」と呼ばれる一角があり、大正から昭和初期に建てられた木造の店舗や蔵を再生し、伝統的建設物を活かした町並みとなっている。また、寺町通りと呼ばれる京町界隈は、国分寺や総社大神宮をはじめとする、多くの由緒ある寺社仏閣や昔ながらの町屋が点在し、その落ち着いた風情が越国の中心都市として栄えた面影を残している。

一方、市の西部地域には豊かな里地里山が残されており、希少野生生物も多く生息しているため、二〇〇四（平成一六）年度に、環境省の「里地里山保全再生モデル地域」に選定された。この地には、四〇年前にコウノトリが飛来したことがあり、地域の人達は、コウノトリが再び飛来することを夢見て、環境調和型農業や里地里山の保全再生に力を注いでいる。

いずれにせよ、越前市は古い歴史、文化、伝統に恵まれた地域が故に、これらを活かしたまちづくりを推進しながら、一方では福井県最大の工業地域として、リアリティーを最優先させた発展を模索するという多様な顔を持ち合わせたまちでもある。

八　鉄道と湊、グローバルな人道支援のまち「敦賀市」

(1) 敦賀湊を主軸に「北国の都、敦賀」と呼ばれる

敦賀市にある敦賀港、かつての敦賀湊は、古代日本における三大要津（湊）の一つとして、渤海国や宋国をはじめ大陸諸国との交流拠点として大いに繁栄した地域と聞く。また、現在ある敦賀市旧市内の原型は、一三世紀後期以降、一六世紀末に至るおよそ三〇〇年間の間に形成されてきた敦賀津にあるといわれる。津とは中世の〝みなと〟のことであり、別名〝とまり〟ともいわれたらしい。『福

井県史』通史編二中世には、一三〇九（延慶二）年に書かれた文書「敦賀津鳥辻子左近允《さこんのじょう》」の中に、気比社の西門大鳥居の西方に成立した門前町、鳥居辻子《とりいずし》町の存在が記されており、敦賀はこの時代、既に町並みが形成されていたことがわかる。ちなみに、〝辻子〟とは街路を意味する言葉らしい。近世では城下町が地方の都市の主流となるが、中世では湊町が地方の都市を代表するものとして発達したのであろう。一六世紀末、戦国時代の終わりには、豊臣秀吉によって荒廃した都の復興と、聚楽第、大坂城の建設が進められるが、その時、敦賀は東北地方で採り出された加工材「太閤板《たいこういた》」の移入地となる。江戸時代初期には日本海沿岸地域に領地を持つ大名の年貢米も敦賀に移送され、ここから京都・大坂へと運ばれていった。一七世紀後期の文学者 井原西鶴は、人や物資が行き交い繁盛する敦賀を「北国の都」（日本永代蔵）と評した。こうした盛況の中、豪商 打宅宗貞《うちだむねさだ》、高嶋屋伝右衛門、道川兵二郎などの豪商が成長していった。一八世紀後期から一九世紀末にかけ、北前船交易が盛んとなる。北前船とは、大坂から瀬戸内海、日本海を経て北海道に至る航路を往復し、各寄港地で積荷の販売、仕入れをしながら利益を得る、言わば「動く総合商社」であった（敦賀市立博物館資料より）。敦賀湊の移入品の筆頭はニシンと昆布で、ニシンは油を搾ったあとのしめかすが肥料として東海、近畿地方に送られた。また、主な移出品は、伊勢、美濃、近江産の茶、敦賀産のむしろ、縄などであった。

明治期、敦賀の近代化は、立石岬灯台と鉄道の整備により劇的に加速した。一八九九（明治三二）年開港場（外国貿易港）の指定を受け、その三年後には敦賀とウラジオストック間に直通航路が開設された。政府は敦賀を神戸や横浜と並ぶ重要港湾に指定、一九一〇（明治四三）年には駐日ロシア領事館が開庁、一九一二（明治四五）年にはシベリア鉄道を利用して、ヨーロッパの各都市を結ぶ拠点港となった。さらに同年、東京新橋駅と敦賀金ヶ崎駅間に欧亜国際連絡列車が運行を開始、ここに敦賀は関西・東海地方の商業都市を背にシベリア鉄道を通じてヨーロッパ各国に直結する国際都市として戦後まで発展していくのであった。

(2) グローバルな人道支援のまち敦賀市

昨年九月二四日、国連教育科学文化機関（ユネスコ）の国内委員会は、二〇一七年の登録を目指す記憶遺産の候補の一つとして、第二次世界大戦中、ナチスドイツの迫害から多くのユダヤ人を救った「命のビザ」で知られる外交官、杉原千畝氏を選定した。「命のビザ」を発給された多くのユダヤ人難民は、シベリア鉄道でユーラシア大陸を横断し旧ソ連・ウラジオストックから船で敦賀港へと渡り、米国やオーストラリアへと旅立っていった。同市の資料館「人道の港　敦賀ムゼウム」には、杉原氏の功績や当時の敦賀市民の協力の様子、ユダヤ人難民が残した腕時計や証言記録などの資料が残っている。またそれ以前の大正年間にも、敦賀港にはポーランド孤児たち約一〇〇〇人あまりを上陸させ、救いの手を差し伸べていたのである。まさに敦賀はグローバルな人道支援のまちとして歴史の中に存在していたのではないか。

このように素晴らしい歴史を保有する敦賀市（人口六万八〇〇〇人）ではあるが、今後の展望を考えると、いささか厳しい状況も見え隠れする。なぜなら、現在の敦賀市は原発関連収入に依存せざるを得ないという特殊な状況があるからだ。その状況から離脱するには、やはり新たな産業の創造ということになる。その場合、何を売りに敦賀市は前に進むべきであろう。その答えは、これまで敦賀市が創り上げた歴史の中に見つけ出せる気がする。例えば、原発は基本、安全・安心という意味では課題が残るものの、環境という面では極めて優しい。そんな地域が敦賀市なのである。それと合わせて人道支援のまち、これを売りに新たな経済性を持たせることはできないか。環境に優しく人道支援に満ちた優しいまち敦賀、そして観光、そんな地域性が次の時代にぜひ役立ってもらいたいものである。それを後押しするかのように、昨年秋、敦賀市金ヶ崎町にある敦賀赤レンガ倉庫がリニューアルオープンした。

九　「御食国」、大陸と都をつなぐ「小浜市」

(1)「御食国《みけつくに》」若狭とサバ街道

小浜市がある若狭地方は、古代から日本海を隔てた対岸諸国との交易が開け、日本海側屈指の要港として栄えてきたといわれる。陸揚げされた大陸文化や豊富な海産物、塩など各地の物産は、陸路、若狭と京をつなぐサバ街道を経て、近江、京都、奈良にもたらされた。一五〇〇年前には成立していたといわれる若狭国と大陸とのつながり、奈良や京都との古くからの交流の足跡は、市内に点在する数多くの文化遺産からうかがい知ることができる。また、生きたゾウが日本へ初めて上陸したのも、記録上、若狭国小浜が最初といわれ、ちょうど一四〇八（応永一五）年のことと聞いている。

鎌倉時代には執権である北条氏自身が若狭の守護職を務めていたが、鎌倉幕府と北条氏の滅亡後は、北条氏を倒し武家の棟梁となった足利氏の最有力支族である斯波氏など、その時代時代の室町幕府の実力者か、それに連なる人物が若狭の守護職を得ていた。例えば、室町時代初期には一色氏が、その後は安芸国分郡守護の安芸武田氏から分出した若狭武田氏が、若狭武田氏が衰退すると越前朝倉氏の庇護を受けた時代もあったようだ。その朝倉氏も尾張守護代より台頭した織田氏に滅ぼされて、その後は丹羽長秀が支配し、本能寺の変の後、織田信長に代わって豊臣秀吉が政権を握ると、若狭国は山内一豊などの秀吉の子飼いの大名が治めるようになった。

江戸時代になると、京極高次が若狭を領することとなり後に越前敦賀郡を含む若狭地方一帯は小浜藩領となった。又、江戸時代には北前船が若狭地方を本拠地とした為に、敦賀と並んで小浜は海運の一大拠点として大いに盛えた。また、小浜と京都を結ぶ数々の街道がサバ街道と呼ばれるようになったのは江戸時代に入ってからのことである。この頃、特に鯖の水揚げが多かったためであろう。そして、一六三四（寛永一一）年、それまで武蔵国川越城主であった酒井忠勝が入封し明治維新まで続く。特に、酒井家の時代には、色漆を用いて貝殻や卵殻などを塗り込め、研ぎ出しの技法で模様を出す若狭塗を藩の殖産興業として奨励した。また、若狭地域の多くの寺の修復も行った。現在まで、若狭塗は伝統工芸品として続き、地域には古い寺社仏閣が残されているが、これらは酒井家の力によるところが大きい。そのほか、江戸時代を通じて歴代藩主は学問を盛んに奨励した。人材育成に重きを置いた小浜藩の方針は、江戸時代後期になるとみごと開花し、解体新書（ターヘル・アナトミア）を出した杉田玄白、中川淳庵をはじめとする優れた才能を持つ家臣を多く輩出した。一七七四（安永三）年に酒井忠貫が若狭に設立した藩校「順造館《じゅんぞうかん》」は福井県内で最も早く開校され、ここで学んだ人々の中には、国学者の伴信友、幕末の志士の指導者、梅田雲浜などもいた。

(2) 食と産業・観光とを結びつけることで地域経済の活性化をめざす

明治維新により小浜県が設置されると、これに属することとなり、敦賀県、滋賀県を経て一八八一（明治一四）年に福井県に編入された。一八八九（明治二二）年の町村制度実施にともない小浜町が生まれ、その後、一九五一（昭和二六）年三月、一町七村の合併により若狭の中心都市として小浜市が誕生、次いで同三〇年、さらに二村を編入し現在の小浜市（人口三万人）となっている。

ところで、同市が誇る産業といえば、四〇〇〇年以上の歴史を持つ塗箸の生産をあげなければならない。現在、日本の塗箸のなんと八〇％以上がこの地から生産されていると聞く。そしてもう一つ、同市が代表する特産物といえば、「へしこ」、「ぐじ（甘鯛）」、「若狭カレイ」など。これらは、全国に知られる高級ブランドとなっている。そして、これらに共通するキーワード「食」を生かしたまちづくりも興味深い。地域の歴史、文化、風土は「食」にあるとし、健康、教育、福祉、環境、産業、観光など、あらゆる分野が「食」を起点に取り組まれているのである。「食のまちづくり」の総合的な課題に取り組むために、二〇〇一年九月には全国で初めて「食のまちづくり条例」も制定した。そして、今、小浜市では食と産業・観光とを結びつけることで地域経済の活性化をめざす、様々な取り組みが行われている。二〇一一年に策定された小浜市の「第五次小浜市総合計画」には、〝「夢、無限大」感動おばま〟のテーマが飛び込んでくる。そこには、自然と文化があふれる小浜だからこそ可能な地域力を活かして次代を築こうとする小浜人の気概を読み取ることができる。同市の今後の発展に期待したい。

コラム-3

地域資源と福井の未来――固有の資源活用による発展戦略の方向性――

近年、地方の自立化・自活化がさけばれる中で、地域が保有する固有の資源を活かしながら、地域の再生・発展を目指そうとする動きが活発化している。それは、地域が多様化、高度化、複雑化する市場ニーズに対応し地域活性化を目指すための一つの手段であり、これまでのモノ、サービスといった特定の資源に依存しない、どこにでもあるようなものに対するアンチテーゼとして、地域固有のもの、個性を持った商品や地域づくりに新たな価値が求められるようになったためであろう。それでは、具体的にどのような方法で振興をはかるべきなのであろう。その答えは、「地域経営」という言葉に隠されている気がする。では、「地域経営」とは何か。

端的にいえば、特定の地域にカネがどれだけ入ってきて、どれだけ出て行くかを管理することである。入りが少なければ出を抑えなければならないし、もっと金を使いたければ、もっと稼ぐ方法を見つけなければならない。そう考えると、少々強引な考え方ではあるが、企業経営と同じ感覚でよいのではなかろうか。つまり、地域の発展戦略は、地域経営＝企業経営、株式会社「福井」の経営を考えるというスタンスが重要ということになる。その場合、株式会社「福井」の社員、株主、顧客は地域住民であり、これら住民のために、如何に経済性を追求するか、それが究極の目的となろう。

それでは、具体的にどんな戦略が考えられるか、企業経営では、経営戦略の定石として3Sという言葉が使われる。3Sとは、選択と集中、差別化のことである。企業は、限られた資源で最大限の効果をあげるために、まずは戦う領域を選択して、そこに資源を集中する。それだけでは他社に勝てないのであって、そのためには他にない差別化をはかる。では、福井の戦うべき領域、分野はどこにあるのか。それは地域資源を活かせる分野であり、地場産業の分野あるいは観光の分野かも知れないし食の分野かも知れない。次に何を集中するのか。もちろん地域資源である。福井地域には地場産業をはじめとして様々な資源が存在する。最後に、差別化であるが、それはやはり地域あるいは固有資源のブランド化を追求することであろう。

とはいうものの、3Sを実行するためには、幾つかの課題を解決しなければならない。第一の課題は、もう一度、福井が誇る地域資源の見直しを行い、足元にある新たな資源を再発見することが重要となろう。福井地域には前述した地場産業のほか、目に見える「自然」「景観」「歴史遺産」や、目に見えない「ゆとり」「もてなし」「いやし」など、様々な資源が眠っている。そして、それらを活かしどう産業化するかを検討しなければならない。

第二の課題は、ブランド化に関してだが、ブランド化をはかるものが地域全体であれ固有の資源であれ、ブランドだけを突出させるのではなく、地域全体のマネジメント戦略の中で検討することが求められる。マネジメントの要素は、ヒト・モノ・カネ・情報など様々なものがあり、その中でブランドはモノの部分に過ぎない。しかし、それを支えるにはヒトの存在が重要であり、さらに情報力や資金力も必要となろう。従って、ブランド化は、あくまで地域の発展戦略の一部であることを忘れてはならない。

第三の課題は、情報発信をどうするかである。全般に福井のイメージの薄さあるいは情報不足が大きな課題として横たわっていることは誰もが認める事実である。海がきれい、食べ物が美味しい地域は日本全国何処にでもあり、それとどう差別化をはかり発信するかが必要となる。また、それを目的に地元に外来者が来ても誰も教えてくれないのでは、とてもブランド化はできない。そのためには、まず地域住民に対し地域の宝を再確認してもらい、そのブランド化に対するモチベーションを高めるためのしかけづくりからはじめることが必要となろう。また、ブランド化を目指す場合、一般には地域の産品、商品開発とともに、地域のイメージ、魅力を高めて観光戦略に結びつけていくという方策も重要と聞く。つまり、それらを密接に連携させながら、相乗効果を高めていく方法である。地域が発展していくためには、産品の付加価値を高めていくことと、観光という形で地域を訪れてもらうという二つの形があり、これらをセットで考え互いに連携しながら進化させることが必要なのである。そのためには、地域がばらばらであってはできないのであって、オリジナリティーを持った地域がネットワークを組み、連携を強めて行くことが必要といえよう。

最後に、ここでは福井が保有する地域資源の活用といった視点から、地域の発展戦略を検討した。しかし、よくよく考えると、発展戦略が成功するか否かは、福井が存する地理的環境をうまく活用するか否かにかかっているように思える。なぜなら、福井は、関東、中京、近畿の三大都市圏と成長著しい環日本海諸国を結ぶ交通結節点にあり、こうした地理的優位性を最大限活かすことで、新たなビジネスチャンスが拡がる可能性を秘めているためである。それには、当然ながら中部縦貫自動車道の早期開通など交通インフラの整備が条件となることはいうまでもない。いずれにせよ、福井は地域が誇る産業、文化、風土など様々な資源を内外に供給するうえで最も都合の良い場所に立地しており、それを再認識することが必要である。ひょっとして、福井が誇る最大の地域資源は地理的優位性なのかも知れない。

第Ⅱ部　地域の主要産業

福井城舎人門
（筆者撮影）

第4章　製　造　業

一　構造転換が進む繊維産業

(1) 福井県繊維産地の歴史

福井県の繊維産業は、温暖多湿という織布生産には恵まれた気候条件から、その地の利を活かし、今日まで福井県の主要産業として発展を遂げてきた。事実、現在でも日本の繊維産地の中では、合織（長）織物・人絹織物・絹織物などの長繊維織物、丸編ニット・トリコット・リボン・マークなどの細幅織物、レース・アパレル・紡績糸・合繊糸などの繊維製品を中心に一大産地を形成しており、産地内には織布業・編立業・撚糸業・サイジング整形業・染色加工業・縫製業・紡績業・合繊ファイバー業などの多彩な業種が集積、これに産地内の流通業者が加わって、産地規模・技術力・製品開発力・

品質などの面では、いずれも世界を代表する繊維産地なのである。

参考までに、福井県における繊維産業の歴史を振り返ると、その起源は古代（和同五年、七一二年）まで遡るといわれる。事実、当時代を記述した文献の一つ「続日本書紀」の中には、朝廷が越前国に綾錦絹織物の生産を命じたことが記されており、奈良時代には既に全国有数の絹織物産地であったことを裏づけている。ただ、地域の主要産業としてその基盤が整い出したのは江戸時代に入ってのことであろう。それは、一六〇〇年、越前藩主として赴いた結城秀康によって絹織物が奨励されたころより始まった。秀康は「玉紬」を「北荘紬」と改称し、藩士の家内の内職として奨励、品質の改良、販路の拡張に努め、公儀献上品の一つとした。その後、「北荘紬」は「奉書紬」と改称され、その高い品質は全国に広く知れ渡り、生産量は年産一万疋に達するなど、藩の財政を大いに支えたと伝えられている。

明治時代に入ると、一八七一（明治四）年、旧藩士由利公正が欧米を視察し、イタリアなどの国々から多種の絹布見本を持ち帰り、本県繊維業者に欧米絹織物業の発展と状況を伝えた。これが本県繊維産業近代化の発端となった。一八八七（明治二〇）年には群馬県桐生産地より機業に精通した高力直寛が来福して、羽二重製織技術を指導。明治の中ごろに入ると、当時としては最新鋭のバッタン機を次々と導入、海外の需要急増もあって、一八九五（明治二八）年には羽二重製織工場が三〇〇〇を突破し、日本最大規模の羽二重産地に成長するのである。ちなみに、福井産地における絹織物生産額の全国シェアをみると、一八八五年一・八％（全国一〇位）から、一八九〇年には七・四％（全国三位）に上

表4-1　絹織物生産額の状況

	全国(A)(%)	福井県(B)(%)	全国順位	全国シェア(B)/(A)(%)
1885年	3,743	68	10位	1.8
1888年	11,091	377	7位	3.4
1890年	12,632	933	3位	7.4
1894年	32,538	5,466	2位	16.8
1903年	35,318	16,175	1位	24.8
1904年	68,180	22,351	1位	32.8

注：全国順位が変化する年次のみ掲載.
資料：福井県繊維協会「50年史」より抜粋.

昇し、一九〇三年には二四・八%（全国一位）に達し、「羽二重王国」と呼ばれるまでに発展した（**表4-1**）。しかし、日露戦争を契機に、それまで急成長を遂げてきた輸出向け羽二重は停滞状況に陥り、その打開策として、生産コストの低減を図ることの必要性を悟った福井産地では、バッタン機から力織機への転換が相次いだ。大正時代に入るとその流れは更に強まり、これに伴って生産品目の多様化・高度化が進み、高級絹織物の時代を迎える。おりしも一九一四（大正三）年に勃発した第一次世界大戦は、福井産地に空前の絹織物ブームを呼び起こすが、大戦後はその反動から苦境の道を歩むことになる。そのため、福井産地では一九一六（大正五）年に開発された人絹織物に活路を求める生産者が増加、人絹織物の生産量が徐々に拡大していくのであった。

昭和時代に入ると、人絹糸の国内生産は質量ともに本格的となり、絹織物から人絹織物への転換が飛躍的に進んだ。最盛時の一九三五（昭和一〇）年前後は毎年約一万台の織機が増設され、一九四〇（昭和一五）年には企業数二八七三件、織機台数九万二二五三台、織物生産量六億七四四〇万平方ヤードに達し、人絹王国福井の名を世界に轟かせた。しかし、日華事変の勃発、第二次世界大戦突入、一九四二（昭和一七）年五月の企業整備令の発令によって、産地業界は三分の一の規模に縮小を余儀なくされる。戦後、福井産地に復興の兆しが現れたのは一九四八（昭和二三）年になってのことである。しかし、その後まもなく地域を襲った福井震災は産地に大きな打撃を与えた。そして、一九五〇（昭和二五）年の朝鮮戦争勃発による特需の発生を境に、産地は再び息を吹き返すのであった。

ところで、産地では戦後まもなく合繊織物の研究が進められており、昭和三〇年代半ばになると、その甲斐あって人絹織物からナイロンを主力とする合繊織物への転換が進展。これと合わせて、東洋紡、東レ、帝人、旭化成など原糸メーカーを頂点とする賃織生産による系列化も進んだ。また、合織織物の発展は、労働不足への対応、品質向上のための自動織機導入を促し、産地全体の自動織機数は、一九五六（昭和三一）年の三六三台から一九六五（昭和四〇）年には四〇〇〇台を突破、自動織機導入による設備近代化が加速度的に進んだ時代でもあった。さらに技術革新の面でも、この合繊織物ブームが産地の染色加工業界に新風を吹き込み、新たな加工設備の導入による技術革新の波となって現れる。すなわち、コーティング加工、犠皮加工、貼り合わせ加工など、従来の人絹織物時代には見られなかった新技術の開発が促されていったのである。例えば、一九六二（昭和三七）年にはポリウレタンフォームの貼り合せ加工、コーティングによる完全防水加工、撥水加工などが開発され、雨具、防寒具、作業衣や室内装飾、資材用の広範な市場開拓が行われた。同年には福井精錬（現在のセーレン株式会社）のラミネート加工が量産体制に入り、各種コート、ガウン、羽織から資材分野開拓に威力を発揮した。いずれにせよ、福井産地では、昭和三〇年代後半から四〇年代前半にかけ、ナイロン織物の全盛期を迎える。

さらに、福井産地の織布業界で人絹織物から合繊織物への転換が進んだ高度成長期には、産地のニット、レース、細幅織物の分野でも飛躍的な発展を遂げた。例えば、産地の丸編業界は、福井市内で愛宕メリヤス（現在の株式会社アタゴ）が一九二八（昭和三）年に操業したのが始まりだが、戦後、肌着を中心に徐々に規模が拡大、一九六七（昭和四二）年の二四工場から一九七三（昭和四八）年には六八工場へと増加、この間、丸編機台数も三〇七台から一二九七台へと飛躍的な伸びをみせた。

福井の経編業界も、戦時中の統制下、国産の優秀な経編機が全国から福井市に集められ福井経編興業株式会社が創立され、編機台数は全国総台数の三分の一に及んだといわれる。その後の一九五五（昭和三〇）年前後、ナイロン・トリコットの生産着手により編機台数が増加、その三年後には下着ブームでトリコット製スリップが一世を風靡し、一九六〇年代半ばになると、下着から外衣への脱皮が行われ、高級パイルの変り編によるスポーツシャツ地やウーリー加工糸使いの婦人下着物、綿糸の高級シャツ地など新製品開発が積極的に行われた。これにより、一九五五（昭和三〇）年の工場数九件、編機台数一〇〇台前後から、一九六五（昭和四〇）年には工場数四五件、編機台数三〇七台にまで達している。

また、福井の編レース工業は、一九四二（昭和一七）年に始まったが、戦後は大阪から古いラッセル機四台を取り入れスタートを切っている。ただ、レース業界が福井産地でその形態を整えたのは一九五二（昭和二七）年以降といわれる。一九五六（昭和三一）年から山本機械製作所、武田機械製作所（現在の日本マイヤー株式会社）などがラッセル機の製造を本格化したことが引き金となって、産地でも編レース業者が増え、台数も徐々に増加していった。

最後に、福井の細幅業界は、昭和三〇年代の初め新規参入の増加による競合激化などから不況に見舞われたが、その後、安定的な伸びをみせ、一九六〇（昭和三五）年の工場数九八〇件、織機台数六四五〇台から、ピーク時の一九七〇（昭和四五）年には工場数一四二三件、織機台数一万一八一九台にまで増加した。

再び福井産地の織布業へと話を戻すことにしよう。これまで述べてきたように、福井産地では、明治・大正時代の羽二重織物、昭和戦前時代の人絹織物、昭和三〇年以後のナイロン織物など終始一貫して長繊維織物の生産に特化してきた。長繊維織物の特徴は、綿・毛織物の短繊維織物に比べ糸が細く優美で繊細な風合いを持った薄地織物であり、裏地主体にブラウス、スカート等の春夏・秋物の衣料分野が得意な織物であった。その半面、肉厚な織物を製造することが難しく、秋冬用の表地に使用されない。この弱点を補ったのがポリエステル加工糸織物である。福井産地の場合、このポリエステル加工糸を使った織物生産は東レ、帝人が増産に入った一九五九（昭和三四）年から始まっていたが、爆発的な発展を遂げるのは、酒伊繊維工業（現在のサカイ・オーベックス株式会社）で最初のポリエステル加工糸織物が開発された一九六六（昭和四一）年以降である。ポリエステル加工糸織物は、当時、長繊維織物でもなく短繊維織物でもない「第三の繊維」と呼ばれ、シルクの光沢とウールタッチを兼ね備えた商品としてコート、ブレザー、スラックス、スカート等で人気を呼んだ。その後、カシドス、カシミヤ、サージなどの肉厚織物へと品種を拡大し、織物の幅も並幅からダブル幅へ、一〇〇%ポリエステル織物から交織織物へ、内需から輸出へと飛躍的に拡大。かくして、ポリエステル織物は、産地の長年の悲願であった表地への転換を果たしたのであった。

しかし、一九七〇年代に入ると、中東戦争（一九七三年）勃発に端を発した石油ショック不況と、韓国・台湾等の繊維産業の発展によって福井産地に陰りが見え始め、以後、成熟産業へと大きく変貌していくのであった。こうした中、福井産地では、知識集約産業を目指して製品技術開発に全力をあげ、減量加工をほどこしたジョーゼット、パレス、デシン等の差別化織物を次々と開発、この間、革新設備の導入も目覚ましく、WJ織機（ウォータージェットルーム）、レピア織機などの革新織機を導入して、コストダウンへの対策、付加価値品の創出に邁進した。

一方、福井産地ではかつて輸出比率が四割程度を占めていたが、一九八五年、プラザ合意による円高から、海外向けの比率が高い織布業などを中心に深刻な不況に見舞われた。こうした中、産地では競合状態にあった韓国、台湾などとの明確な国際分業を図るため、内需転換を目指して新製品開発に全力をあげて取り組むことになる。こうして開発された製品が新合繊テキスタイルであった。レーヨン、アセテート、ナイロン、ポリエステルなど世界人造繊維の歴史を振り返ると、それはまさにシルクライクとウールライクという天然繊維の模倣の追及であった。この天然繊維模倣の究極の姿として、また天然繊維を越えた新繊維として登場したのが、この新合繊であった。一九八三（昭和五八）年の東レのシルク・アベスタ、帝人のミクセルⅦの開発を先駆けに、一九八四（昭和五九）年にはカネボウのザブィーナPS、クラレのデフォール、一九八六（昭和六一）年にはユニチカのミキシィなど各社が新タイプのポリエステル糸を開発。天然繊維にない新合繊の質感と独特の風合いは新たな市場を生み、新しい高級合繊テキスタイルとして急速に拡大するが、この開発には、原糸工程、撚糸・サイジング、製布、染色、後加工の各々の工程が統一理念の下に有機的に連結することが必要であり、福井産地が過去三〇年間にわたって構築してきた合繊メーカー系列生産による垂直連携方式がまさに威力を発揮した結果でもあった。

こうして、内需転換の推進と新合繊テキスタイルの開発により勢いをつけた産地では、その後訪れたバブル景気の恩恵も加わって、以後しばらくは堅調な生産動向を維持することになる。しかし、バブル崩壊後の一九九三（平成五）年になると、輸出、内需ともに大幅な需要減に見舞われ、産地は再び不況色に包まれる。さらに、これに追い討ちをかける様に阪神大震災が発生し、繊維集散地の神戸、大阪の大混乱と大被害によって、国内の繊維ビジネスは麻痺状態に陥り、福井産地も大きな打撃を受けることになった。このバブル崩壊に端を発した産地不況は、その後の超円高、東アジア地域のWJ織機増設に伴う合繊長繊維織物の大増産、輸入品の増加、低価格志向などの国内消費構造の変化が加わり、別名「複合構造不況」とも呼ばれた。そして、これを克服するには、さらなる高付加価値品の開発が必要として、準備、製布、染色の各工程が垂直連携の強みを発揮して新複合テキスタイルの開発に踏み切ることになる。例えば、価格破壊への対策として糸価の高い新合繊と糸価の安いレギュラー糸との交織織物の開発、過剰品質・過剰機能の是正、安価な台湾合繊糸の活用などが広まった。また、韓国、台湾等の新合織分野への進出が活発化したことから、明確な国際分業の構築が必要となり、一九九四（平成六）年前後から従来の新合織の感性を超えた新質感素材、例えばストレッチ性、冷感、温感、導電性、軽量感などの機能性を備えた第二世代新合織の開発が行われ市場の拡大が図られた。このような第二世代新合織・新複合テキスタイルの開発に加え、リーズナブルプライス織物の開発、多品種・小ロット化・短納期などのQRの推進、マーケットインの推進などによって国際競争力の強化を図り、福井産地は再び不況を克服し、景気回復に向かうのであった。しかし、この回復は長くは続かず、一九九七（平成九）年の秋口になると再び産地は不況色に包まれる。この時期の不況要因としては、第一に、消費者の低価格品志向により、福井産地が得意とするミセスゾーンの新合織・新複合などの高級衣料品が不振に陥ったこと。第二に、一九九七（平成九）年から表面化した大手証券会社を含む経営破綻問題が集散地繊維卸商を直撃し、テキスタイルビジネスの縮小を招いたこと。第三に、繊維輸入急増問題、すなわち日本の繊維輸入急増は一九八五年のプラザ合意から始まり、中でも衣料品の輸入浸透率は、八割以上に達したという。第四に、東アジア合織長繊維織物業界の革新織機大増設によりテキスタイルの供給過剰が深刻化したことなどがあげられている。

こうした状況を克服するために、業界（福井県繊維産業振興協議会）では、「福井県繊維産業二一世紀ビジョン」を策定し、当産地の発展の方策として、市場対応・創造型生産供給体制の確立（消費者起点のサプライチェーン化の推進、クリエイティブな製品を供給する生産供給構造の充実、マーケティング戦略強化とコンバーター機能の充実）、新成長分野への戦略的展開（ハイテクおよび既存技術の改良による新分野製品の開発、産学官連携による創造研究開発、高収益の魅力ある産地企業への脱皮）、産地活性化のための基盤の強化（人材育成の強化、創造的技術基盤の整備、産地組合の活性化、生産基盤の整備、環境保全対策の整備）などの方策をまとめた。また、「二〇〇〇年代の福井産地の進路」と題して、需要拡大の有望な環境、医療福祉、情報エレクトロニクス、宇宙海洋、生活文化の非衣料分野、いわゆるフロンティア分野への大胆な転換を示唆。衣料分野のテキスタイルについても、合繊の高度技術を武器にイタリア型のグローバル展開の必要性を方針とし打ち出した。

(2) 多様な成長分野に挑む福井産地

現在、福井の繊維産地は、ピーク時（一九九二年）に比べ規模の上では縮小傾向ながら、近年は、織物、ニット、染色業などで高機能テキスタイル、非衣料分野へ積極的に取り組む企業が増加したことなどから、製造品出荷額等、付加価値額などの面では業界全体としての活力は増幅しつつある。例えば、セーレンのエアバック、ウラセの電磁波シールド、前田工繊の土木資材、白崎コーポレーションの防草シート、はやぶさ搭載アンテナとして採用されたサカセアドテックの三軸織物複合材、ミツヤおよびＳＨＩＮＤＯの炭素繊維複合材料基材（航空機エンジン部材）、福井経編興業の人工血管の開発など、様々な分野で多様な製品づくりに果敢に挑戦する企業が増えている。また、産元商社の中には、米国、韓国、台湾などのトップアパレルメーカーとの連携を模索し、福井産地が得意とする高機能織物の開発によ

表4-2　福井県繊維関連企業の製品・技術

No.	製品・技術名	会社名	テーマ	備考
1	成形面ファスナー「マジロック®」	クラレファスニング㈱丸岡工場	自動車	国内シェア1位
2	自動車内装材（カーシートなど）	セーレン㈱	自動車	世界シェア1位
3	自動車エアバッグ用基布	東洋紡績㈱敦賀事業所	自動車	国内シェア1位
4	繊維強化複合材料およびその応用製品	丸八㈱	自動車	
5	ランニングシューズのアッパー部	八田経編㈱	スポーツ	
6	三軸織物複合材料（ゴルフシャフトなど）	サカセ・アドテック㈱	スポーツ	
7	立体多層構造織物クッション材	永平寺サイジング㈱	マイホーム	
8	リボンを使った新しい日用品（リボンプロジェクト）	井上リボン工業㈱	マイホーム	
9	天然タンパク質「セリシン」を用いた製品	セーレン㈱	マイホーム	
10	ジョイントパネル	㈱カズマ	マイホーム	
11	インクジェットクロス	㈱ミツヤ	町並み	国内シェア1位
12	屋上緑化システム	ミツカワ㈱	町並み	
13	メディカル白衣（看護衣）	冨士経編㈱	町並み	国内シェア1位
14	滑り止めニットテキスタイル	ミツカワ㈱	町並み	
15	学校体育衣料	ギャレックス㈱	町並み	国内シェア2位
16	折りたたみ式サポートマット（防災マット）	稲山織物㈱	町並み	
17	船舶用ロープ	小浜製綱㈱	町並み	国内シェア5位
18	中層型浮魚礁	サカイオーベックス㈱	町並み	国内シェア1位
19	高密度多色柄無縫製の浴衣帯	小杉織物㈱	ファッション	国内シェア1位
20	45,000点の品揃えを誇るファッションリボン	㈱ＳＨＩＮＤＯ	ファッション	
21	面ファスナー「マジックテープ®」	クラレファスニング㈱丸岡工場	ファッション	国内シェア1位
22	反射材	㈱丸仁	ファッション	
23	ポリエステル繊維染色におけるブラック深色加工	ウラセ㈱	ファッション	国内シェア1位
24	スエード調人工皮革「エクセーヌ®」の染色加工	サカイオーベックス㈱	ファッション	
25	インナーウェア用レース	㈱タケダレース	ファッション	国内シェア1位
26	超薄地ニットの染色仕上加工	東洋染工㈱	ファッション	国内シェア1位
27	合成繊維に保湿機能を持たせる加工技術「SKINDY」	東洋染工㈱	ファッション	
28	高機能消臭商品「DEOEST®（デオエスト）」	セーレン㈱	ファッション	
29	ダブルラッセルのセンターカット素材	八田経編㈱	ファッション	
30	肌や着衣に優しい織ネーム「ダムソフトエッジ®」	日本ダム㈱	ファッション	
31	偽造防止織ネーム「ブランド・セキュリティ」システム	日本ダム㈱	ファッション	
32	超薄手ベルベット	㈱山崎ビロード	ファッション	
33	knaplus エコバッグ	㈱クナプラス	ファッション	
34	シームレス編みラッシェル機	日本マイヤー㈱	ファッション	世界シェア1位
35	カスタムオーダーシステム「VISCONAVI®」	セーレン㈱	ファッション	
36	超軽量、超高密度のダウンジャケット用生地	豊島繊維㈱	ファッション	
37	吸水・撥水機能付快適衣料素材「アクアホール」	東洋染工㈱	ファッション	
38	接着系樹脂カプセルアンカー（打ち込み式）	前田工繊㈱	建設・土木	
39	盛土・地盤補強用繊維構造体	前田工繊㈱	建設・土木	
40	高強力繊維製落石防護柵「ネイチャーネット」	前田工繊㈱	建設・土木	
41	防草シート「チガヤシート」	㈱白崎コーポレーション	建設・土木	
42	耐候性大型土のう「ツートンバッグ」	前田工繊㈱	建設・土木	国内シェア1位
43	袋型根固め工法用袋材「ボトルユニット」	前田工繊㈱	建設・土木	
44	布製の屋内イベントブース装飾サイン	チェルト㈱	観光・レジャー	

資料：福井県産業労働部地域産業技術振興課産学官連携推進室『「実は福井」の技』より.

り輸出戦略を強化する動きも広がっている（表4-2）。

確かに、最近の福井産地を取り巻く環境は、合織メーカーの国内生産からの撤退・縮小に伴う在庫・生産品目の集約化が産地企業の衣料用テキスタイル受注や、自販用原糸手当てに大きな支障をもたらしていること、それに伴い準備工程を担う産地企業の相次ぐ廃業などから産地を支えた地域内分業体制が崩れつつあることなど危機に直面している事実は否めない。そのため、今後の方向性としては、産地の強みでもある生産の域内垂直連携システムの崩壊を他の産地との連携によりカバーすることや、原料の海外調達といったグローバル戦略を視野に入れた展開が必要となろう。

ただ、近年の福井繊維産地を概観すると、バブル崩壊以降、非衣料化と賃織体制からの脱却が進んだ結果、メーカーを頂点とする系列がなくなったことで産地メーカーは自由に系列外の原糸を利用できることになり、多様な糸づかいによる自由な製品開発ができるようになったこと。二〇〇〇年前後から、北陸産地では、海外との連携を模索する動きが活発化したが、これにより石川産地がイタリアのコモと連携しファッション性を求めるなら、福井産地は欧州非衣料テキスタイルの最大産地、フランスのローヌ・アルプ地方（リヨン）と交流を進め機能性を求めるといった具合に産地の方向性が決まってきたこと。二〇〇〇年以降、中国の革新織機、染色加工機の大増設により韓国・台湾のテキスタイルが中級ゾーンから高級ゾーンにシフトすると、福井産地ではそれがかえって奏功し、高機能分野あるいは非衣料分野への動きが加速するなど新たな展開が加速度的に進行していることも事実である。そして、これに伴い産地内企業の二極化の動きも顕著となった。すなわち、その一つが、大手・

中堅企業を中心に高機能テキスタイルやハイテク産業資材といった非衣料分野へ傾斜を強める動きであり、もう一つは、小規模零細企業を中心に、これまで蓄積された技術力と川下への粘り強い営業力で、職人技を発揮し小ロットのファッション・テキスタイルや生活資材でアパレルへの直接販売を手がけ自立化を図る動きである。そして、これらの動きは、激変する内外環境を力強く乗り越え、二一世紀を積極果敢に生き抜こうとする構造転換の動きとして大いに評価することができる。

二　めがね枠産業のサバイバル戦略

(1) 福井県めがね枠産地の歴史

福井地域において、世界に誇れる産業を一つあげるとすれば、それはめがね枠産業といえよう。現在、世界のめがね枠産地と呼ばれる国は、イタリア、日本、中国といわれ、その日本にあって国内生産量の九割以上のシェアを持つ産地が福井県である。ちなみに、眼鏡関連製品については、その生産品目がチタンやプラスチックを素材とする「眼鏡枠」と、サングラスや老眼鏡などの「眼鏡」、それに「眼鏡レンズ（コンタクトレンズを含む）」や「部品類」に大別される。これらについて、地域別の出荷額、事業所数（従業者四人以上の規模）の状況をみると、福井県の場合、めがね枠の全国シェアは、出荷額で九六・六％、事業所数でも八九・五％を占めている（表4－3）。

では、こうしためがね枠産業が何故、福井県で発展したのか。そのルーツを探ると、福井に初め

表4-3　めがね枠関連製品の出荷額・事業所シェア（従業者4人以上規模）

		出荷額		事業所数	
		実数	構成比	実数	構成比
眼鏡枠	全国計	33,375	100.0	76	100.0
	東京	290	0.9	3	3.9
	福井	32,241	96.6	68	89.5
	その他	844	2.5	5	6.6
眼鏡	全国計	3,813	100.0	21	100.0
	福井	754	19.8	9	42.9
	大阪	1,438	37.7	7	33.3
	その他	1,621	42.5	5	23.8
眼鏡の部分品	全国計	6,158	100.0	66	100.0
	福井	5,915	96.1	61	92.4
	その他	243	3.9	5	7.6
眼鏡レンズ（コンタクトレンズを含む）	全国計	46,981	100.0	47	100.0
	埼玉	7,887	16.8	5	10.6
	福井	10,098	21.5	16	34.0
	愛知	13,876	29.5	8	17.0
	大阪	2,430	5.2	6	12.8
	その他	12,690	27.0	12	25.5

資料：経済産業省「工業統計表　品目編」2013年.

てめがね枠の製造技術を持ち込んだ福井市麻生津村生野（現在の福井市生野町）の富豪、増永五左衛門まで遡らなければならない。ときは一九〇五（明治三八）年のことであった。当時の生野は、戸数三六戸に対し田畑はわずか一七ヘクタール。これといった産業もなく、こうした貧しい村民の暮らしぶりをみかねた五左衛門は、冬場に利益の上がる手内職としてめがね枠に着目したといわれる。既に、めがね枠製造業は、東京・大阪などに集積していたが、製造工程が比較的単純で手作業による部分が多く、農家経済を支える副業としては最適であったのであろう。また、この頃、日露戦争勃発による軍事用望遠鏡や防塵めがねの需要が増大していたことに加え、戦況を知らせる新聞、雑誌が相次ぎ発刊され、こうした時代の潮流が活字文化をもたらし、めがねが生活の必需品となることを確信したことも導入のきっかけとなったのである。

ところで、現在の福井市生野で産声をあげためがね枠づくりが、後に一大産地として成長した鯖江市に広がったのは、生野に増永工場ができた翌年、一九〇六（明治三九）年のことである。五左衛門の母方の従兄弟にあたる青山彦左衛門が、生野とは文殊山を挟んで西隣にあたる河和田村小阪（現在の鯖江市河和田町）で、五左衛門の増永工場で得た技術を基に開業している。ともあれ、福井市生野で始まっためがねづくりは、鯖江市を中心に、以後、河和田から片上、北中山地区などにも広がり、徐々に鯖江産地の基礎が形成されていくのである。

なお、この発祥期において注目されることは、増永五左衛門が導入した「帳場制」という請負生産システムである。一期生を中心に厳しい徒弟制度で技を磨かれた親方数人が職人や徒弟を抱えてめがね枠づくりに取り組み、出来上がった製品を大将である五左衛門に納入、出来高に応じて手間賃を受け取るという制度である。これにより帳場間の競争は激しくなり、いきおい技術、品質の向上につながる。現在も製品の独自性を競う福井産地の特色は、こうした「帳場制」に由来しているのかも知れない。

ともあれ、金、銀、赤銅、真鍮にセルロイドを加えて、めがね枠の一大産地としての基盤を固めた鯖江産地は、一九四〇（昭和一五）年頃には東京、大阪をしのぐめがね枠産地に成長した。しかし、その後、第二次世界大戦により金使用禁止、企業整備を余儀なくされ、終戦直前には二一〇工場にまで産地規模が縮小している。

戦後、焼け野原になった東京、大阪などのめがね枠産地が大打撃を受ける中、被害の少ない鯖江産地ではいち早い復興を遂げることに成功する。その引き金となった出来事が、一九四七（昭和二二）年、鯖江市神明・立待地区にある旧陸軍連隊跡地の民間への払い下げであった。この跡地で、復員しためがね関係者が次々と独立、また、河和田や北中山など文殊山の山裾に連なる各地区のめがね関係者も、この広くて安い土地に集まりはじめ、瞬時のうちに兵舎の町はめがねの町へと変貌したのであった。この結果、戦前までの生野、河和田地区に代わって、同地域が産地の中心地となり、今日に至っている。めがね枠工場と並行してレンズ、部品、中間加工業者、材料卸や産地卸売業者なども急増、現在の産地の特徴である地域内分業一貫生産体制が確立したのもこの時期からである。そして、朝鮮戦争による特需景気を経た一九五五（昭和三〇）年には、めがね関連企業数は三五〇件、従業員数一五〇〇人を擁し、年産四五万ダース、生産額で五億一〇〇〇万円に達している。

一九五〇（昭和二五）―一九六〇（昭和三五）年にかけては、セルロイド枠の生産が全盛期を迎えた。また、戦後まもなく取り組みを始めたサングラスが、一九六〇（昭和三五）年前後、オードリー・ヘップバーンの使用による世界的ブームから、爆発的な売れ行きを示し、国内は無論、北米、東南アジアをはじめ世界各国に輸出された。ちなみに、全盛期に入った一九六五（昭和四〇）年には、産地全体の生産量一四二万ダース、三〇億円のうち七割はサングラスで占められた。

この間、技術・販売革新も凄まじく、欧州への視察を通じ、これまで手作業で行っていたセルロイドの「腕」(ツルの部分)に芯を入れる「自動芯入機」の開発に成功したほか、販売面でも、サングラスの主な販売先である時計店、めがね専門店など従来の流通ルートを、ヨーロッパに習って観光地の土産品店などあらゆる媒体を使った販売方法に切り替えている。また、サングラスが金枠からセルロイド枠へと移行する中で、セルロイド枠の製造コストを従来の二分の一に抑えられる射出成型機の開発にも成功している。

しかし、一九六七(昭和四二)年になると、これまでのサングラスの流行も一転して陰りをみせ始め、東京、大阪などの集散地問屋から返品が相次ぐなど、不況色につつまれた。そのため産地では、「さばえ火祭り」を実施、サングラスや枠、半製品など約三万五〇〇〇ダースを焼却するなど、需給バランスの調整が行われている。

また、一九七〇年代に入ると、産地ではドルショック、オイルショック、円高などから厳しい経営環境にさらされた。しかし、輸出志向から内需志向への転換、品質・デザイン力の向上、チタンなど新素材加工技術の開発、製造の自動化・省力化、国際化戦略などを推し進め、鯖江産地は国内めがね枠の大半を製造する一大産地として、技術的にも世界トップレベルの産地として、その地位を確立していった。

この頃、HOYA、ニコンなどのレンズメーカーのめがね市場参入が本格化し、産地企業はその委託生産を引き受けるようになる。また、一九七〇年代半ばになるとディスカウンターなどの量販店が全国に登場するようになった。これに対して、産地企業のなかには、市場ニーズを直接製品づくりに活かす狙いで直販体制を築く動きや、グループ化、系列化の動きがみられたほか、一九八〇年には産地大手メーカーが米国市場へ参入するなど国際戦略の口火が切られたのもこの時期である。また、この頃になると国民の所得向上から高級輸入ブランドブームが巻き起こり、ヨーロッパからのライセンスブランドの輸入・生産が盛んになると同時に、産地企業のデザイン展開もみられるようになった。

一方、技術面では、この時期、産地が世界的評価を受けるに至ったチタンフレームの開発がある。チタン素材は、一九八一年頃、材料販売業者によって産地に持ち込まれたといわれるが、これに中央の素材メーカー、産地フレームメーカーなどが加わり、僅か二、三年で実用化に成功、一九八三年には生産が本格化している。それ以降、国内高級品の主流に成長し、現在、めがねフレームの大半がチタン素材といわれる。また、一九八七年にはチタンフレームの技術をもとに世界ではじめて形状記憶合金フレームの商品化にも漕ぎ着けている。

この間、生産設備面での改善も目覚ましく、コンピュータを駆使したデザイン開発・設計や生産工程の自動化・高度化も飛躍的に進んだ。ともあれ、産地では、チタンフレームの開発をテコに一九八五年の円高を乗り越え、一九九二年のめがね関連製造品出荷額等は一二〇〇億円を突破するまでに至った。

ところで、鯖江産地では、生成からバブル崩壊までの九〇年あまりの間、戦間期を除いて比較的安定成長を続けてきたが、その要因の一つをあげると、不況に際し輸内需のどちらかが良好でカバーが可能であったという経緯がある。しかし、バブル崩壊と一九九三年の円高急進は輸内需ともに不振が襲い、この時期、産地はかつてない不況に見舞われた。これにより、一九八〇年代後半からそのスピードを増していた産地企業の海外生産がさらに加速し、現在では産地大手メーカーの大半が海外に生産工場を持つまでに至っている。しかし、こうした動きは、国内市場への海外品（持ち帰り品）の流入をまねき、産地企業の操業低下や受注単価の下落が恒常化した。加えて、力を増した中国メーカーとの競合激化などから、この時期以降、産地は極めて厳しい局面が続いている。ちなみに、眼鏡枠と眼鏡の合計による輸出入の動向（筆者調べ）をみると、輸出が一九九二年の五〇五億七六〇〇万円をピークに二〇一四年には二四六億六一〇〇万円にまで落ち込む一方、輸入は持ち帰り品や中国品の増加などから、二〇〇二年には輸出額を上回り、二〇一四年現在で二五七億九九〇〇万円に達している。

こうした状況下、産地では活性化に向けた新たな取り組みを開始。福井県は一九九四年から工業技術センターに技術・支援窓口として「めがね班」を新設するとともに、ロー付け、メッキ用材料の開発に取り組んだ。また、一九九六年からは特定中小企業集積活性化法の指定を受け、産地が得意とする軟加工性材料の加工技術を活かした新分野進出に向けての動きを強めている。その他、業界では、部品の共通化、工程の短縮化等によるコストダウンに努める一方、眼鏡工業部会に「眼鏡素材研究部会」を設置、工業技術センターとも連携して、新素材の開発・活用に取り組んだ。また、安価な輸入品との差別化、産地ブランドの確立を狙って、一九九六年から「組合統一マーク事業」をスタートさせたほか、これまで産地で開催していた「日本めがね展」を、一九九七年から「国際眼鏡展」（ＩＯＦＴ）の構成メンバーとして東京で開催している。一方、眼鏡協会では、「つくるだけの産地」から「つくって売る産地」の実現に向けて、二〇一〇年に産地のシンボルである「めがね会館」のリニューアルを行った。現在、同施設は、産地でつくられためがねの購入ができるメガネショップをはじめ、産地の歴史的資料を展示するメガネミュージアム、手づくりめがねをつくることができるメガネ工房などの機能を備え、国内唯一のめがね産地の産業観光拠点施設として大きな期待が寄せられている。

以上のように、生成以来この一〇〇年、戦間期を除けば概ね順調な成長を続けてきた鯖江産地ではあるが、バブル崩壊による不況の深化と中国などの海外メーカーの台頭のなかで、近年、産地の景況は一向に回復の兆しがない。二〇〇〇年以降、国内外の受注悪化がさらに深刻化し、産地は大幅な生産低下にみまわれており、同産業を取り巻く環境が大きく様変わりしたといえよう。こうした中で、鯖江産地の現状をみると、これまで述べた環境変化にともない、産地規模の縮小が続いている。例えば、一九九七（平成九）年との比較で二〇一一（平成二三）年には、事業所数が八五二件から五一九件へ、従業者数は七〇五八人から四四八五人へ、製造品出荷額等は九九七億から五三九億へとそれぞれ減少しており、しかもその傾向は近年加速しているのである（鯖江市の独自集計による）。

(2) 産地の再生を目指して

こうした状況下で産地企業の対応をみると、技術面では肌に優しいマグネシウム合金枠、エクセレンスチタンなど新素材による製品づくりを進める一方、販売面では高級品の望める欧州市場での拠点整備に乗り出す例も多い。しかし、最大の課題である複雑な流通構造にメスを入れるには、リードタ

表4-4　福井県めがね枠関連企業の製品・技術

No.	製品・技術名	会社名	テーマ	備考
1	緩み止め機能付きナット（高品質精密切削加工技術）	㈱フクオカラシ	自動車	
2	携帯電話ボディの装飾技術	㈱秀峰	携帯電話	
3	スポーツ用淡色偏光サングラス	㈱コンベックス	スポーツ	
4	チタンの微細精密部品加工	㈱西村金属	町並み	
5	視力補正用高屈折偏光レンズ	㈱ホプニック研究所	ファッション	世界シェア1位
6	高屈折率プラスチックレンズ	㈱アサヒオプティカル	ファッション	国内シェア4位
7	ロー付け工程のないチタンメガネフレーム	浜本テクニカル㈱	ファッション	国内シェア1位
8	形状記憶合金の直接接合技術	増永眼鏡㈱	ファッション	
9	カラー18金製 メガネフレーム	福井めがね工業㈱	ファッション	世界シェア1位
10	炭素繊維・チタン複合軽量・高強度めがねフレーム	青山眼鏡㈱	ファッション	
11	ニッケルフリーの超弾性チタン合金「エクセレンスチタン」	㈱シャルマン	ファッション	国内シェア1位
12	チタン製メガネフレームのレーザ微細接合技術	㈱シャルマン	ファッション	国内シェア1位

資料：福井県産業労働部地域産業技術振興課産学官連携推進室『「実は福井」の技』より．

イムの更なる短縮をベースに、もう一段の多品種・小ロット生産、高機能・高付加価値品にシフトするなどして川下の卸・小売分野からのイニシアチブ奪還が求められるが、これには産地を支えた域内分業・一貫生産体制の見直しが必要であり、言い換えれば産地の大半を占める下請企業の役割を否定することにもなりかねないといった矛盾をはらんでいる。

このように鯖江のめがね産地は、内外の環境変化に直面し、今、大きな変革の時期を迎えている。それは、今後の産地がこれまでのめがね枠生産を唯一とする産地特性から脱皮し、本業（めがね枠）部門を発展的手段と位置付けながらも、一方ではこれまで培った技術、流通網などを武器に新分野進出を視野に入れた展開（複合産地化）をはかるべき時期にあることを意味する。言い換えれば、鯖江がこれまでの「めがね枠産地」というイメージから脱し、その得意とする難加工性材料の加工技術により、あらゆる線材の加工に対応可能な「金属微細加工産地」へと転換することである。既に、めがね枠への加飾技術を応用して携帯電話、自動車内装部品などへ加飾を行う企業や、産地内大手企業では医療分野への参入を打ち出すなど新分野進出を目指す企業も見られるほか、産地内若手一〇数名が「ギフト組」と呼ばれるグループを結成し、これまでのめがね枠技術を活かしながらもめがねにとらわれない自由な発想でオリジナル商品の開発に取り組む動きもみられるようになった。それは、「厚さ二ミリメートルのペーパーグラス（老眼鏡）」、「オールタイムサングラス（紫外線対策）」「めがねの技術を活かしたアクセサリー」などの開発につながっている。今後、こうした動きが産地内でさらに伝播し、各々の企業がそれぞれの新たな分野へ展開を図っていく複合産地へと変貌していくことに期待したい（表4-4）。

三　一業一社体制で躍進する化学産業

(1) 福井県化学産業の歴史

福井県の化学産業は、全国的にみても比較的歴史の新しい産業分野である。それは、安価な電力料金と良質な労働力、豊富な工業用水を背景に、大正の半ば、旧武生市（現在の越前市）で化学肥料・石灰窒素を生産する化学肥料メーカー、信越窒素肥料株式会社（現在の信越化学工業株式会社）の誕生により始まった。戦後の動乱期には、小規模企業の整理淘汰が進んだため事業所数の減少をみたが、その後は時代の変化に対応した製品づくりに特化することで順調な伸びをみせている。

表4-5　福井県化学関連企業の製品・技術

No.	製品・技術名	会社名	テーマ	備考
1	複合電気絶縁材料	日東シンコー㈱	自動車	世界シェア1位
2	ハイブリッドカーやハードディスクのモーター用磁石	信越化学工業㈱武生工場	自動車	国内シェア40%
3	自動車に表示する各種コーションラベル（注意書き）	ジャパンポリマーク㈱	自動車	国内シェア1位
4	微細バリ取り剤	㈱北陸濾化	自動車	
5	硬質アルマイトへの着色処理	三和メッキ工業㈱	自動車	
6	ナノめっき技術（半導体や電子部品の接合めっき）	清川メッキ工業㈱	携帯電話	
7	真空蒸着技術による携帯電話パネルなどのコーティング	㈱エツミ光学	携帯電話	
8	ゴルフ用カーボンシャフトの装飾	アイテック㈱	スポーツ	世界シェア1位
9	模倣対策熱転写ラベル	ジャパンポリマーク㈱	スポーツ	
10	ニッケル水素蓄電池用正極材料（球状水酸化ニッケル）	㈱田中化学研究所	マイホーム	世界シェア1位
11	パソコンや家電製品などのプラスチック部の難燃剤	大八化学工業㈱福井工場	マイホーム	世界シェア1位
12	光通信用の部品基板（厚膜熱酸化膜付ウェーハ）	ケイ・エス・ティ・ワールド㈱	マイホーム	
13	グラビア印刷インキや磁気テープ・カードのバインダー	日信化学工業㈱	マイホーム	
14	カーテンに防炎性を付与する薬剤	日華化学㈱	マイホーム	
15	壁紙のツヤ消し剤	日信化学工業㈱	マイホーム	国内シェア1位
16	塗料・インクに配合されている濡れ剤	日信化学工業㈱	マイホーム	
17	広告宣伝用膜材	カンボウプラス㈱福井工場	町並み	国内シェア1位
18	人工皮革用水系ウレタン樹脂	日華化学㈱	ファッション	
19	メガネフレームの表面処理	アイテック㈱	ファッション	国内シェア1位
20	美容室向けヘアカラー剤	日華化学㈱	ファッション	
21	ドライクリーニング用洗剤	日華化学㈱	ファッション	国内シェア1位
22	建築工事用シート	カンボウプラス㈱福井工場	建設・土木	国内シェア1位
23	ハウスラップ材「ラミテクト　」	セーレン㈱	建設・土木	
24	無接点でのイオンプレーティング加工	アイテック㈱	観光・レジャー	国内シェア1位

資料：福井県産業労働部地域産業技術振興課産学官連携推進室『「実は福井」の技』より.

(2) 一業一社体制

福井県の化学産業を規模の面（製造品出荷額等）から眺めてみると、二〇一三年現在二八九四億円で、福井県全体（二〇一三年：一兆八三〇一億円）の一五・八％を占め、県内では電気機械に次ぐ地位を占めている。また、一九八五年（製造品出荷額一三六〇億円）以降の推移をみても順調な伸びをみせており、製造品出荷額等では倍増していることがわかる。また、福井県の化学産業は、かつての化学繊維（原糸）や医薬品、界面活性剤、シリコン、塗料、ガスなど様々な分野に分かれており、どれも一業一社体制となっているのが特徴的である。

ちなみに、化学産業の主要企業をみると、繊維加工用界面活性剤の製造・販売を主力に、業務用洗剤・化粧品の製造・販売やバイオ事業などを展開する「日華化学株式会社」、異形押出成形による各種建築資材および産業資材の製造を主とする「フクビ化学工業株式会社」、医療用キャビネットとカート、医療器具の企画・開発・設計・製造と販売を主とする「サカセ化学工業株式会社」、医薬品製造を主とする外資系メーカー「アボットジャパン株式会社」、リチウム二次電池正極材料など機能性化学材料の製造を主力とする「株式会社田中化学研究所」、包装資材、建築資材など合成樹脂（プラスチック）製品メーカー「酒井化学工業株式会社」、金属・プラスチック・木材等のコーティング技術で全国有数の施工実績を持つ「みのる産業株式会社」、合成樹脂発砲製品の「ハッポー化学工業株式会社」、強化プラスチック製品製造を主力とする「第一ビニール株式会社」、射出成形、延伸ブロー成形の設計・製造・販売などを主力とする「西端ブロー工業株式会社」など枚挙に暇がない。

以上のように化学産業は一業一社体制を確立し、これまで福井県製造業の中でも数少ない「市場に直結したモノづくり」に徹することで、順調な発展を続ける企業群を形成しているのである。

四　福井のモノづくりを支える機械・金属産業

(1) 福井県機械・金属産業の歴史

一般に機械・金属産業といえば、鉄鋼、非鉄金属、金属製品、一般機械、電気機械、輸送機械、精密機械の七業種をさすが、福井県の場合は精密機械の大半がめがね枠製造業で占められているため、ここでは精密機械を除いた六業種を採りあげたい。

まず、福井県機械・金属産業の歴史をたどると、古くは奈良時代まで遡り、この時代に発祥した越前鋳物が起源といわれる。しかし、それも明治初期には既に忘れられた存在となっており、本格的な発展をみるのは明治末期、力織機の鋳物として復活をみてからである。従って、福井県の機械・金属産業は「繊維王国・福井」の名が示すように織機、つまり繊維工業をベースに発展を遂げた。戦間期には、これらの多くの工場が他産業と同様、強制的に軍需品生産工場に転換させられ、通信機、航空機、工作機関連などの生産に携わったが、一九四五年七月の福井大空襲、その後の福井大地震（一九四八年六月）は域内の機械・金属産業に壊滅的なダメージを与えた。

戦後、これらの軍需品工場は、大部分が従前の生産工場へ再転換し、中には、軍需品生産で得た高度な技術をもとに木工機械や工作機械などの生産を始めたところも現れた。しかし、同時期、その多くは日常生活品（鍋・釜など）や食料増産のための農器具（くわ・鎌など）といった生活必需品需要に対応する業者がほとんどであった。

このように、福井県の機械・金属産業は、戦後、いわばゼロからのスタートとなったが、繊維産業の成長をベースに、その後に訪れた好景気（一九五〇年代の神武景気以降）から急速な発展を生み、特に一般機械の分野では、岩戸景気後の五年間に製造品出荷額等が一一億円から六三億円へと伸びるなど、目覚ましい発展を遂げた。

一九六〇年代半ばに入ると、日本国内では本格的なモータリゼーションの時代を迎え、いざなぎ景気のもと、さらに発展の速度を速めていく。しかし、一九七一年のドルショック、一九七三年、一九七八年のオイルショックなどから不況にみまわれ、それまでの発展ムードは一気に解消され、その結果、業界そのものの体質の改善や、これまでの下請け受注体質から脱皮、新たなオリジナリティー溢れる工業技術開発の必要性が指摘されるようになった。福井県の機械工業も、こうした流れの中、エレクトロニクス技術を応用して工作機械のNC化を進める一方、マシニングセンター、めがね関連の精密機械などの分野を中心に発展を続けた。

一方、電気機械産業分野では、各種家電品のほか、産業用としてコンピュータ、通信機、OA機器と次々に新製品が投入され、産業規模の拡大をもたらしたが、高度成長期以来、大都市圏における工場用地の取得難（工場三法による立地規制）や労働力の確保難から、工場の地方分散化が活発化し、福井県でも一九六〇年代から電子部品、小型モーター、ビデオ機器などを中心に大手電機メーカーの進出がはじまった。

このように、今日、機械・金属産業は福井県を代表する重要産業として位置付けられている。

(2) 機械・金属産業の現状

戦後、再スタートを切った機械・金属産業ではあるが、ここでは、前述した鉄鋼、非鉄金属、金属製品、一般機械、電気機械、輸送機械の六業種について、「平成二四年経済センサス－活動調査　製造業に関する結果（全数調査）」を参考としながら考察したい（表4-6）。

まず、鉄鋼業は、その企業の多くが鋳造中心であるほか、一事業所あたりの生産額は少な

表4-6　福井県の機械・金属産業（全数）

項目		事業所数		従業者数		製造品出荷額等		付加価値額	
		実数	構成比	実数	構成比	実数	構成比	実数	構成比
機械・金属産業	鉄鋼	59	0.7	558	0.7	2,834,984	1.5	781,708	0.9
	非鉄金属	45	0.5	1,480	2.0	15,181,156	7.8	3,758,191	4.5
	金属製品	314	7.4	3,995	5.4	6,934,628	3.6	2,955,993	3.6
	一般機械	353	7.0	5,310	7.1	12,014,330	6.2	4,941,231	6.0
	はん用機械器具	79	1.5	794	1.1	1,881,387	1.0	692,858	0.8
	生産用機械器具	251	5.0	3,591	4.8	8,607,517	4.4	3,429,198	4.1
	業務用機械器具	23	0.4	925	1.2	1,525,426	0.8	819,175	1.0
	電気機械	173	3.1	13,074	17.6	46,071,682	23.8	25,035,710	30.2
	電子部品・デバイス・電子回路	63	1.2	10,152	13.6	34,947,893	18.0	19,431,328	23.4
	電気機械器具	100	1.8	2,578	3.5	10,277,058	5.3	5,317,785	6.4
	情報通信機械器具	10	0.1	344	0.5	846,731	0.4	286,597	0.3
	輸送機械	44	0.7	3,319	4.5	7,817,761	4.0	2,542,217	3.1
	合　計	988	19.4	27,736	37.3	90,854,541	46.8	40,015,050	48.3
福井県製造業全体		4,865	100.0	74,456	100.0	193,929,355	100.0	82,926,868	100.0

資料：「平成24年経済センサス－活動調査　製造業に関する結果」より作成.

く、事業所数五九件、従業者数五五八人、製造品出荷額等二八三億四九〇〇万円、付加価値額七八億一七〇〇万円となっている。ただ、同業界の企業をみると、クラッドメタル（異種金属接合材）の製造では世界ナンバーワンの「武生特殊鋼材株式会社」や、超ハイテクシステムと職人の感性により、業界ナンバーワンの高級鋳造技術を確立し、大手メーカーの試験研究機関としての地位を確立した「株式会社川鋳」など、オンリーワンの技術をうりとした企業も少なくない。

非鉄金属業は、県外大手のアルミ精錬企業の存在から業種全体の生産規模（平成二三年の製造品出荷額等一五一八億一一〇〇万円）は大きいが、その企業を除いた非鉄金属製品の出荷額等は全体の約三割程度と考えられる。

金属製品は、その生産品目をみると、製缶板金や電気メッキ等の表面処理、ボルト・ナットなど様々な分野の製品生産が行われているが、全体の五割は建設用金属製品（橋梁、建築鉄鋼）と建築用金属製品（アルミサッシ、シャッター、間仕切りなど）が占めるなど、地域内のマーケットと深いつながりを持っている。

また、主力が建設・建築向け製品だけに、近年の公共工事の減少や民間建築物の需要低迷の中で、厳しい事業環境にさらされている企業も少なくない。ただ、事業所数は三一四件と機械金属産業の中では一般機械に続いて多いものの、従業者数は三九九五人と少なく、小規模事業所数の多さがうかがえる。ただ、その中にはアルミ折れ戸（イースターカーテン）で国内トップシェアを誇る「東工シャッター株式会社」の存在など、歴史的な地元の基盤技術と関連する企業もみられ、重要な産業であることは間違いない。

一般機械は、建設機械や荷役運搬設備、プラスチック加工機械、金型など多様な機械の製造やこれに関連する部品・付属品生産がみられるものの、現在、同産業の分類は、物流運搬設備、ポンプ・同設備などの汎用機械器具分野、金属工作機械、機械工具、金属加工機などの生産用機械器具分野、複写機、分析機、自動販売機などの業務用機械器具分野に分けられる。福井県の場合、一般機械といえば、かつては工作機械、機械プレス、繊維機械およびこれらに関連する部品・付属品製造を主体とする企業で占められていた。例えば、マシニングセンターの開発設計・製造においては世界でもトップクラスの「株式会社松浦機械製作所」、総合プレスメーカー「株式会社エイチアンドエフ」、シームレス編みラッセル機では世界ナンバーワンの「日本マイヤー株式会社」などである。これにフライス盤、旋盤、立削盤、同部品製造業などの企業群がつらなり、一業一社体制が確立されていた。ただ、同業界の特徴として、いずれも生産財であることから景気変動の影響を受けやすく、主要ユーザーの業況により事業環境が大きく変化するなどの特徴がある。そのため、バブル崩壊以降のこの二五年あまりで、その製造品出荷額等はピーク時の六割程度までに落ち込んだ時期もあった。ただ、現在はその八割程度まで戻している。

一方、電気機械は、福井県の場合、小型モーターや変圧器等の産業用電気機械器具製造業と抵抗器、コンデンサなどの電子部品・デバイス製造業を中心に形成されているが、その始まりは一九四三年に小浜市へ進出した芝浦製作所小浜工場からといわれる。その後一九五一年には村田製作所福井工場が武生市（現在の越前市）で操業しコンデンサの製造を開始。一九五八年にはオリオン電機が武生市に設立され、ポケット型トランジスタラジオの製造を始めた。しかし、福井県で事業所数や出荷額等が本格的に増加し出したのは一九六〇年以降であり、無論、この要因は前述した県外大手家電メーカーの県内への参入によるところが大きい。ちなみに、製造品出荷額等の推移をみると、一九七七年に化学工業を抜いた後、一九八七年には県内製造業の中でトップに躍り出るなど、福井県製造業に多大な影響を与えるまでに成長を果たした。そして、こうした大手家電メーカーの県内参入にともない、協力企業の進出や下請企業の形成もみられるようになり、今日まで福井県製造業の中で最大の出荷額（製造品出荷額等四六〇七億一六〇〇万円　構成比二三・八％）を維持している。近年も、自動車関連やスマートフォン需要の増大、円安傾向も奏功し、好調な生産出荷動向にある。

最後に、輸送機械は、越前市にある自動変速機（トルクコンバータ）で世界トップシェアの県外大手メーカーの存在から製造品出荷額等（七八一億七七〇〇万円）は比較的多い。ちなみに、事業所数や従業者数、付加価値額の福井県製造業全体に占めるウエイトはそれぞれ〇・七％、四・五％、三・一％となっている。

以上、福井県機械・金属産業の概要を業種別に述べたが、これらを福井県製造業全体と比較すると、そのウエイトは事業所数一九・四%、従業者数三七・三%、製造品出荷額等四六・八%、付加価値額四八・三%を占めており、福井県の製造業を構成する各業種の中でも繊維、化学などと並んで極めて重要な位置にあることがわかる。一つ懸念材料をあげるとすれば、現在、福井県機械・金属産業を支える電気機械や輸送機械などは県外大手資本であり、近年の構造変革、すなわちグローバル化が進む中で、これら落下傘型の立地企業が将来的に地域から抜け落ちるリスクをはらんでいることを考慮しなければならない。従って、これら企業に代替する産業・企業の誘発、新産業・企業の創造、もっと言えば内発型の産業・企業育成が、地域にとって最も重要な課題であることも付け加えておきたい。

五　未来産業として進化する伝統的工芸品産業

(1) 七つの伝統的工芸品産業

福井県は、越国からの古い歴史を持つ地域だけに、長い歴史の中で産み出された「伝統的工芸品」産業の数も多い。ちなみに、二〇一五年現在、全国には二二二の伝統的工芸品があり、そのほか郷土の工芸品（一般に呼ばれている伝統工芸品）を含めれば、その品目数は一二〇〇品目を超えるらしい。このうち、福井県には伝統的工芸品が七品目、一般に呼ばれている伝統工芸品は二二品目を数える。

では、伝統的工芸品とは何か。それは、伝統的工芸品産業の振興に関する法律（伝産法）に基づき経済産業大臣から指定を受けた工芸品をいう。伝統的工芸品に指定されるには、日常品であること、手づくりであること、伝統的技術・技法の存在、天然の原材料の使用、産地の形成などの条件が必要だが、ひとたび指定を受けると、国や自治体などから産地振興のための様々な支援を受けることができる。ここでは、福井に七つある伝統的工芸品の概要を紹介するとともに、それら産業の今後の動き、可能性についても述べることにしよう。

越前漆器

福井県鯖江市にある河和田地区を中心に生産される越前漆器は、優雅な古典美と堅牢さに特徴がある。そのルーツについては定かではないが、一説によれば、約一五〇〇年前、継体天皇が皇子のころ、御冠の塗りかえを当地に住む塗師に命じたところ、それを請けた塗師が黒漆で御冠を塗りかえ、併せて「三つ椀」と称する黒漆の食器を献上した。それに感動した皇子が河和田に漆器づくりを奨励したことが越前漆器のはじまりとされる。

江戸時代になると、京都から蒔絵の技術が、輪島から沈金の技術も伝わり、越前漆器の優雅さと美しさに、いっそうの磨きがかけられた。他地域への本格的な製品移出や漆かきが長野や関東方面にまで出かけるようになったのもこの頃かららしい。

明治時代になると、これまで挽物（丸物）素地しかつくられなかった産地で初めて角物素地が製造されるようになり、製品群も膳、菓子器、重箱、角盆などが考案され、蒔絵や沈金の技術も大いに向上した。これを契機に、旅館や飲食店への販路も拡大し、全国で屈指の業務用漆器産地として発展することになる。昭和時代になると、プラスチック素地導入にともない、従来の手工業型の木製漆器から機械量産型の合成漆器へとシフトし、業務用漆器分野では全国八〇％以上のシェアを占めるなど、さらなる販路拡大がなされた。

現在、越前漆器産地は、日本一の業務用漆器産地、技術力を保持する産地としてその地位を確立しているが、さらなる発展を目指して、今までの伝統を踏まえつつも新しいデザインの提案や流通の見直し、不可能といわれていた本格的な木製漆塗椀で、食器洗浄器・食器乾燥機など新しい機械にも対応可能な漆器の開発など、時流に合わせたモノづくりが進められている。さらに、生活用品として長持ちする堅牢な漆器をアピールすることでの省資源への取り組みや、プラスチックをはじめとした素材などのリサイクルの提唱・仕組みの模索など、これからの時代に対応する環境配慮型の漆器・産地づくりにも注力している。こうした中、産地ではそのシンボルとして二〇一二年九月、越前漆山車を完成、その後も中型、小型の山車を製造するなど、産地振興に向け新たな取り組みが進められている。

越前和紙

日本最古といわれる福井県の越前和紙は、越前市（旧今立町岡本地区）にある五箇荘（大滝、岩本、不老《おいず》、新在家、定友）に集中して産地が形成されており、古くからこの地域全体が〝紙漉き村〟として発展してきた。

ところで、紙漉き技術の日本への伝来は、飛鳥時代の六一〇年、高麗僧「曇徴《どんちょう》」により紙漉き技法と墨の製法が伝えられたことが始まりといわれる。では、その紙漉き技法が何故、当地今立に根付いたのか。言い伝えでは川上御前伝説がよく知られているが、関係者の話を聞くと、「当地今立は、大陸と都・京都の通り道。大陸人の往来とともに多様な文化が行き交っていた」その一つが、紙漉きの技だったことがわかる。確かに、当地周辺は、和紙の里以外に、刃物や漆器、陶器などの伝統的工芸品産業が集積していることもその証に違いない。いずれにせよ、当地は、美濃（岐阜県）、土佐（高知県）と並ぶ和紙の日本三大産地として進化を遂げていったのである。

ちなみに、当産地の生産品目を見ると、書画用紙や美術小間紙類の手漉き和紙分野では全国一位、機械漉き分野でも壁紙・襖紙分野では全国一位という実績を誇っている。近年は、壁紙や襖紙のほかインテリア用品としても用途が広がっているらしい。

また、越前和紙の逸話としては、明治元年、この越前和紙が日本最初のお札用紙として使われたこと。美術界でも横山大観や平山郁夫などの芸術家に支持されたこと。そして最近は、一七世紀のオランダの画家レンブラントの版画に越前和紙が使われた可能性があるのではといった話題が注目を集めていることなどが面白い。

いずれにせよ、越前和紙の特徴は、ぬくもりと優雅な肌合い、そして風格。産地内では、それを実現させるための技の伝承が、今もなお続いているのである。

若狭瑪瑙（めのう）

古くから、大陸との交易の場として栄えた小浜地方には、大陸文化の往来の中で育まれ、今に伝える伝統工芸も数多い。その一つが若狭瑪瑙細工である。水晶、オパールなどがいくつも重なり合い、幾層もの紋様を描く瑪瑙の原石を独特の技法で彫刻する若狭瑪瑙細工は、長い歴史を経てこの地だけに息づいた技でもある。

ところで、こうした若狭瑪瑙細工は、いったい何時頃から当地に根付いたのであろう。一説には、奈良時代、大陸からの渡来人がこの地に住みつき、当地の原石を使って玉造りを始めたのが起源とされている。しかし、現在に伝わる技法が確立したのは江戸時代に入ってのことである。当時、この地には数十件の玉造業者がいたといわれているが、その一人、遠敷の高山喜平は、原石を加熱することでより優美な色が浮き出ることを発見、独創的な火窯を考案するなどして現在の基礎となる焼き入れ技法を開発することに成功した。こうして若狭瑪瑙細工は、徐々に職人も増加し当地に深く根を下ろしていった。明治期になると、中川清助の手により美術的な工芸品の彫刻法が完成され、以後、仏像、動物、鳥、魚などの置物類や、装身具などが製作されるようになった。やがて昭和期に入り、若狭瑪瑙細工は最盛期を迎える。この頃には、置物としての若狭瑪瑙細工が米国、英国などにも輸出されたという。しかし、終戦後、これまで産地に持ち込まれていた原石が枯渇しはじめ、さらに近年は需要不足、後継者難などにより産地存亡の危機に直面している。こうした中、産地では比較的手ごろな価格で販売できるブローチ、指輪、イアリング、ネックレスなど装飾品づくりに注力するとともに、子どもたちへの体験学習を通して技術・技法の伝承を行っている。

いずれにせよ、若狭瑪瑙細工は、歴史のある職人技により天然石だけが持つ光沢を最大限に引き出した工芸品であり、決して絶やして欲しくない工芸品でもある。

若狭塗

福井県小浜市中心に根付いた若狭塗の技法は、「卵殻模様」、「貝殻模様」、「起こし模様」に特徴があり、昔からお盆や重箱、硯箱、茶托、香合といった器物に用いられていた。しかし、これら以外の品目として、当地は「箸」の生産が全国的にも名高い地域であることをあげなければならない。例えば、若狭塗の技法が一人歩きした「若狭塗箸」（本来の伝統技法により生産された箸）、フェノール樹脂、カシュー漆、ミツイ漆など合成塗料を用いて機械化により大量に生産される「塗箸」、そして転写（箸の木地に機械でフィルムを巻きつける）という方法で製造される「箸」など、当地域では多様な箸づくりが行われ、今では全国シェア八割を誇っているのである。

では、若狭塗箸の原点である若狭塗の歴史は、いつごろから始まったのか。それは、時代を遡ること約四〇〇年前、慶長年間（一五九六―一六一四年）だと聞く。当時の小浜の豪商、組屋六郎左衛門が、国外から入手した漆塗盆を藩主であった酒井忠勝に献上したところ、同藩の漆塗御用職人、松浦三十郎が、この漆塗盆に施された漆芸を模倣して製作したことがはじまりとされる。

また、若狭塗は、輪島塗や河和田塗といった塗りや蒔絵の技法を使った漆器とは大きく異なっている。具体的には、木地表面を整えて漆を塗り、貝殻や卵殻、松葉、菜種などで模様を描き、その上に色漆を数十回塗り重ね、さらに乾燥させた後、それを石や炭で丁寧に磨き上げることで現れる模様に特徴があり、研ぎ出し技法と呼ばれる磨きや艶出しの技術に秀でた漆器である。完成までに短いものでも数カ月、長いものでは一年程度を要し、江戸時代から、若狭塗の器物は宮家や公家、諸大名への贈答品となっていた。この若狭塗の技法によりつくられた箸が「若狭塗箸」である。

当地域における箸生産量は、研ぎ出し膳や転写膳などで合計七〇〇〇万膳といわれるが、近年は量、金額ともに停滞傾向にあり、アンテナショップ「箸のふるさと館」や「若狭工房」などを機軸に、巻き返しをどう図るかが大きなテーマとなっている。

越前打刃物

福井県のほぼ中央に位置する越前市は、大阪の堺市、岐阜の関市、新潟の三条市などと並び、古くから鎌、鉈などの農機具を主体とした打刃物の産地として知られている。

ところで、越前打刃物の起源は、おおよそ七〇〇年前の一三三七（延元二）年、京都粟田口の刀匠、千代鶴国安が府中（現在の越前市）に来往し、刀剣作りの傍ら農具用の鎌を製作、その技法を近郷の人々に伝授したのが始まりとされる。ただ、もともと越前の国では、弥生時代から古墳時代を通じて砂鉄を産出するなど、鍛冶に適した資源に恵まれていたこともあり、これが当地で打刃物業を生成させる要因となったともいわれる。

また、越前打刃物といえば、鎌、和包丁に代表されるが、これらの打刃物が本格的に全国へ広がっていったのは江戸時代に入ってのことである。関が原の合戦の後、府中藩主となった本多富正は、武器製造の戦力となる鍛冶師を積極的に保護し、販路の開拓にも努めたという。また、この時代、販路拡大の一翼を担っていたのが河和田の漆かき職人であり、彼らは漆を求めて各地を歩く傍ら鎌を販売し、その土地柄に合った鎌や刃物の注文を産地に持ち帰ることで、越前打刃物の製造技術そのものを高めていった。こうして越前打刃物は、江戸末期から明治の初めにかけ最盛期を迎えるのである。

一方、越前打刃物を技術面からみると、〝廻し鋼着け〟および〝二枚広げ〟と呼ばれる火づくり鍛造技術に特徴がある。〝廻し鋼着け〟とは、刃物の刃となる鋼と地鉄を炉で熱し鍛接した後、鋼の片隅から全体を菱形につぶしていく技法である。主に、鎌や刈り込みはさみなどの製造に際して用いられるという。また、〝二枚広げ〟とは、包丁などの製造に用いられる技法で、刃を二枚重ねたまま表と裏からハンマーで打ち、二枚の包丁が同様に薄く延びるよう早く作業する方法である。これらの技法を使って製造した越前打刃物は耐久性、切れ味ともに高い評価を受けた。

現在、越前打刃物は、デザイン性に優れたカスタムナイフや洋食系シェフ専用の包丁として開発された新ブランド「ＢＬＡＺＥＮ（ブレイゼン）」が好調で、包丁についても国内外を問わず人気を呼んでおり、高い技術に裏打ちされた高品質の製品を供給し続けている。

越前焼

越前焼は、平安時代末期から宮崎村小曽原地区を中心として、朝鮮半島から伝わった須恵器生産の経験を基に東海地方の瓷器《じき》（灰釉陶器）技法を導入して焼かれはじめた。「輪積み成形」と「輪積み轆轤成形」という特異な技法を用い、そのころから製品には他の地方と同じく、壺、瓶、すり鉢などの生活器が主流をなしていたが、他には瓶水、水柱、経筒、水瓶など宗教関係の製品も焼かれていたという。また、当時から「穴窯」と呼ばれる全長十数メートルの大規模な窯が使用され、今もなお二〇〇あまりの窯跡が当地に残存しており、これだけの集積が見られる地域は他になく日本最大といっても過言ではない。

鎌倉・室町時代には越前焼の全盛期を迎えるが、特に一五世紀の朝倉時代には、それまで北陸から東北地方の日本海側一円に流通していた珠州焼に代わり、北は北海道から西は山口県に至るまで販路を持ち、信楽、備前、丹波、越前、瀬戸、常滑と並んで日本六古窯の一つとして栄えた。では、この当時、搬送はどうしたのか。運搬ルートについて、旧越前町織田文化歴史館学芸員の高木久史氏は、「越前窯跡群の分布範囲は天王川とその上流である織田川の支流域に含まれ、日野川・九頭竜川に合流して三国湊へと至る天王川を利用すれば越前地域一円への流通が可能である」と述べており、古代においても足羽川以南の集落跡地から出土する小曽原産須恵器は、天王川・日野川を利用して運搬されたものと考えられている。つまり、越前焼は内陸川を主体に域内は無論、全国に向けては三国湊から運搬されたのではないか。

こうして、一時期全国に流通した越前焼ではあったが、あくまで民衆の焼物中心に焼続けられた越前焼は、桃山時代に入り茶陶など付加価値の高い陶器や磁器が生産されるようになると、これらに押されて徐々に衰えていく。越前焼が茶陶を積極的に生産しなかった理由は、信楽焼や備前焼に比べ鉄分が多く派手さに劣るなど陶土自体が茶陶に合わなかったためであろう。こうして江戸時代には現在の織田（現在の福井県丹生郡越前町）の一部で越前焼が生産されていたものの、かつての勢いはなく、次第に忘れ去られていった。

この越前焼が再び息を吹き返したのは、戦後の混乱期からである。一九四五（昭和二〇）年、福井県窯業試験場が設立され技術基盤の強化、後継者の養成などが図られるとともに関係団体が次々と誕生し、陶器業界の飛躍的な充実がみられるようになった。さらに一九六〇年代半ばの全国的な陶器ブームの中で、「越前陶芸村」構想がわきあがり、その建設が進むにつれて徐々に窯元数や生産額も増加していった。

越前焼は、八〇〇年以上の古い歴史を持つ焼き物である。それだけに我々の生活に潤いと豊かさを与える産業として、今後も大いに発展して欲しいものである。こうした中、福井県では、二〇一七年の秋完成を目標に、越前焼きのブランド力を高めるため中世の越前焼研究の第一人者、故水野九右衛門氏の復元家屋と約三万七〇〇〇点のコレクションを展示する施設を越前陶芸村内に整備する計画を公表している。

越前箪笥

越前市内を散策するとタンス町という一角に出くわす。明治期、多くの箪笥職人がこの地で開業し、この町並みを形成したと聞く。当時のタンス町では、秋の収穫後に一番の賑わいをみせ、嫁入り前の娘を連れた親が、その道具の箪笥や長持、鏡台などを品定めに来たらしい。

ところで、この越前箪笥の起源については、法隆寺にある国宝、橘夫人厨子（七－八世紀）の台座に「越前」と筆で墨書されていたことが手がかりとなっており、これを基に想定すれば、既に奈良時代にはその原型が存在したのではとされる。この地は、古代から渡来人などとともに様々な技術・文化がこの地を往来し、箪笥の起源も古代近くまで遡って考えられても仕方ない。ただ、越前箪笥としてその文化が始まったのは江戸時代後期といわれる。越前府中の指物師が能面などを造る傍ら、お膳風呂や板戸を創り始め、この時期、本格的に箪笥造りも始まったらしい。

越前箪笥の特徴は、無垢材を使用し、釘を使わないほぞ接ぎ技法が使われること。また、表面は漆塗りで飾り金具は越前打刃物技術が使われている。その技法は江戸後期から一切変わらず、高級品はすべてケヤキ材を用い、塗装法も春慶塗や呂色塗など。「越前箪笥は二割高い」と言われるほど、材料の厳選、仕口の吟味、従来技法の伝承など、職人のこだわりが今もなお守り受け継がれているのである。

(2) 未来産業として

これまで、福井県の伝統的工芸品産業七つを紹介したが、これら産業を取り巻く環境をみると、後継者難、需要の低迷、ブランド力の欠如、新製品の開発難、資源の確保難、閉鎖的な流通問題など様々な課題を内在していることも事実である。ただ、ここにきて福井県内での動きをみると、多様な課題に直面している産地ではあるが、これら伝統的工芸品に新たなビジネスモデルを投入して産地を活性化させようとする取り組みもみられるようになった。それは、株式会社キッソオ、ディレクター熊本雄馬氏を発起人とする「七人の侍」の活動である。彼らの目的は、第一に、伝統技術を使い現代市場にあったモダンなモノづくりを展開し、そのモノを流通させること。第二に、イベントを通して一五〇〇年前から続く歴史、伝統、文化、モノづくりの精神、福井の誇りを発信すること。第三に、福井の七つの伝統的工芸品をまとめて福井のブランドにすることなどである。ちなみに、彼らの活動状況をみると、既に七つの伝統的工芸品をベースとしたアクセサリー、バック、インテリア用品など新商品の開発、それを基に県内外でファッションショーを開催するなど、市場に向けた多彩な試みが実践されている。こうした動きから捉えられることは、福井の伝統的工芸品産業が、〝伝統的〟という長いトンネルから抜け出し、今まさに未来産業＝トレンディー産業として動き始めたという事実ではなかろうか。

コラム－4

福井の繊維産業と「福井人絹取引所」

福井県の繊維産業を語るうえで忘れてはならない歴史の一つに「福井人絹取引所」（一九三二－一九七五年）がある。そもそも、人絹とは天然の絹糸をまねて造った化学繊維（人造絹糸）で、特にフィラメント（長繊維）で織られたものはレーヨンとも呼ばれる。第一次世界大戦が終わった後の一九二〇年恐慌を契機に、それまで一世を風靡した絹織物輸出が陰りを見せ始め、これに代わってのデビューとなった。

日本で人絹糸メーカーが勃興するのは大戦期になってからだが、その後二〇年たらずで日本は世界最大の人絹工業国となったのである。当初、人絹はフィラメントを主体に製造されたため、製織はおもに従来の輸出羽二重産地で行われた。福井県では、綿糸を経糸に用いる交織織物の製織をへて、昭和初年には緯糸・経糸ともに人絹を用いる双人絹織物の生産が本格化、昭和三年末には県内の人絹糸の消費量が生糸のそれを凌ぐまでになったという。こうして、福井産地は、旧大野郡、旧今立郡などで織機一〇〇〇台を超える大工場が現れるなど日本の中でも人絹織物の主要産地として急成長を遂げていったのである。特に、嶺北の農村部では、子女の織物工場への通勤や寄宿舎への入寮が増加し、さらに自家経営に乗り出す農家も増え、農村恐慌の打撃が機業からの現金収入により緩和されていったという。

一方、人絹織物業の隆盛は人絹糸取引の活発化を招き、福井市場は全国の人絹糸の標準相場を形成する市場として活況を呈するようになった。しかし、「オッパ取引」（取引所の代わりにブローカーが間に入って取引を成立させる商人間の取引で、証拠金を払わずに随時大量の売買を扱う取引）と呼ばれた投機的な取引が行われるようになり、産元商社に加え県外から多数の商社が福井市場に進出し「オッパ取引」が拡大することとなった。ところで、この「オッパ」という意味は、福井県編『福井県史通史編六　近現代二』〔一九九六〕によれば、約定限月中いついかなるときに受け渡してもよい、すなわち売手側の「オツ放し」（であること）からきているという（福井県織物同業組合『五十年史』）。また相場用語で「オッパル」すなわち「賭け事で、何両オッパッタとか何円オッパッタとかいう様に通俗語を相場用語にした」（日本人絹連合通信社『日本人絹発達史』上）、あるいは、福井方言に「やりっぱなし」という意味で「オッパッパ」という語があり、これを語源としたという説もある（横浜正金銀行頭取席調査課『輸出貿易を中心として見たレーヨン問題概観』）。いずれにせよ「オッパ取引」という語は、一九三〇年四月、大阪で行われた全国人絹糸特約店研究会の席上で話題になったことから全国に知られたといわれる（山崎広明『日本化繊産業発達史論』）。

しかし、昭和恐慌が進展する中で、次第に思惑外れによる紛糾や相場の乱高下による機業への影響が問題視されるようになり、人絹の正常な取引方法として、取引所内で銘柄別に清算取引をする人絹取引所の設置が望まれるようになった。

　福井人絹取引所は、大阪・東京と三者競願のなかで地元政界・実業界をあげての激しい陳情運動の結果、ようやく一九三二年四月に正式認可を得て五月に設立された。この設立で特に尽力したのが初代理事長に就任した西野藤助氏である。同氏は、取引所創設後の第二の事業として、人絹業界の将来における飛躍的な発展に備えるため、福井を象徴し得るような社交機関の設置が必要とし、同氏の私財と人絹糸メーカーの寄付金により一九三七（昭和一二）年、福井人絹会館が設立され、その後、福井人絹取引所はその新しい福井人絹会館内に移転することになる。

　その後、人絹取引所は、戦争による九年間の中断期間を除いて実質三四年にわたって、福井県の繊維産業のみならず、全国の人絹織物業にとり極めて重要な施設となった。日本の人絹糸布業の発展に重要な役割を果したのである。

第5章　非製造業

一　地域間競争の中での商業・サービス業（特に観光業に絞って）

(1) 商業（「福井方式」による共同店舗運営の特徴）

あれはもう半世紀も前の事であろうか。筆者が子どものころ街中を歩くと、砂利道、べと道（「べと」とは、福井の方言で土のことを指す）の道路脇いたるところに様々な店屋《みせや》が立ち並んでいたことを覚えている。筆者の実家があった町も平成の市町村合併にて今は無くなってしまったが、当時は家を出て通りを一〇〇メートルばかり歩く間に、おそらく一〇軒あまりの個人商店があったことを思い出す。八百屋、魚屋、駄菓子屋、釣具屋、雑貨屋、文房具屋、薬屋、酒屋、米屋、豆腐屋、あげればきりがない。

それが、モータリゼーションの進展にともない、一九八〇年あたりから街の中から個人商店が消え始め、その代わりに郊外で新たな商業集積が出来上がっていった。そして現在では、福井県は全国的にみても、小売商業集積地区の中で郊外型店の割合が最も高い地域として知られている。例えば、ちょっとデータは古いが県都福井市でも、二〇〇七年現在で同市の一大商業ゾーン、大和田地区（大和田町ロードサイド商業集積地区）では、店舗数一五九件（福井市全体の四・九％）、各店舗の売場面積は八万五五一九平方メートル（同一七・七％）、同地区の従業者数で二二五一人（同一〇・七％）を数え、各店舗の年間販売額は総計五六五億円（同一四・六％）の規模にあり、同市中心市街地にある駅前商店街の二・六倍の販売額を擁している。

このように、福井県は郊外型の商業集積が顕著となっているが、ここではその中核的存在である大型店（スーパーマーケットなど）の歴史を少しばかり振り返ってみることにしよう。まず、福井県で最も古いいわゆる大型店の走りは一九五六年、福井市駅前に誕生した「ハギレヤ」がはじまりといわれている。その後、福井駅周辺では、一九六六年に繊協ビル内にできた共同店舗「ニューまるせん」が、翌年（一九六七年）には初の県外資本によるスーパー「ほていや」（現在のユニー）が、一九七一年には「ファッションランド・パル」（ジャスコ）がオープンし、唯一の百貨店「だるま屋」が西武百貨店と業務提携するなどして、福井市の中心部では小売業の熾烈な競争時代を迎えた。

その後、小売業間の戦場は徐々に郊外へとシフトしていく。その始まりが、一九七七年一一月に地元専門店主導で誕生した大型小売店「フクイショッピングプラザ・ピア」（ジャスコとの共同店舗・売場面積一万四〇〇〇平方メートル）、一九八〇年四月には「ゴールドショッピングセンター・ベル」（平和堂との共同店舗・売場面積一万二〇〇〇平方メートル）がそれぞれオープン、同年五月には百貨店「だるまや西武」（売場面積一万三八〇〇平方メートル）もリニューアルオープンして年間売上一〇〇億円を超える大型店三店舗が勢ぞろいするなど、福井市中心部と郊外型店という大型店同士の対極構造により商業地図が大きくぬりかえられることとなった。

福井市内ではこうした動きがその後も続き、八〇年代から九〇年代にかけ「パリオ」、「アピタ」、「ワッセ」、「エルパ」などの共同店舗のほか、ホームセンター、家電量販店、ドラッグストアなどの郊外型の大型専門店が続々と登場し、郊外での商業集積が進んでいった。

ところで、福井県の場合、こうした大型店の出店に際し、地元の小売業者が中心的存在となって共同店舗を構成し出店するケースが多くみられた。いわゆる「福井方式」と呼ばれる出店の仕方である。全国的にみて、ショッピングセンターを建設する場合、大手流通業者が開発者となり、地元の小売業者はテナントとして入店するケースが多い。しかし、福井県の場合、その先行事例が「ピア」や「ベル」であるように、まず地元小売業者が協同組合を組織し地元主導で自らが開発者となり大手流通業者を呼び込むといった出店形式を採った。このやり方は、当時、全国的にみても大変珍しい方式であり、後に「福井方式」と呼ばれ、県内はもとより全国のモデルケースとなった。この「福井方式」は、福井市駅前再開発構想の中で当時小売業界トップのダイエーを誘致する計画を地元小売業者が阻止する手段として大いに役に立った戦法であったらしい。

表5-1　食料品スーパーとドラッグストアの業態別推移（全国，北陸3県）

（従業者数：全国は千人，その他は人，販売額：全国は10億円，その他は億円）

		全国			北陸			富山		石川		福井	
		H14	H24	増減率	H14	H24	増減率	H24	増減率	H24	増減率	H24	増減率
食料品スーパー	事業所数	17,691	16,290	▲7.9%	533	453	▲15.0%	146	▲28.1%	168	▲13.8%	139	3.0%
	従業者数	783	871	11.2%	18,897	18,519	▲2.0%	6,512	▲12.7%	6,329	▲5.7%	5,678	20.1%
	年間商品販売額	15,904	16,829	5.8%	4,197	4,078	▲2.8%	1,479	▲8.7%	1,389	▲3.8%	1,210	6.8%
	売り場面積（千㎡）	16,386	20,716	26.4%	422	549	30.1%	177	4.2%	205	46.0%	168	49.4%
	売上高/㎡（万円）	97	81	▲16.5%	99	74	▲25.3%	84	▲11.9%	68	▲34.1%	72	▲28.7%
ドラッグストア	事業所数	14,664	14,872	1.4%	384	504	31.3%	182	61.1%	201	14.2%	121	27.4%
	従業者数	114	171	50.4%	2,899	7,033	142.9%	2,387	167.6%	2,986	96.8%	1,660	238.8%
	年間商品販売額	2,495	3,804	52.5%	580	1,331	129.2%	390	107.6%	530	87.9%	411	271.1%
	売り場面積（千㎡）	3,227	6,458	100.1%	103	329	220.0%	112	200.3%	119	150.5%	97	447.7%
	売上高/㎡（万円）	77	59	▲23.5%	57	40	▲28.4%	35	▲30.3%	44	▲24.8%	42	▲31.9%

注：ここで言う「食料品スーパー」とは，セルフ方式を採用し，売り場面積が250㎡以上で，専門スーパーのうち食に関わる取扱高が70%以上の事業所.

資料：経済産業省「平成14年商業統計表」と総務省・経済産業省「平成24年経済センサス――活動調査卸売業，小売業業態別統計編（小売業）」.

いずれにせよ、〝地元の商業は、地元の小売業者が中心となり守る〟といった福井県独特の考え方、そこから生まれた「福井方式」による共同店舗運営は、まさに福井モンロー主義（業界間での棲み分けの徹底、不干渉主義）とでもいうべき考え方として、地元商業者が福井の商圏を守り抜くことに成功したことは間違いない。しかし見方を変えると、「福井方式」は、地元商業者の利益を守るといった点では大いに評価できるが、半面、意にそぐわない流通業者を排除できる仕組みでもあるだけに、時代変化、市場ニーズの変化に機敏に対応し得るやり方か否か、すなわち長期的スパンで考えれば、地元商業者の競争力を長く維持、強化する手段として機能するものかどうかという点では若干の疑問も残るやり方と言わざるを得ない。つまり、集積内に適度な競合状態があってこそ、互いが競い合い進化することが可能なのではないか。

こうした状況の中、福井県商業全体ではいったいどのような状況となっているのか。平成二四年経済センサス活動調査の中から、小売業の事業所数をみると、総計八四三二件で五年前（平成一九年福井県商業統計調査）の平成一九年比一〇・一％減、従業者数は五万二八〇人で同三・二％減、年間商品販売額は七三三五億円で同一八・九％減と、いずれも前回調査を下回っている。しかし、福井県の場合、**表5-1**を見ると、業態別では特に食料品スーパーとドラッグストアの伸びが安定していることがわかる。これは、業界内の競争が緩やかであることと、業態間の棲み分けがきっちりなされている、いわゆる福井モンロー主義の表れなのかも知れない。

(2) サービス業（特に、観光業に絞って）

ここでは、数あるサービス業の中から観光業に絞って述べることにしたい。なぜなら、観光業は地域経済への波及効果も高く多様な業種に影響を及ぼすため、観光業を主要産業として位置づけている国や地域も多いこと、特に日本では、現在、外国人の誘客に力を入れるなど同業種に注力しているからである。ただ、観光業といっても、旅行業（旅行代理店など）、宿泊業（観光ホテルなど）、飲食業、運輸業（航空会社、バス会社など）、製造業（名産品、お土産製造など）と極めて多岐にわたるため、日本標準産業分類では業種として存在していない。そこで、ここでは福井県の観光関連施設や観光入込客数の状況を分析することで、福井県での観光業の実態をながめてみよう。

まず、福井県が毎年実施している『福井県観光客入込数（推計）』から二〇一四（平成二六）年の結果をみると、総観光客（述べ人数）は、二〇一四年で二六二五万人、前年比七・九％の増加（実人数では

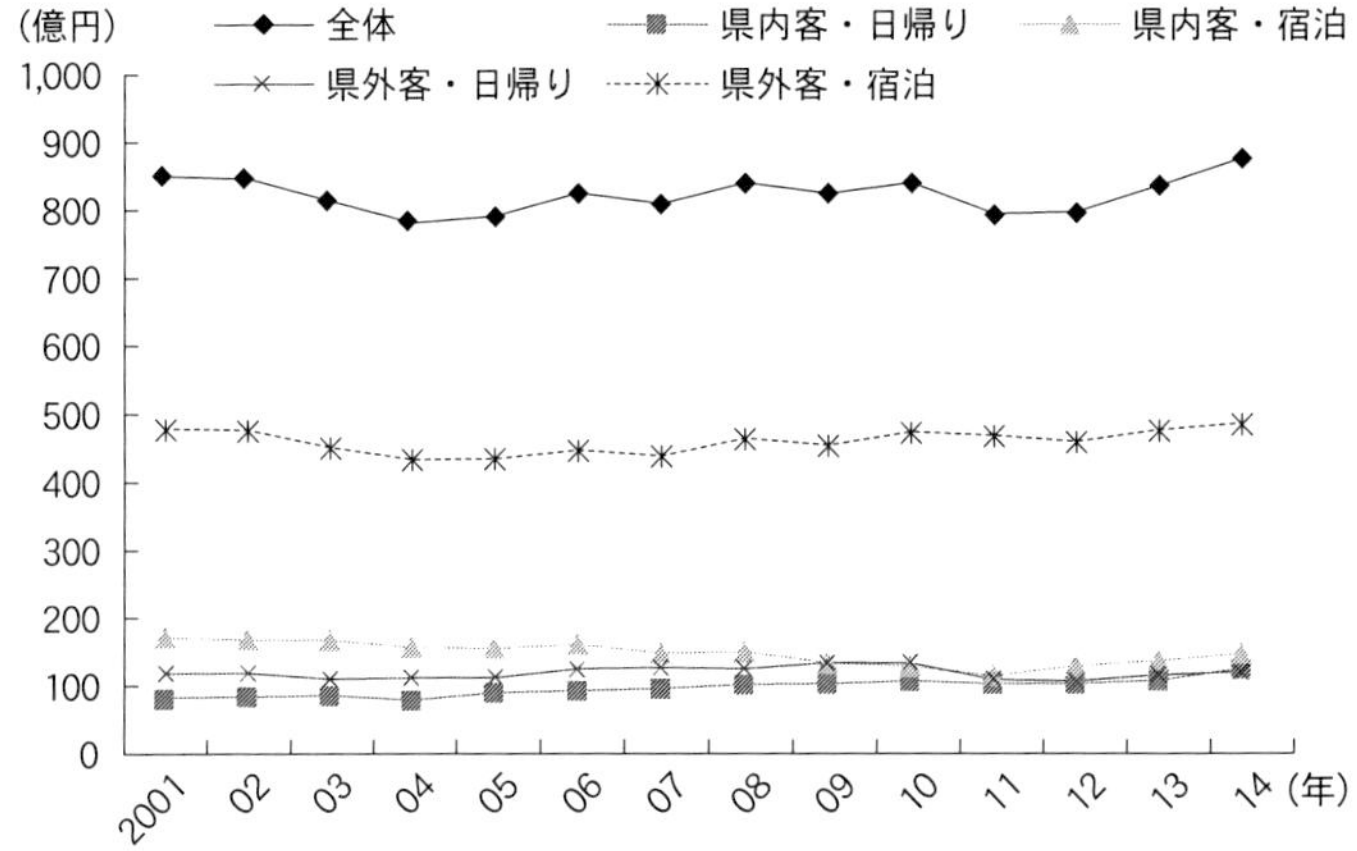

図5-1　福井県内での観光消費額

資料：福井県観光営業部.

一一三一万人（前年比九・四％増）となっている。また、その観光消費額は、八七六億円で前年比四・八％の増加である（**図5-1**）。ちなみに、ややデータ（福井県観光振興課『平成一六年観光客動向調査基礎資料』から）は古いが観光客一人あたりの平均観光消費額をみると、県内客の場合、日帰り客が一一一六円、宿泊客が二万四七〇円。県外客の場合、日帰り客が四三〇六円、宿泊客が二万五四七三円程度らしい。こうしたデータをみる限り、最も消費額が多い県外から来る宿泊客をどう伸ばすかが観光業における今後の鍵と言えそうだ。ちなみに、発地別内訳をみると、延べ人数で全体の五五％（一四四五万人）、実人数では四一％（四六九万人）が県外客であり、そのうち関西圏からの客が全体の四割、中京圏が三割弱、北陸圏が二割弱、残り一割弱が関東圏となっている。

二〇一四年の主な観光地別では、東尋坊の一一八万人をトップに、西山公園九二万人、大野まちなか観光八九万人、あわら温泉八七万人、恐竜博物館・かつやま恐竜の森七六万人と続く。

現在のところ全国的にみて、県内に冠たる観光地は少ないものの、一乗谷朝倉氏遺跡や平泉寺白山神社など磨けば光る観光拠点も多いのではないか。要は、入込数の少ない関東圏からあるいは中国地方までを視野に入れた誘客をどう図るかが重要だ。これには舞鶴若狭自動車道の全線開通の経済効果や北陸新幹線金沢開業による経済効果をつかむための観光ビジネスや人的交流ネットワークの構築、もっと言えば、金沢、高山、郡上八幡、京都などの主要観光都市との観光ネットワークの構築、二次交通網の整備などを速やかに、かつしたたかに図ることが重要ではなかろうか。

二　域内需要に恵まれた建設業

(1) 〝建設大国〟福井

福井県は、かつて建設王国と呼ばれたように、土木・建設分野では全国的に名高い企業が数多く誕生した地域として知られている。参考までにこれまでの福井県における建設業界の歩みをみると、一八八三（明治一六）年には鹿島建設が、一九一九（大正八）年には前田建設が、一九二四（大正一三）年には熊谷組が創業し、明治から大正、昭和にかけてダムや鉄道などの本格的な土木工事を手掛けながら大いに発展を遂げてきた。

この要因の一つとしてよく言われることは、福井の場合、一九四五（昭和二〇）年の戦災をはじめ、

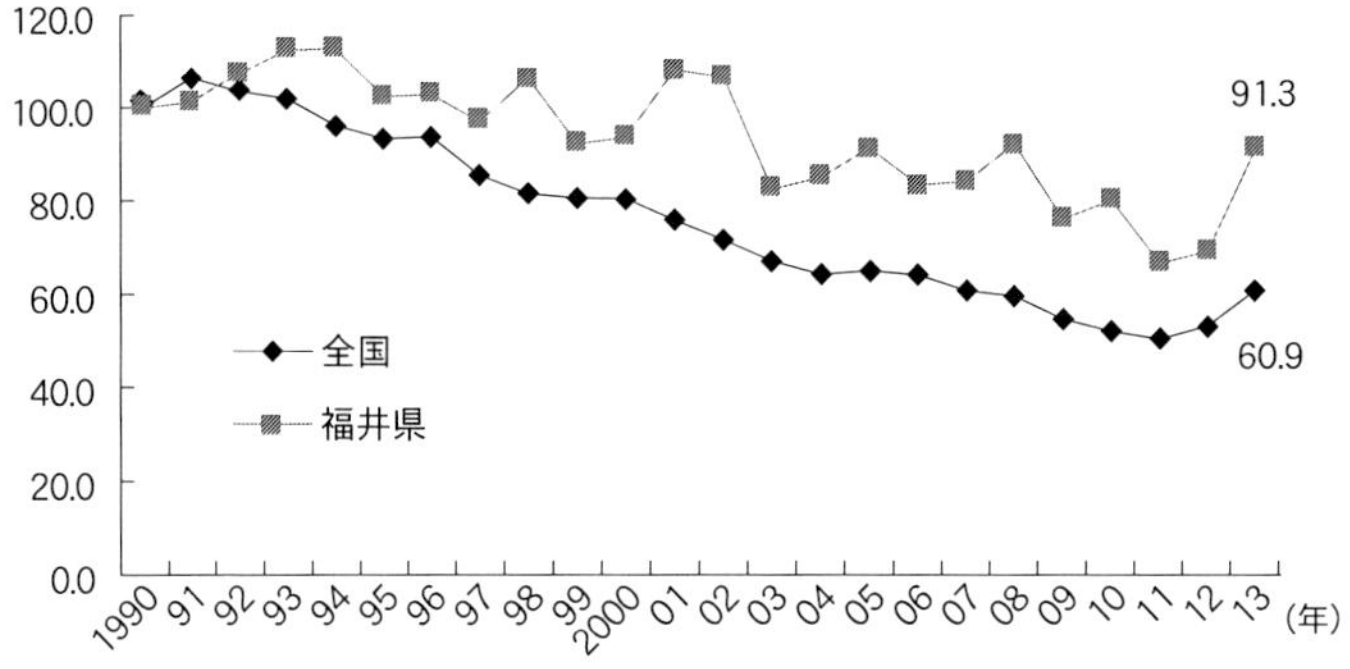

図5-2　建設投資額の推移（指数　1990年=100）

資料：国土交通省「建設総合統計ー出来高ベース」より.

地勢や気象条件からみて台風などの集中豪雨、降雪などに見舞われやすい地域であったことである。こうした災害復旧事業はもとより、河川、道路、砂防、港湾等の公共土木施設の拡充整備も急がれたことから、これらに関連する工事の増加が業者の増加に結びついたものと考えられている。

ちなみに、近年の域内での投資総額をみると、二〇一三年現在、四九三八億円で全国の約一%程度を占めている。内訳は、民間投資が二〇八八億円（うち建築が一三六五億円、土木七二三億円）、公共投資が二八四九億円（うち建築が三三五億円、土木二五一四億円）となっているほか、前述（第2章）のように域内GDPに占める割合も五・八%を占め、全国（二〇一一年度、五・〇%）と比較した福井県の建設投資の割合は比較的高い水準にあることがわかる。

また、建設投資額の推移をみると、減少幅は全国に比べれば小さく、地域としては悪いながらも建設投資が堅調に推移してきたことがうかがえる。例えば、建設投資全体

表5-2　建設業の事業所規模別動向

項　目	全国		福井県		全国		福井県	
	事業所数（件）	構成比（％）	事業所数（件）	構成比（％）	従業員数（人）	構成比（％）	従業員数（人）	構成比（％）
総計	548,861	100.0	5,826	100.0	4,144,037	100.0	38,522	100.0
4人以下	378,130	68.9	4,113	70.6	1,185,343	28.6	11,849	30.8
5-9人	94,170	17.2	969	16.6	827,989	20.0	8,423	21.9
10-19人	49,002	8.9	499	8.6	780,709	18.8	7,839	20.3
20～29人	13,493	2.5	137	2.4	360,185	8.7	3,639	9.4
30-49人	8,296	1.5	69	1.2	338,088	8.2	2,788	7.2
50-99人	4,122	0.8	29	0.5	291,999	7.0	2,054	5.3
100-199人	1,192	0.2	8	0.1	167,089	4.0	1,175	3.1
200-299人	260	0.0	1	0.0	64,347	1.6	282	0.7
300人以上	196	0.0	1	0.0	128,288	3.1	473	1.2

資料：経済産業省「事業所・企業統計調査」2006年.

では、一九九〇年を一〇〇として、二〇一三年現在、全国は六〇・九の水準にあるのに対し、福井県は九一・三の水準（図5-2）となっており、福井県の場合、全国水準とは別に比較的恵まれた建設需要が発生していたことがわかる。特に、二〇一二年以降は、東日本大震災関連の復旧工事（全国の場合）や国土強靭化政策など政府の国土政策、さらに景気の回復基調などから、福井のような地方圏においても公共工事は無論のこと民間工事についても需要の増加がみられ、この傾向はいましばらく続くことが予想されている。

(2) 夢のある建設業界への転身を目指して

以上のように、全国的に厳しさを増す業界にあって、福井県の場合、どちらかといえば恵まれた市場環境にあった建設業ではあるが、同業界をよくよくみると、多様な悩みを抱えている事実も見逃せない。例えば、小規模事業所が多いこと。地域の建設業の企業規模をみると、零細規模の業者が多数乱立し、過当競争を繰り返しているのが実情である。ややデータは古いが、

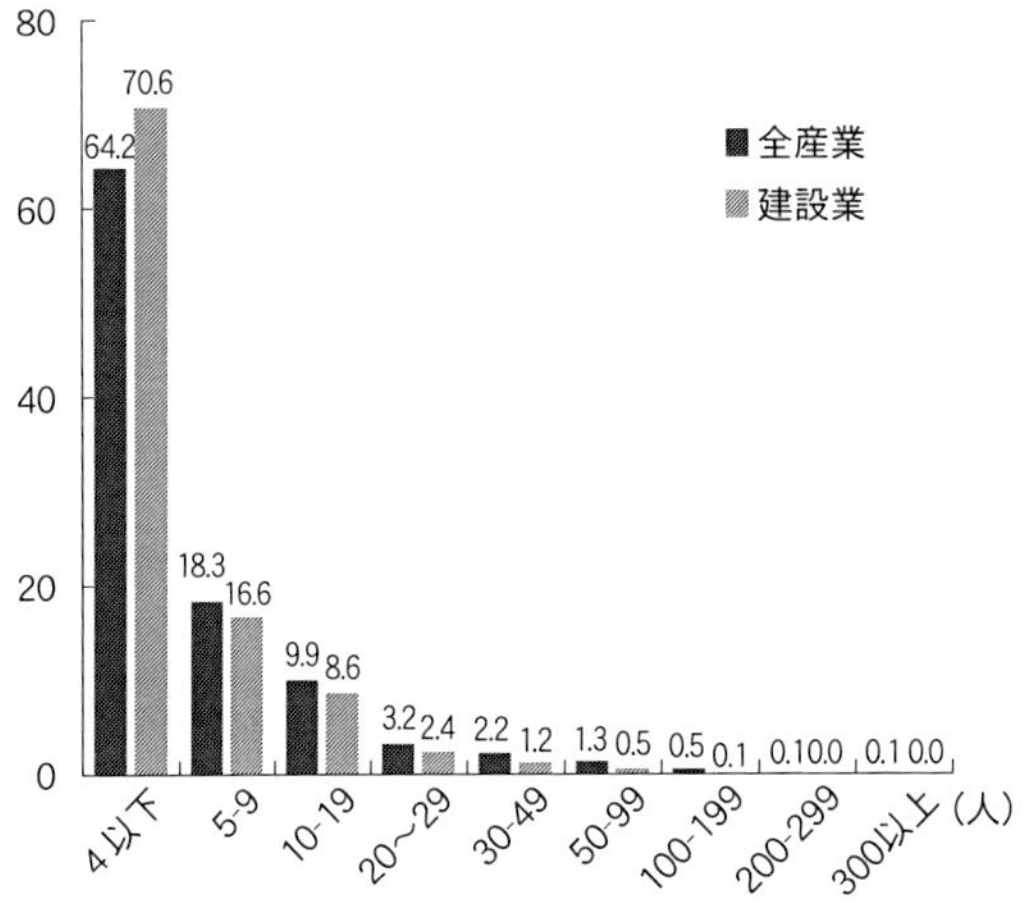

図5-3　福井県の全産業との比較

資料：経済産業省「事業所・企業統計調査」2006年.

事業所・企業統計調査（二〇〇六年）から建設業の事業所数をみると、全国の五四万八八六一件に対し、福井県は五八二五件で全国の一・一％を占めている。これに対し、従業者数は全国の四一〇万人に対し、福井県は三万八〇〇〇人で、全国比〇・九％となり、このことから事業所数の割に従業者数は少ないこと、すなわち小規模零細企業の多いことがうかがえる。ちなみに、従業員規模別の事業所割合でみると、「四人以下」の事業所割合は、福井県全体では六四・二％であるのに対し、建設業は七〇・六％と福井県の平均を六・四ポイントも上回っている。さらに言うと、建設業で「二〇〇人以上」の事業所は福井県に見当たらない（**表5-3**）。つまり、福井県の建設業は、全国的にみても小規模事業所が多い地域にあって、さらに小規模事業所のウエイトが極めて高い零細性の強い業界なのである（図5-3）。そして、建設業界のこうした現状は、今後予想されるであろう下請企業に対する条件の厳格化などから、ゼネコンの下請から漏れる企業や入札が取れず受注環境がさらに厳しくなる企業が増加することが懸念される。また、公共工事などで基準となる設計単価と現実の単価の間にギャップがあり、採算が合わないなどの問題も業界を苦しめている。

それにも増して深刻な問題は、人手不足からどう離脱するかであろう。建設業界は、他の業種と比べても人手が集まりにくい、「きつい」、「汚い」、「危険」といった3K労働には、若者を中心に人が来ない。労働力不足がピークに達していることは誰もが認める事実である。こうしたイメージを払しょくするため、業界では地元高校生に現場見学などを実施して、業界の素晴らしさを少しでも理解してもらうことに努めている。「衣・食・住」、これは人間が生きていくための必須条件である。その〝住〟に関連する建設業は私達にとってなくてはならない業界なのである。多様化する現代社会では、卸・小売業、製造業など既存の産業は無論のこと、ＩＴＣ関連の仕事、企画・開発関連の仕事、医療・福祉関連の仕事など一見華々しい仕事に魅力を感じるのは当然である。しかし、建設業の魅力も素晴らしい。3Kと言われる建設業ではあるが、その素晴らしさを、今まさに再確認すべき時ではないか。建設業に携わり仕上がったモノ、例えば、橋梁、トンネルなどは携わった人が現世からいなくなっても、何世紀もちゃんと存在していることを忘れてはならない。〝モノを造る〟、〝無から有を生み出す〟そして〝私達の国土を守る〟こんな夢のある産業は他に存在しない、そのことを多くの人に理解してもらいたいものだ。

三　転換期の原子力産業

(1) 何故、福井県に原子力発電所が集中立地したのか

日本に原子力発電所が立地し始めて半世紀あまりが過ぎた。一九五五（昭和三〇）年、発端となる財団法人日本原子力研究所が設置されてからのことである。ちょうどその頃、日本は高度経済成長期にあり、全国各地で企業誘致を軸とした地域開発が進められていた。原子力発電所の立地もまた、地域経済の活性化を図るため企業誘致と共通する期待感があったのであろう。福井県では、日本原子力発電所の研究用原子炉を関西に建設する計画が予定候補地の反対から難航したのを契機に、福井県原子力懇談会が中心となって、その研究用原子炉を福井県に誘致しようという運動が惹起されたのである。そして、遠敷郡上中町（現在の三方上中郡若狭町）と坂井郡川西町（現在の福井市）が名乗りを上げた。一九六〇（昭和三五）年のことである。

それまでの福井県では、「後進県からの脱却」を目指して、真名川総合開発と奥越電源開発、福井臨海工業地帯の整備を二本柱に地域開発が展開されていたが、当時の全国的な流れとして、福井県でも原子力発電所の立地が重化学工業の誘致と同様のものとして捉えられたのであろう。早くから原子力懇談会を設立していた福井県では急速に原子力発電所誘致の機運が高まっていった。ただ、最初に名乗りを上げた上中町は住民の合意が得られず、川西町も立地要件とされた地下五〇メートル以内に

堅固な岩盤が発見されず候補地から脱落。しかし、日本原電の当初からの思いである〝茨城県東海村に次ぐ商業用二号炉は関西方面の日本海側に設置する〟とする方針は曲げられることはなく、次に浮上した有力候補地が福井県敦賀市であった。こうして福井県では、日本原電が敦賀側を、関西電力が美浜側を開発することが決定し、福井県に原子力発電所が集中立地することとなっていった。その結果、一九六七（昭和四二）年から建設が始まった原子力発電所は、一九六〇年代後半から七〇年代初頭にかけ嶺南地域に立地が進み、ピーク時には関西電力の商業用原子炉を中心に大飯・高浜を合わせ一五基にまで達した。

(2) 原子力発電所立地地域からみたエネルギー政策とはどうあるべきか

二〇一一年三月一一日、突如発生した東日本大震災とそれにともなう東京電力福島第一原子力発電所の事故は、これまでの原子力政策を大きく見直す契機となった。そして、当時の民主党政権下で「革新的エネルギー・環境戦略」が策定された。それは、エネルギーミックスの選択肢を中心に論議されたものであるが、大きな問題点の一つに地域の視点が欠けていることであった。エネルギー政策の再見直しには地域の視点を反映することが必要である。こうした観点から、福井県立大学地域経済研究所では、二〇一三年、『原子力発電所と地域経済の将来展望に関する研究』と題して、エネルギー政策の再見直しの方向性を地域の視点から提示した。ここでは、その主要な内容を紹介しよう。

①「あるべき姿」の目標時期を二〇六〇年頃に

「革新的エネルギー・環境戦略」では「あるべき姿」として二〇三〇年のエネルギーミックスを描いているが、原子力発電所の計画から運転までの時間（リードタイム）を考慮すると二〇三〇年は現実的ではない。エネルギーミックスの再見直しで「あるべき姿」を描くとすれば二〇六〇年頃を基準に方向性を示すべきではないか。

②再生可能エネルギーの見通しに地域の視点を十分含めること

再生可能エネルギーは、地域による気象条件や自然条件などで生産性に格差が生まれる。そのため、地熱発電や風力発電の適地は北海道や東北、九州に集中し、水力発電は北陸、東京、中部および東北に集中している。太陽光発電は建造物に設置されることから人口密集地の都心部ほど高い。つまり、再生可能エネルギーは必ずしも地方分散型の電源とはいえない。さらに、原子力発電が大量消費する大都市圏の電源として利用されてきた実態と合わせ考えれば、再生可能エネルギーが普及しても原子力発電の代替エネルギーとなりうる余地は限られてくる。とりわけ関西地方周辺の再生可能エネルギーの適地は少ないことから、大都市圏の電力供給は原子力発電によることが現実的である。

③原子力発電の見通しに地域の視点を含めること

原子力発電所が稼働してから半世紀を迎える現在まで、国と立地地域の信頼関係が原子力政策の展開を可能にしてきた。特に、福井県は県民の安全確保を図る立場から事業者との安全協定の締結や独自の安全対策を他の地域に先駆けて実施、国の安全規制強化にも寄与してきた。どのような政策でも、当事者の理解と行動なしに実現することはありえない。エネルギー政策の推進に立地地域の理解が不可欠であることは原子力政策の展開から明らかである。エネルギーミックスの再見直しに際しては立地地域との信頼関係を軸に、地域の視点を十分に踏まえなければならない。

④立地地域の経済的影響を十分に考慮すること

原子力発電の在り方を考えるうえで、立地地域の経済的影響に配慮することは重要である。立地地域の多くは人口の少ない町村で、一つの地域に複数の原子力発電所が集積していることから、地域経済に占める原子力発電および関連産業の割合が極めて高い。従って、原子力政策の在り方が地域経済に大きな影響を与えることになり、国内ではほとんどの原子力発電所が停止している現在、既に立地地域の経済情勢が悪化している事実は云うに及ばない。今後の原子力政策については、原子力発電所が地域経済活性化に果たした役割を十分に検証し、立地地域に配慮した政策形成を行わなければならない。

⑤原子力発電の安全性向上を依存度だけの問題にしないこと

エネルギーミックス見直しの背景には福島原発の事故があり、原子力発電所の安全性への配慮から依存度の提言と二〇三〇年代の稼働ゼロが「革新的エネルギー・環境戦略」によって提起された。しかしながら、原子力発電所の安全性は依存度だけで測れるものではない。一九七五年から始まった原子力発電所の改良標準化計画は一九八五年までに第三次までを終え、現在は次世代軽水炉の開発が進められている。計画には電力会社、メーカーが参加しており、第二次、第三次改良標準化などプラント全体は技術的に安全性が数段向上していると考えられる。より安全な原子力発電所を運転することが重要ではなかろうか。

また、一基ごとの出力も向上しており、敦賀三・四号機では各一五〇万キロワットを超え敦賀一号機の四倍以上となる。原子力発電への依存度が出力だけでなく基数でも考えられるとすれば、安全性の向上した新しい原子力発電所を運転しながら、長期的リプレースを視野に入れることが必要かも知れない。

⑥原子力政策に対する国際的な視点の導入

福島第一原子力発電所の事故は、世界第三位の原子力大国で有数の技術大国でもある日本で発生したことから、世界的に大きな衝撃を与えた。それでも世界の大勢は原子力支持のままであり、この中で日本が原発ゼロを目指すのは、蓄積してきた技術基盤・人材基盤を失うだけでなく、国際社会において原子力の平和利用やエネルギー・環境問題、新興国の技術協力が不可能となる。福島原発の事故で得た新たな知見・知識を世界に積極的に発信するとともに、日本の持てる技術力を最大限に活用し、世界の原子力発電所の安全性向上に貢献していくことが責務ではなかろうか。また、廃炉技術で国際貢献をすべきという意見もあるが、原子力発電所の建設・保守やトラブル対応の技術と重なる分野が多くあるため、日本が廃炉技術で世界に貢献していくことも原子力発電を一定割合で継続していくことが求められる。

以上、エネルギー政策見直しの方向性について、地域の視点を盛り込みながら紹介した。その後、自民党への政権交代を受けて新たなエネルギーミックスが議論され、二〇一四年四月に「エネルギー基本計画」が策定された。二〇三〇年における原子力発電への依存度は「革新的エネルギー・環境戦略」と大きく異なるものの、ここで提示した再見直しの方向性が十分考慮されているとは言いがたい。今後も、エネルギー政策に地域の視点を反映することが必要である。確かに、原子力発電所が立地し始めた半世紀前は、日本は高度成長期にあり、全国各地で企業誘致を軸とした地域開発が進められてきた。原子力発電所の立地もまた、地域経済の活性化を図るための企業誘致と共通する期待が集まったのであろう。しかし、地域開発の在り方も成長から成熟へと転換した。また、産業構造も重厚長大型から軽薄短小型へと変化する中で、地域においても都市再生政策として大規模産業プロジェクトや容易に海外に移転する製造業ではなく、地域の特徴を活かした、高度な知的労働者による小規模な産業の創造が模索されるようになってきている。

こうした中で、これまでのような原子力産業一辺倒に依存する地域産業政策の在り方も、原子力発電所自体の一定の必要性を認めながらも、新たな産業分野の創造、育成へと目を向けることが必要な時代なのかも知れない。

コラム-5

福井県内での大型店出店の歴史

福井市内で、一九六〇年代後半から一九八〇（昭和五五）年までに開設された主要大型店は、「福井放送会館（一九六二年）」、「まるまん駅前店（一九六三年）」、「繊協ビル」など一六店舗を数える。これらの大型店のなかで、すでに述べた「ほていや」、「ジャスコ」以外では一九七五年に開設された「新田塚ファミリープラザ」が注目される。なぜなら、同プラザは、地元のスーパー資本・「ユース」が開設した福井市ではじめての郊外型ショッピングセンターであったためである。また、一九七九年に開設された「平和堂西福井店（本社彦根市）」は県外資本の福井市への再度の進出であった。しかし、これらの大型店でもっとも注目すべき点は、一九七七年に開設された「フクイショッピングプラザ・ピア」と、一九七〇年に開設された「ゴールドショッピングセンター・ベル」の開設により、福井市内の商業ゾーンが従来の駅前に加え、新たに郊外の南と北にその中心が形成され三つに分化されたことであろう。これにより、福井の商業は「三極分化」あるいは「三極構造」と呼ばれるようになる。

ところで、この頃には福井市以外の地域においてもスーパーや大型店の進出がみられるようになった。例えば、武生市（現在の越前市）では一九六一年以降、福井市に本店をもつ「ハギレヤ」、「三上」、「かがみや」、「ユース」などの支店が進出。一九六九年三月に県外資本である「いとはん（本社金沢）」が、武生駅前に進出した。同店は、地上二階建て、店舗面積二万三〇〇〇平方メートルの店舗で、下着類を中心に衣料品を取り扱ったらしい。このような店舗戦略を展開する「いとはん」はそれまでの「スーパーのカラーを打ち破った店舗構成」であったため、地元商店街に大きな影響を及ぼしたのである。また、一九七四年になると、武生市では県外資本である「平和堂」も進出した。

　一方、敦賀市においても、一九六〇年代に福井市に本店を有する「やなぎや」、「福進チェーン」などの出店がみられたが、一九七二年には県外資本である「平和堂」も進出している。地元敦賀市にとってははじめての大型店の進出であったため、大きな影響を及ぼしたという（大道安次郎『変貌する地方都市』）。

　そのほか、鯖江・大野・勝山・小浜の各市部、また郡部においても、一九六〇年代以降には、「ユース」や「福進チェーン」などの福井市のスーパーの出店がみられた。

　また、各市部、郡部においても、一九七〇年代にはショッピングセンターの開設が相次いだ。それらのショッピングセンターは、核店舗に県外あるいは福井市のスーパー資本などを入れ、地元の小売店が入居した。一九七三年の「三国ショッピングセンター」（開設場所は旧三国町、核店舗は福進チェーン）（以下同様）、一九七五年の「鯖江ショッピングセンター」（鯖江市、平和堂）、一九七六年の「神明ショッピングセンター・アゼリア（鯖江市、ユース・福進チェーン）」、「大野ショッピングセンター・スカイモール（大野市、ジャスコ）」、「芦原ハロータウン（旧芦原町、福進チェーン）」、一九七七年の「勝山サンプラザ（勝山市、福進チェーン）」、「松岡ショッピングセンター（旧松岡町、福進チェーン）」などである（福井商工会議所経済情報センター『福井県商業の推移』）。

　こうした県外資本の進出やショッピングセンターなどの開設により、福井県全体では、一九八〇年に店舗面積五〇〇平方メートル以上の大型店は、その売場面積において県下全体の三一％、およそ三分の一を占めるまでに至ったのである。

『福井商工会議所百年史』、『福井県史通史編六　近現代二』より

第Ⅲ部　光り輝く地域の企業

福井市グリフィス記念館
（筆者撮影）

第6章　地域企業の特徴

一　意外と多い長寿企業

(1) 長寿企業輩出率は三・二一%で、全国六位

厚生労働省が昨年七月に公表した日本人の平均寿命に関する資料をみると、二〇一四年現在、日本人の平均寿命は男性が八〇・五〇歳で世界第三位、女性が八六・八三歳で世界第一位を誇るらしい。一九九〇年のそれをみると、男性が七五・九二歳、女性が八一・九〇歳であったから、ここ二〇数年で男女とも五歳程度寿命を延ばしたことになる。

その間、企業の寿命はどうであったのか。九〇年代初頭といえば、九一年にちょうどバブルが弾け、それ以降、日本経済は長期の不況にあえいだ。当然、市場も多様化、高度化、複雑化、細分化さ

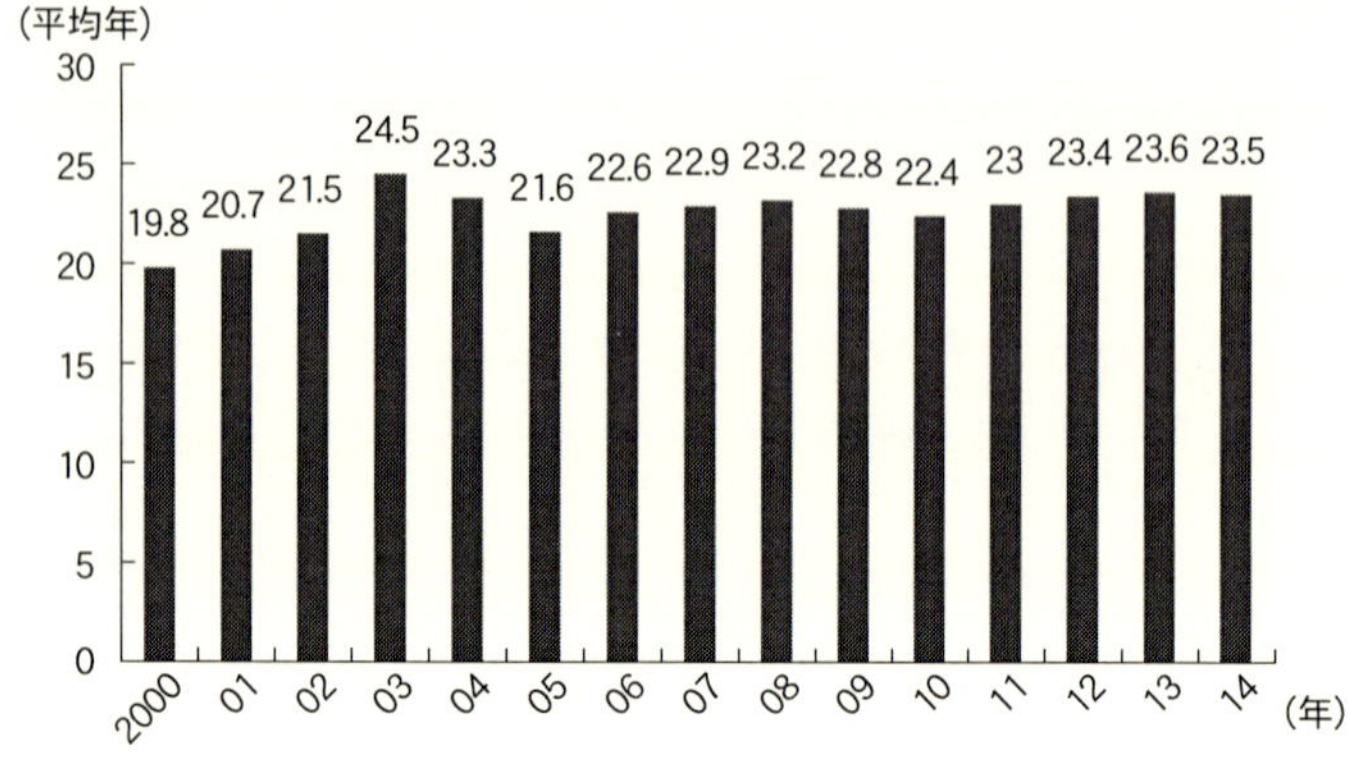

図6-1　倒産企業の平均寿命推移

資料：東京商工リサーチ［2014］.

れ、そして現在まで企業にとっては長い試練の時が続いた。一時期いわれた企業の寿命三〇年説もなかなか達成し難い時代であったことは間違いない。

ちなみに、東京商工リサーチが毎年調査している『倒産企業の平均寿命調査』によれば、二〇一四年の倒産企業の平均寿命は二三・五年で、このうち法人の平均寿命は二三・二年、個人企業が三〇・〇年だった。前年に比べ〇・一年短くなり、四年ぶりに平均寿命は前年を下回った。思えば、二〇〇九年一二月に中小企業金融円滑化法が施行されてからは倒産企業の平均寿命は三年連続で延び、政策効果が企業の延命となって表れた。しかし、二〇一四年は円安による原材料・仕入価格の高騰で、業歴一〇年未満の企業で事業を断念せざるを得なくなったケースも多く、平均寿命を押し下げた（**図6-1**）。

一方、帝国データバンクが、自社の企業概要ファイル「COSMOS2」（一四五万社収録）をもとに毎年

表6-1　都道府県別長寿企業輩出率，長寿企業数

都道府県別	長寿企業数			長寿企業輩出率	
	社	構成比（%）	順位	%	順位
京都府	1,163	4.3	5	4.00	1
山形県	610	2.2	16	3.91	2
島根県	353	1.3	29	3.72	3
新潟県	1,223	4.5	4	3.69	4
滋賀県	449	1.6	26	3.33	5
福井県	481	1.8	22	3.21	6
長野県	820	3.0	9	3.16	7
富山県	478	1.7	23	3.00	8
北海道	881	3.2	8	1.22	43
宮崎県	168	0.6	46	1.14	44
鹿児島県	185	0.7	44	1.09	45
神奈川県	760	2.8	10	1.07	46
沖縄県	19	0.1	47	0.12	47
総計	27,335			1.89	

資料：帝国データバンク［2014］.

実施する『長寿企業の実態調査』をみると，福井県には，二〇一四年現在，創業一〇〇年以上の長寿企業が四八一社（全国二万七三三五社）あり，全国の一・七%を占めている。長寿企業輩出率（長寿企業数÷全企業数）では三・二一%で全国六位であったらしい。つまり，福井県は長寿企業が意外と多い地域なのである（**表6-1**）。

業種別では，小売業（三三・五%），製造業（二九・三%），卸売業（一九・一%）の三業種で八一・九%に達しているほか，全国と比較すると小売業（福井県三三・五%，全国二七・〇%），製造業（福井県二九・三%，全国二四・一%）のウエイトが全国を五ポイント以上も上回っている。その半面，サービス業のウエイトは全国の約五割（福井県四・四%，全国八・七%）と低い（**表6-2**）。業種再分類でみると，福井県に古くから定着している「清酒製造業」がトップで二三社，構成比

表6-2　業種別長寿企業数，構成比

	福井県		全国	
	実数	構成比（%）	実数	構成比（%）
建設業	47	9.8	2,720	10.0
製造業	141	29.3	6,594	24.1
卸売業	92	19.1	6,248	22.9
小売業	161	33.5	7,367	27.0
運輸・通信業	1	0.2	369	1.3
サービス業	21	4.4	2,385	8.7
不動産業	12	2.5	1,116	4.1
その他	6	1.2	536	2.0
総計	481	100.0	27,335	100.0

資料：表6-1に同じ.

表6-3　主な長寿企業

企業名	業種	所在地	創業年
株式会社大津屋	コンビニエンスストア	福井市	1573
株式会社箕輪漆行	漆原液精製加工	越前市	1582
有限会社かど七	陶磁器小売業	敦賀市	1604
株式会社ふくい結納司鏡屋	結納品ほか小売業	福井市	1605
堀口酒造有限会社	清酒製造業	南条郡	1618

資料：表6-1に同じ.

四・八％と比較的多い。以下、「呉服・服地小売」（二一社、同四・四％）、「酒小売」（一七社、同三・五％）、「菓子製造小売」（一三社、同二・七％）、「婦人・子ども服小売」（一三社、同二・七％）が続く。そのほか、福井県の特徴として「漆器製造」、「宗教用具製造・小売」、「綿・スフ織物製造」などが比較的多い。ただ、企業規模をみると、全体の四八一社のうち、「年商一億円未満」が二六五社、五五・一％を占めており、小規模企業が主流であることがわかる。

　また、第一次世界大戦が勃発した一九一四年に創業し、二〇一四年で一〇〇年を迎えた福井県企業は二一社を数えたほか、主な長寿企業では、造り酒屋を発祥とするが業態を変えながら現在に至った「大津屋」（創業一五七三年）を筆頭に、漆原液精製加工業の「箕輪漆行」（創業一五八二年）、陶磁器小売業の「かど七」（創業一六〇四年）などとなっている（**表6-3**）。

(2) 何故、福井県に長寿企業が多いのか

では、何故、福井県には長寿企業が多いのであろう。その理由として、一般的には時代変化への適合力があったこと（外部環境への適合力）や、人材の育成・組織体制の充実など内部の革新的経営を恒常的に行ってきたこと（恒常的な内部改革）、さらに自社の企業風土を確立する企業が多かったこと（自社の企業理念の確立……）などをあげるケースが多い。確かに、経営学的な見地ではこういう見方もされるであろうが、実はこれ以外に、福井県には歴史的に他がまねできない強みがあったように思える。例えば、奈良時代から続く繊維産業、明治に勃興したためがね枠産業など古くから地場産業が栄えた地域であったこと、さらに小浜、敦賀、三国など北前船の寄港地が点在し流通業が栄えた地域であったこと、そして古代から大陸との交易が盛んであり、そこに数多くの伝統的工芸品産業が栄えるなど、技術面でも他の地域より一歩前を歩ける地域性がそこに存在していたことなどが理由としてあげることはできないだろうか。

二　製造業を支える外発型企業群

(1) 県内での生産額の三割弱は県外企業から

福井県の製造業は、元来、軽工業の繊維やめがね枠などの地場産業を中心とした半製品のモノづくりに特化した産地として知られていた。ただ、一九九〇年代に入り、海外展開が加速する中で、こうした地場産業が空洞化し、これら産業の低迷をカバーしてきたのが、一九六〇年代以降、県内に分工場を構えた県外企業、外発型企業であった。その代表選手といえば、電子部品製造の福井村田製作所やトルクコンバーターを主力とするアイシン・エイ・ダブリュ工業、金属工作機械のエイチアンドエフなどである。これら企業は、今では福井県内に本社機能を有する企業として定着し、福井県の製造業を担う重要な存在となっている。では、こうした県外企業は福井県製造業の中でいったいどの程度のウエイトを占めているのか。それを表したのが**表6-4**である。

同表をみると、他県資本の外発型で福井に本社機能を置く企業の売上高合計は、直近の二〇一四年現在、四〇二六億円、従業員数では一万七九四人となっている。この数値は、あくまで福井県に本社機能を置く外発型企業の実績であり、例えば、信越化学工業やアボットジャパンなどがカウントされていない。さらに、県外資本の分工場のみがある場合（「福井県企業立地ガイド」によれば、福井県以外の地域に本社を置く企業を加えれば一五一社となる）もカウントされていない。これらを考慮すると、福井県の

表6-4　福井県の主な外発型企業（2015年現在）

企業名	所在地	資本金（百万円）	従業員数（人）	設立年	最新期業績決算期年月	最新期業績売上高（百万円）	業種
アイシン・エイ・ダブリュ工業株式会社	越前市	2,058	2,365	1983	2014.3	103,075	自動車操縦装置製造
株式会社福井村田製作所	越前市	300	3,359	1955	2014.3	91,074	ＩＣ除電子部品製造
日本電産テクノモータ株式会社	小浜市	2,500	660	2009	2014.3	25,465	発電機電動機等製造
ファーストウッド株式会社	福井市	498	363	2005	2013.12	25,440	合板製造
株式会社エイチアンドエフ	あわら市	1,055	368	1964	2014.3	23,615	金属工作機械製造
宇野酸素株式会社	越前市	50	294	1981	2014.3	15,339	圧縮・液化ガス製造
日信化学工業株式会社	越前市	500	163	1955	2014.2	13,736	プラスチック製造
日東シンコー株式会社	坂井市	483	376	1949	2014.3	12,256	工業用樹脂製品製造
ＡＧＣ若狭化学株式会社	小浜市	90	102	1998	2014.12	11,540	農薬製造
越前ポリマー株式会社	鯖江市	400	65	1990	2014.2	7,600	樹脂フィルム製造
森永北陸乳業株式会社	福井市	91	95	1954	2014.3	6,400	乳製品製造
株式会社フクタカ	勝山市	60	240	1989	2014.12	5,896	自動車部分品製造
敦賀セメント株式会社	敦賀市	1,050	95	1948	2014.3	5,385	セメント製造
株式会社タニコーテック	大野市	50	281	1976	2014.3	5,022	金属プレス製品製造
ＮＴフィルム株式会社	坂井市	80	95	1954	2014.3	4,911	樹脂フィルム製造
シプロ化成株式会社	坂井市	97	100	1989	2014.7	4,515	他有機化学製品製造
株式会社オーディオテクニカフクイ	越前市	50	182	1973	2014.3	4,325	電気音響機器製造
日本マイヤー株式会社	福井市	1,210	61	1958	2014.12	4,200	繊維機械
福井太陽株式会社	福井市	28	85	1969	2014.1	3,583	帆布製品製造
盟友技研株式会社	福井市	40	107	1981	2014.3	3,575	他特殊産業機械製造
オフロム株式会社	福井市	20	56	1983	2014.12	2,513	その他電子部品製造
福井山田化学工業株式会社	坂井市	356	47	1985	2014.3	2,349	環式中間物等製造
芝浦自販機株式会社	小浜市	300	110	1993	2014.3	2,141	他事務民生機器製造
ヒツト工業株式会社	越前市	50	135	1985	2014.6	1,870	ニット製事務服製造
株式会社サンルックス	鯖江市	45	59	1978	2014.9	1,600	眼鏡製造（枠含む）
アシックスアパレル工業株式会社	越前市	90	200	1976	2014.3	1,350	ニット製事務服製造
株式会社ネオテックス	福井市	30	19	2002	2014.3	1,181	綿・スフ織物製造
フロンティアテックス株式会社	坂井市	195	69	1964	2014.3	1,178	絹・人絹織物製造
クシヤ工業株式会社	坂井市	75	37	1971	2014.3	1,052	建具製造
株式会社ＴＦＣ	敦賀市	490	26	2005	2014.3	826	樹脂フィルム製造
福島日東シンコー株式会社	坂井市	50	32	1960	2014.3	768	工業用樹脂製品製造
スワン商事株式会社	坂井市	30	33	1979	2014.3	655	建築用金属製品製造
北陸土井工業株式会社	坂井市	30	44	1968	2014.1	650	合成樹脂製容器製造
ワタキューシステムユニフォーム株式会社	おおい町	10	38	1999	2014.6	630	事務・運動服等製造
株式会社オーエスファクトリー	坂井市	10	30	1998	2014.9	606	他の繊維製品製造
北陸エア・ケミカルズ株式会社	敦賀市	50	2	2001	2014.3	600	圧縮・液化ガス製造
株式会社ＣＦＣデザイン	鯖江市	100	45	2011	2014.3	572	他の炭素製品等製造
三笠電機株式会社	敦賀市	20	17	1968	2013.12	530	発電機電動機等製造
北陸三共生興株式会社	坂井市	61	68	1944	2014.3	526	成人女子少女服製造
旭日繊維株式会社	越前市	99	53	1949	2014.3	523	絹・人絹織物製造
高嶋技研株式会社	あわら市	45	30	1964	2014.3	523	電気計測器製造
株式会社福井ヨシダ	坂井市	10	7	1996	2014.8	508	鉄鋼切断・溶断業
株式会社文京精練	福井市	45	37	1984	2014.3	500	絹人絹織物機械染色
福伸工業株式会社	あわら市	30	24	1978	2014.1	455	他産業機械装置製造
福井ベルト工業株式会社	福井市	10	32	1965	2014.3	428	ゴムベルト製造
大野パッキング株式会社	大野市	25	38	1968	2014.2	383	他のパルプ等製造
有限会社敦賀レース	敦賀市	3	15	2000	2014.3	374	刺しゅうレース製造
宮腰機工株式会社	坂井市	20	9	1961	2014.3	312	印刷製本等機械製造
インクス福井株式会社	南越前町	20	22	1984	2014.3	95	電力制御装置等製造
源平酒造株式会社	大野市	18	4	1949	2014.5	25	清酒製造
合計			10,794			402,675	

資料：独自調査による．資本金，従業員数，売上高は，個社の別決算期直前のデータによる．

表6-5　外発型企業の地域別立地状況

	企業数	従業員数2014年の決算による	売上高2014年の決算による	工業統計調査による2013年の出荷額等	構成比（%）
あわら市	3	422	24,593	175,217	14.0
越前市	8	6,751	231,292	430,136	53.8
坂井市	13	947	30,286	282,980	10.7
鯖江市	3	169	9,772	156,676	6.2
小浜市	3	872	39,146	37,299	105.0
大野市	3	323	5,430	39,629	13.7
敦賀市	5	155	7,715	110,428	7.0
福井市	9	855	47,820	363,979	13.1
勝山市	1	240	5,896	116,041	5.1
おおい町	1	38	630	2,096	30.1
南越前町	1	22	95	9,470	1.0
合計	50	10,794	402,675	1,723,951	23.4

資料：独自調査による．資本金，従業員数，売上高は，個社の別決算期直前のデータによる．

製造業の出荷額等が二兆円あったとしても、そのうちの五〇〇〇億円程度、福井県全体の三－四割程度は、これら外発型企業が生み出す出荷額等とみるべきかも知れない。このように、福井県は外発型企業の活躍が目立った地域なのである。

(2) 県内九市別では、企業数で坂井市、従業員数・出荷額等では越前市がトップ

では、外発型企業の状況をもう少し掘り下げて、福井県内九市の現状をみてみよう。**表6-5**によると、独自に調査した五〇社のうち、企業数では「坂井市」が最も多く、日東シンコー、福井山田化学工業、シプロ化成、NTフィルムなど一三社。次いで、福井市がファーストウッド、盟友技研、森永北陸乳業など九社、越前市が福井村田製作所、アイシン・エイ・ダブリュ工業、宇野酸素など八社と続く。

また、親企業の本社所在地別では、大阪に本社があ

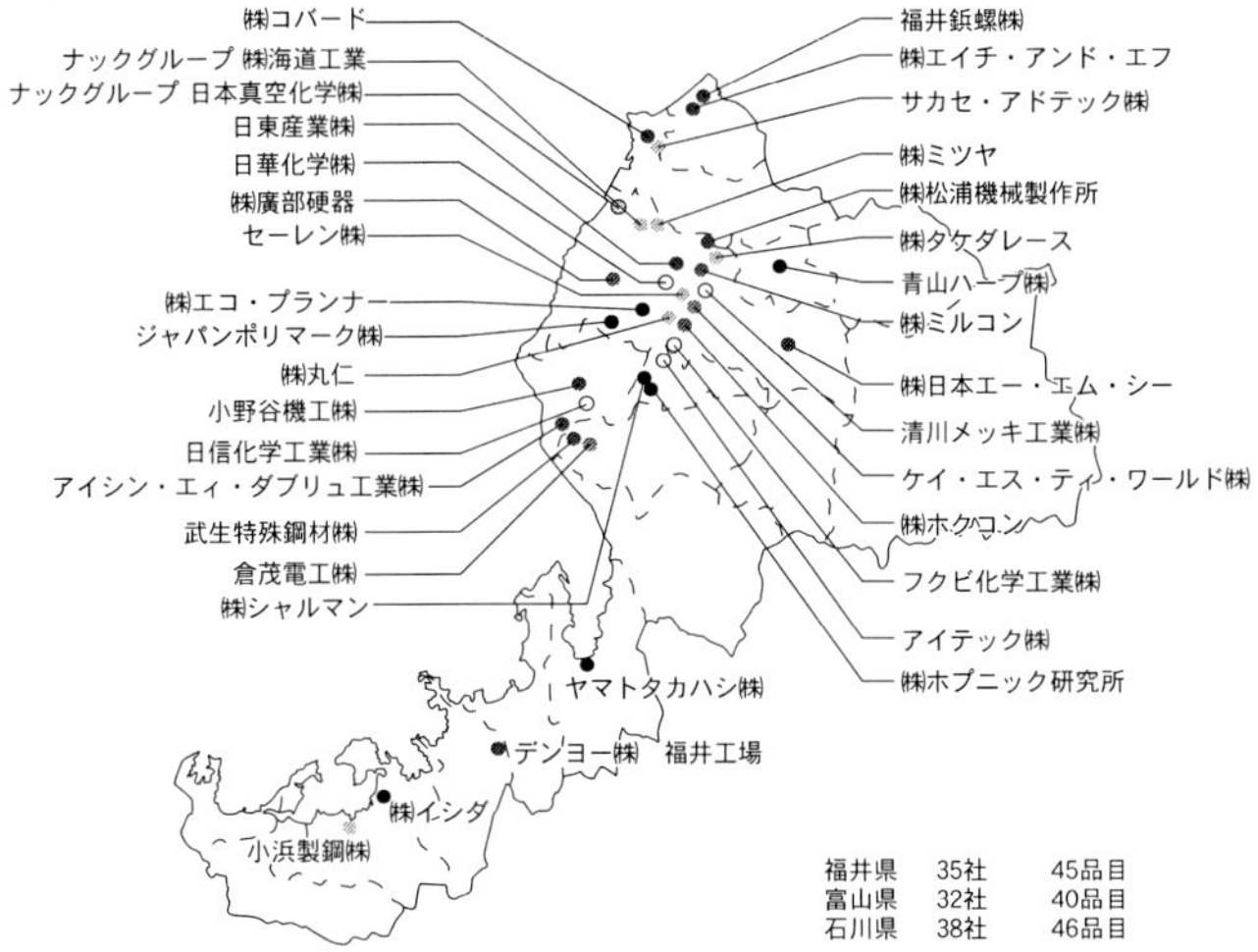

図6-2　北陸のシェアトップ企業

資料：北陸経済連合会・北陸電力 [2015] より抜粋.

る外発型企業が一六社、東京のそれが一六社と同数を数えているほか、愛知県に親企業の本社がある外発型企業は四社のみであることが分かった。福井県の場合、意外と東海圏とのつながりは弱い地域なのである。

三　小規模企業が多いものの、技術水準はトップクラス

(1) 福井県のシェアトップ企業

三五社四五品目

ところで、福井県は中小・小規模事業所が比較的多い地域であることは前述した。しかし、小粒の企業が多い中、その技術水準は非常に高いという一面を持っていることも話さなければならない。**図6-2**及び**表6-6**はそれを裏付ける資料である。これによると、

表6-6　企業，製品名

企　業	製　品　名	シェア	
○機械・金属			
アイシン・エィ・ダブリュ工業株式会社	トルクコンバータ（T/C）	日本	20%
株式会社エイチ・アンド・エフ	自動車ボデー成型加工用大型プレス機械	日本	非公開
小野谷機工株式会社	全自動大型タイヤ交換機	日本	100%
株式会社コバード	手包みを超えた究極の包成機「マジックハンド」	世界	100%
株式会社コバード	求肥用蒸煉機・かい式煉機	日本	80%以上
武生特殊鋼材株式会社	刃物用クラッドメタル（異種金属接合材）	日本	60%
デンヨー株式会社　福井工場	エンジン発電機	日本	65%
日東産業株式会社	ウレタンカッティングマシーン	日本	70%
株式会社日本エー・エム・シー	高圧配管用継ぎ手	日本	60%
福井鋲螺株式会社	蛍光灯ピン	日本	60%
株式会社松浦機械製作所	長時間無人運転システムを搭載した５軸制御立形マシニングセンタ	日本	60%
○電気・電子			
倉茂電工株式会社	水中ポンプ用フロートスイッチ	日本	70%
倉茂電工株式会社	ロボットケーブル	日本	50%
ケイ・エス・ティ・ワールド株式会社	厚膜熱酸化膜付ウェーハ	世界	70%
○繊維			
小浜製鋼株式会社	船舶用ロープ	日本	80%
サカセ・アドテック株式会社	三軸織物複合材料	世界	100%
セーレン株式会社	カーシート	世界	15~20%
セーレン株式会社	ハウスラップ材『ラミテクト』	日本	30%
セーレン株式会社	人工血管基材	日本	トップ
株式会社タケダレース	インナーウェア用レース（商品名:フォルボレース、レーシイ・リバーレース）	日本	40%
株式会社丸仁	反射材「LFU-9000オーロラカラー反射」	日本	オンリーワン
株式会社丸仁	反射糸（撚糸タイプ）「LFUY-1200-T0275」	日本	オンリーワン
株式会社ミツヤ	インクジェットクロス商品名：「Tifone（ティフォネ）」	日本	約40%
○化学			
アイテック株式会社	眼鏡枠の表面処理加工	日本	70%
アイテック株式会社	ゴルフ用カーボンシャフトの装飾	世界	90%
清川メッキ株式会社	ナノめっき技術		非公開
日華化学株式会社	カーテンに防炎性を付与する薬剤（防炎剤）	日本	70%
日信化学工業株式会社	塩化ビニル・酢酸ビニル系変性樹脂「ソルバイン」	日本	80%
日信化学工業株式会社	塩化ビニル系樹脂エマルジョン「ビニブラン」	日本	90%（壁紙表面処理剤）
フクビ化学工業株式会社	加熱ユニット及び加熱容器（加熱加温容器ナルホット）	日本	ほぼ100%（弁当用）
フクビ化学工業株式会社	サニタリーゾーンパネル	日本	60%
○窯業・ガラス			
株式会社廣部硬器	警察・消防署の紋章（セラミックス製）	日本	70%
株式会社ホクコン	コンクリート造エレベーターシャフト	日本	90%以上
株式会社ミルコン	苔・藻類が早期に自生するコンクリート製品「JBロック」	日本	100%
○プラスチック			
ナックグループ 株式会社海道工業	道路反射鏡（カーブミラー）	日本	40%
ナックグループ 日本真空化学株式会社	アクリルパイプ	日本	80%
ナックグループ 日本真空化学株式会社	樹脂製鏡面	日本	70%
ナックグループ 日本真空化学株式会社	ナック・ヘルスパ（FRA）	日本	100%
○その他			
青山ハープ株式会社	ハープ	国内製造	100%
株式会社イシダ	若狭塗箸	日本	20%
株式会社エコ・プランナー	可動堰スクリーン取水装置「GSスクリーン」	日本	100%
ジャパンポリマーク株式会社	自動車に表示する各種コーションラベル（注意書き）	日本	トップ
株式会社シャルマン	高価格メガネフレーム（4万円以上）	日本	46.9%（注1）
株式会社ホプニック研究所	視力補正用高屈折偏光レンズ	世界	90%
ヤマトタカハシ株式会社	おぼろ昆布シート（機械加工）	日本	100%

注１：GfK　LifeStyle　Tracking　Japan 調べ．全国眼鏡専門チェーンの販売実績を基に推計された市場規模データに基づく．
資料：北陸経済連合会・北陸電力 [2015].

北陸三県の中でシェアトップを誇る企業は石川県が三八社、四六品目、富山県が三二社、四〇品目にとどまる中、福井県は三五社、四五品目を数えるのである。経済規模の面で、福井県は石川県、富山県のおおよそ七割程度であることを考慮すると、福井県企業の技術水準は比較的高く両県を上回るポジションにあるといっても過言ではない。ちなみに、福井県にある日本国内シェアトップ企業は、これ以外にふじや食品の玉子とうふ、サカセ化学の医療用キャビネット・カート、富士経編のメディカル白衣など枚挙に暇がない。

(2) 福井県企業は、何故、技術水準が高いか

帝国データバンクの調査によれば、福井県は人口一〇万人あたり社長の数が一四六三人と一九八二年からこれで三三年間全国トップを誇るが、その分、中小・小規模事業所の割合は高い。しかし、前述したようにトップシェアを誇る企業も多い。つまり見方を変えれば、福井県は中小・小規模事業所は多いものの、その保有する技術水準は、全国的にみても十分誇れる地域なのである。では、何故、福井県企業の技術水準は高いのか。その理由としては、おおむね以下の三つがあげられよう。

その第一の理由は、前述した福井県の主要産業、いわゆる繊維産業の中にその秘密が隠れていたような気がする。例えば、かつての「ガチャマン時代」、織布工場が嶺北地域に数多く存在していた時代である。あの頃、各織屋の従業員の中で技術を司る「運転手」と呼ばれる男性従業員がいた。当時の織機はフライ織機が主流であり、仕組みは縦糸の間を走る横糸をまいた筒状のもの、いわゆる杼（通

称、さす）、シャトルと呼ばれる装置が左右に往復しながら織り込んでいく。その際、特に強撚ものの織物を織る場合などは、シャトルの跳ね返りの強弱により織物の質が問われるといった課題があり、それを調整していたのが「運転手」であった。つまり、当時の繊維産業は装置産業と呼ばれたものの、「運転手」が保有する技術の差により織物の仕上がりが変わるといった、極めてデリケートな技術を要求されていたのである。そして、こうした技術を身に付けた「運転手」が「こうしゃな人（技術にたけた人）」として重視された。つまり、福井県はクオリティーの高い職人技ともいうべき暗黙知を備えた人材が早くから必要とされ、その流れが現在の福井県の製造業に根付いてきたのではないか。

第二の理由は、中小・小規模事業所が多い地域であるが故の悩み。それは、ちょうど一九八五年のプラザ合意以降、日本企業が海外展開を始め、空洞化が進んだ時代に押し寄せた。この時、福井県の中小・小規模事業所は下請け比率が全国二位にあり、その中で福井県企業にとって進むべき道は三つしかなかったように思う。その一つは、親企業と一緒に海外に出向くこと。二つ目は、これまでの下請けから脱して、技術、製品、流通、従業員の質、マネジメントなど様々なところで自社独自のオリジナリティーを保有すること。そして、三つ目は、研究開発型企業、いわゆるファブレス企業（研究開発型企業）として、親企業の研究・開発部門の一翼を担うことである。おそらく、福井県の中小・小規模事業所は製品面でのオリジナリティー、あるいはファブレス企業としてチャレンジしていったのであろう。それが高い技術力保有につながっていった。

第三の理由は、早くから福井県企業の技術支援を果たしてきた福井県工業技術センターの存在が大きい。同センターは全国的にみても、その設立時期が早く、明治三五（一九〇二）年に設置された。当時の日本における産業界の大勢は織物工業の発展が急務であったが、そのころ、同産業の製造方法は手工業的であり、これを機械的に前進させる必要があるなど研究余地が多く、改善を図ることが重要課題であった。こうして日本で最も古い歴史を有する工業系公設試験研究機関となる工業試験場が福井市に設置されたのであった。その後、窯業試験場の発足、工芸指導所の発足、工業試験場から繊維工業試験場への改称、工芸指導所を母体とする工業試験場の設立などの歴史をたどりながら、昭和六〇（一九八五）年、福井県工業技術センターが発足した。福井県の主な産業は同センターの多様な試験・研究・開発等の支援により大きな前進をみることになる。昨年夏も、同センターとミツヤ、ＳＨＩＮＤＯによる炭素繊維複合材の航空機分野進出が内閣府の産学官連携功労者表彰の科学技術政策担当大臣賞に選ばれていたことは言うに及ばない。

コラム-6

今、求められる元気企業の条件とは

二一世紀に入って経済・社会環境が激変する中で、地元企業の動向を眺めてみると、外部環境への対応戦略や日々の経営革新面で第二次産業、特に製造業を中心に全国的に評価が高い企業が多いことに気づく。しかし、こうした元気企業には限りがあり、実態は業績の二極分化が進み企業間格差がますます開きつつあることも事実である。従って、地方圏における中小企業の今後のあるべき姿を考慮すると、それは地域経済の基盤を支える中小企業、とりわけ今ある元気企業の次を担う企業、次に続く企業の成長が、地域の将来的な発展を促す重要な要素となることは言うまでもない。特に、地域経済が縮小する中で、建設業、小売・サービス業、介護・福祉など内需型企業の活性化は、地域間競争を勝ち抜くための需要な課題といえよう。

こうした点に着目しながら、今後、地域に求められる中小企業のあるべき姿とは何か、時代を生き抜く〝強靭な企業〟へと変身するための条件とは何かをテーマに、そのヒントを既存の元気企業から探ってみると、それら元気企業は幾つかの共通した特徴を保有している事実に気づく。

参考までに、元気企業に共通する特徴を幾つかあげると、第一に、元気企業は常に有効性と効率性を追求し続けている企業であること。有効性とは「今求められる社会的ニーズの高い財・サービスをつくり続けること」、効率性とは「財・サービスの供給に際し、高収益を確保できるシステムを構築すること」である。そして企業が、有効性を上げるには企業と社会との関わりを変える必要があり、効率性を上げるには企業の内部構造、仕事の進め方を変えることが求められる。いずれにせよ、有効性と効率性の見直しにより、自社にとっての競争優位の源泉を一日も早く確立すべき時であろう。第二の特徴は、「二つのC」を実践する企業であること。「二つのC」とは、すなわちトップ自らがチェンジ（change）し、チャレンジ（challenge）精神を醸成し続ける企業であることを意味し、複雑化・多様化する時代だからこそ、経営トップに求められる必要不可欠な素養ということになる。第三の特徴は、「トップと社員が一つとなり総力経営」を実践する企業。世界的な企業間競争が激化する中、トップやほんの一握りの頑張りだけでは困難な時代、社員一人ひとりが目標に向かって燃え、トップと従業員の立場を乗り越えた関係構築の重要性、言い換えれば、それは家族主義という過去の日本型経営の一部を取り入れた経営スタイルを今一度考慮することなのかも知れない。

そのほか、「さらなるオリジナリティー追求型企業」、「CS（顧客満足＝Customer Satisfaction）とES（従業員満足＝Employee Satisfaction）の両方を追求する企業）」、六次産業化のように「ネットワーク（多機能・複合型産業化）の構築を目指す企業」、「グローバル戦略追求型企業」など。

この様に、元気企業からは多くの共通した特徴を見出せるが、よくよく考えるとこれらの手法は、これまでも経営基盤強化の基本的やり方として実践されてきた手法であることも否めない。しかし、低成長時代、閉塞感が漂う時代だからこそ、今一度、企業経営の原点に立ちかえり、自社が保有する経営資源の基礎的条件を再構築することが必要ではなかろうか。その結果、見直された新たな経営スタイルが将来の可能性につながり、自社の発展を促す原動力として大いに機能していくものと思われる。

第7章　自慢したい地域の企業

1　株式会社アイジーエー

地方卸から全国小売へ、そして世界を翔る婦人服専門チェーン

【企業概要】

設　　立　一九六二（昭和三七）年
資 本 金　四八五〇万円（二〇一四年一二月現在）
事業内容　自社ブランド「axes femme（アクシーズファム）」を中核としたレディースカジュアルウエアの専門店チェーン。
売 上 高　一五八億八〇〇〇万円（二〇一五年二月期）
従業員数　一五九名（他アルバイト一〇二七名）（二〇一五年二月現在）
所 在 地　福井県越前市矢放町一三－八－九

◉ジーンズを核に地方問屋からの脱却を目指す

同社の創業は、一九四一（昭和一六）年、現在の自社ブランド「アクシーズファム」の創始者でもある現取締役会長 五十嵐 義和氏の父、正二氏が武生市（現在の越前市）内で〝やまご〟という暖簾のもと五十嵐羅紗店を創業したことに始まる。現在の五十嵐会長が二代目として同社に入社するのは、創業から三〇年後のことだ。しかし、渡されたバトンは紳士用スーツ、スラックス、ダブルの礼服、婦人服、用品類など何でも扱う言わば地方の総合衣料問屋であった。それまで新興のアパレルメーカーに勤務していた五十嵐会長は、その業態に大きな矛盾を感じる。「なんでも売るから商品の間口が広がる。核となる商品をつくらなければ……」こうして目を付けたのがジーンズであった。思いつくや否や、国内各地のジーンズメーカーに取引を申し込んだが、直販主体の各社だけになかなかビジ

ネスとしてまとまらない。こうした中、時を同じくして代理店制の導入を模索していたのが「ボブソン」というブランドであった。幸い、ボブソンの前身、山尾被服工業とは昔、作業着で取引があったことから、一気に話が進み北陸エリアを同社が任されることとなる。間髪を入れず、金沢市内にボブソン事業部を立ち上げた五十嵐会長、若干二六歳の時である。五十嵐会長の経営革新はそれだけに止まらない。ジーンズが売れ出すや否や、自社の商品を全てカジュアルでまとめ、得意分野を集中させた。「アベニュークラブ」の店名で直営方式も採用。同時に、社員二―三人からなる事業部制を導入。ジーンズカジュアル事業部、レディスカジュアル事業部、メンズカジュアル事業部の事業部を作って、それぞれ年商二―三億円の部隊をつくっていく。「それで、一店舗三億円×九店舗で年商二七億円とか、三〇億円ぐらいは簡単にできました」と語る五十嵐会長。ピーク時には、北陸で直営店一〇店舗を含め、二〇店舗のジーンズショップを営むまでに成長したという。

◉小売業への転換、自社ブランド「アクシーズファム」により全国展開へ

しかし、時の流れは、五十嵐会長に新たな試練を投げかける。それは、一九八〇年代、SC（ショッピングセンター）時代の幕開けであった。これにより、路面店が主流の同社は最大の窮地に追いやられる。商店街の中途半端な小売は成り立たない。そんな時代が来ることをいち早く察知した同社は、商店街の路面にあった直営店を一気に引き上げた。「何億円分かあった在庫も、何百万円かで全て処分しましたね……」と語る五十嵐会長。

そして、いよいよ次なる戦略へと乗り出す。それは、自分の商品を自分でつくって自分で売る、所謂、SPA（製造小売業）方式での展開であった。目指すは婦人服の専門店チェーン。こうして一九八八（昭和六三）年三月、初のレディースカジュアルショップ「アクシーズ」が武生市（現在の越前市）の郊外型SC内にオープンする。

その後、「アクシーズ」は底堅く業績を伸ばしていったものの、一九九一（平成三）年のバブル崩壊を機に低価格志向が強まる中で、同社でも新たなビジネスモ

デルの構築が必要となった。それは、新世代ショッピングモールへの出店であり、GMSと一体となって北陸から名古屋、関西、そして全国へと出店エリアを広げる戦略であった。

二〇〇二年秋には、全国展開可能なブラン〝アクシーズファム〟を誕生させ、二〇〇三年秋には、関東でイオンモールに初出店を実現させた。と同時に、東京事務所を開設し、責任者として三代目昭順氏を送り込んだ。〝アクシーズファム〟事業部を任された昭順氏は、徹底した商品分析を行い、現在の独特な〝アクシーズファム〟MDを完成させることに成功し、年一〇店舗以上に及ぶ大量出店に踏み出した。

さらに、同社の改革は続く。「更なる飛躍を果たすには問屋業からの撤退を図らなければならない」と考えた五十嵐会長は、二〇〇二年、子会社（五十嵐株式会社）にユニーフォーム事業を譲り、小売業に特化した株式会社アイジーエー（IGA）を設立する。「Iはinteresting、Gはglobal、Aはactivityの意味ですね……」と語る五十嵐会長。この年、現在の三代目社長、昭順氏も入社した。

その後も同社の快進撃は続き、二〇〇八年にはオンラインストアを開設、二〇〇九年、福井ロジスティクセンターに自動ソーダを導入し、ピッキング、デリバリー機能の更なる充実を図った。そして、二〇一〇年二月期の決算では、念願の一〇〇店舗、売上一〇〇億円、経常利益一〇億円を達成し、二〇一一年三月、五十嵐会長は、社長を三代目の昭順氏に譲る決断をした。会長は、最後の仕事である「事業継承」に本格的に取り組みだした。二〇一三年には売上げはさらに膨らみ一六五億円を確保するまでに至っている。

◉アイジーエーの第二ステージ、「グローバル展開」が始動

現在、同社の店舗数をみると、国内だけでも一四三店舗を数えるが、創業から現在までいくつものターニングポイントを乗り越えられた理由には、取締役副会長である五十嵐会長夫人 洋子氏の存在が大きい。同社では、IGAの三つの力として、一つ目に「若い力」（社長は三七歳、幹部は二五―三〇歳であること）、二つ目に「女子力」（一四三店舗のほぼ全てが女子店長であり地域のブランド伝道師であること）、三つ目に「地方力、日本力」（店長はほぼ全てその地方出身者で、

東京に負けたくないというハングリー精神が旺盛であること）をあげている。そして、これら三つの力を同社の内側から支えているのが、副会長の洋子氏と言っても過言ではない。洋子副会長は、同社の大きな転換点となった二〇〇一（平成一三）年ごろから経営に直接参加したが、アルバイトを含め一二〇〇人を数えるスタッフの心のケアをひとりで全て引き受け、社員の苦しみ、悲しみ、楽しみなど社員とともに分かち合い、社員へのホスピタリティー充実に向け邁進しているのである。無論、スタッフをただ甘えさせるだけではなく、常に是是非非の立場で時には叱り、励まし、全スタッフの母親、大家族主義を貫く中心的存在となっている。顧客満足より従業員満足が大事と言われる近年のマネジメントにおいて、洋子副会長のこうした行動理念は事業運営上極めて重要であり、今後の同社の発展のためにも欠かせない存在といえよう。

一方、同社の将来像としてあげなければならない事柄は、やはり同社のグローバル展開の流れであろう。現在、海外拠点は、上海商圏で六店舗、パリ一店舗を保有し、今、まさにグローバル化の緒に就いたばかりである。こうした中で、五十嵐会長に、「夢は何か？」と尋ねると、「数字が目標ではない。強いて言えば、世界に通じるブランドをつくることですよ。じゃないと、日本市場でも生き残れないから……」という答えが返ってきた。同社の益々の発展に期待したい。

2　小浜海産物株式会社

食品産業を通じて、地域社会に貢献する

【企業概要】

設　　立　一九五〇（昭和二五）年
資 本 金　三〇〇〇万円（二〇一四年七月二〇日現在）
事業内容　小鯛のささ漬、煉り製品、水産加工品の製造および販売事業（通販小売を含む）。地方卸売市場を中心とした鮮魚、冷凍塩干、日配品の卸売事業。水産商社。
売 上 高　五四億円（二〇一四年度）
従業員数　一七五名（二〇一五年三月現在）
所 在 地　福井県小浜市川崎二－一－一

◉ 発展の経緯

昔から、京都の懐石料理には若狭の魚が使われた。暖流と寒流が交わり、リアス式の若狭の海で採れた魚は、美味でしかも一塩（ひとしお）するとぐっと身がしまり、一晩の山越えによる荷のゆれで京都に着くころには絶妙の塩梅の食べごろになったという。なかでも明治末期から漁法の改革により多く獲れ出したレンコダイの利用について、京都の珍味屋と小浜の魚商が共同で今の形に開発した〝小鯛のささ漬〟は、戦後もこの名で全国に販売され、現在、年間六〇万樽以上を生産、若狭を代表する特産品の一つとなっている。そして、この〝小鯛のささ漬〟の生産・販売を一手に握り躍進する企業が、福井県小浜市に本社を置く小浜海産物株式会社（「丸海」）（代表取締役社長 上野清治氏）である。

ところで、同社の起源は、現社長清治氏の祖父、清吉氏が創業した「魚商 上野屋」に始まる。清吉氏は、若狭湾で初めて底引帆船にディーゼルエンジンを付けたり、当時最新のかまぼこ用ライカイ機をモーター電動式に改造するなど進取の気性に富んだ人物であったという。

その後、上野屋を継いだ現社長清治氏の父、清氏は、戦後まもなく鯖の加工組合を創業し、一九五〇（昭和二五）年の小浜海産物株式会社設立につなげた。清氏は、培った軍人としての戦略的着眼で果敢な実行力と豊富な人間関係による情報力、信頼関係で業容を拡大

していった。清氏と、東京水産大学を卒業し帰郷した息子の清治氏は共に商品づくりへのこだわりが素晴らしく、例えば、〝小鯛のささ漬〟の場合、三〇〇年続く醸造酢、とば屋酢店の酢を用い、独自の製法で改良させている。従って、同社のささ漬は原料吟味の上に、酸味のやわらかさ、後味の美味しさなど独特の風味を醸し出している。ちなみに、若狭ものと言われるカレイ、アマダイ、サバ、イカなど上級の加工品も多く、同社の直販誌をにぎわせているという。また、同社自慢の〝カニツメキング〟（カニ風味の蒲鉾）は、昭和五〇年代、他に追従を許さない独自の製法と品質で、急速に販路が拡大された。販売先は、日本国内にとどまらず、オーストラリア、スペインなどへと広がり、特にスペインでは爆発的なヒットとなり、毎月三－四コンテナ、約八〇万個の製品がおおよそ一〇年間続いたという。

また、一九八五（昭和五九）年には、同社の事業部的子会社として、株式会社小浜丸海魚市場を設立。同社本拠地内外における生鮮食品の安定供給を目指し、小浜市地方卸売市場の卸売業者として公共的使命を演じている。全国の水産界で活躍する地元の人材にも恵まれ、同社は、水産食品の製造とともに水産商社や魚市場をも有する総合食品会社として大きく脱皮することになる。

こうした多様な進化を遂げるさなか、一九九二（平成四）年、現在の上野清治氏が同社の社長に就任する。

◉食品加工業者として多様な顔を有する

同社の職制表を眺めてみると、取締役会の下、三大事業部制を採り、その中に「横軸タスクフォース」「コーディネーター」といった職制上聞きなれない言葉が飛び込む。「コーディネーター」とは、調整者、課題や仕事の流れを円滑になるよう調整する人であり、「タスクフォース」とは、特別編成部隊、対策本部、機動部隊、プロジェクトチームに近い意味として使われているようだ。組織の中で縦割りの弊害をなくしフレキシブルな対応を図るべく、必要に応じて「タスクフォース」が編成され、各部の「コーディネーター」が全社的戦略、課題解決に一石を投ずべき提案や活動が行われる仕組みができているのであろう。いずれにしても、これらの仕掛けは、多様化する時代に先駆けて対応を図るべく、上野社長が独自のアイデアでつくりだしたものであるに違いない。

一方、各事業部については、製品の企画・開発・品質管理、製造、営業、直販を担う製品事業本部がものづくり分野であるが、商品事業本部や市場流通本部は、全国一円に営業網を保有し、鮮魚、冷凍品、塩干品を中心に同社の売上の主力部門となっている。県外取引も活発で、全国各地の主要漁港、産地との連携で、常に情報の受発信があり、鮮魚、冷凍飼料、加工原料などの取引、量販店への販売はもとより漁協、生協、養魚場などの直接取引が行われている。つまり、同社では、この部門を通じて、消費地卸、産地仲卸、大都市中央市場売買参加者、地方問屋、商社、加工業者、小売業者……といった、多様な顔を有していることがわかる。

◉グローバル展開を目指す

一九八九（平成元）年、同社上野社長は、縁あって中国水産科学研究院東海研究所並びに上海の水産会社数件を訪問する。バブル絶頂の時代でもあり、水産業界も特有の閉塞感が漂っていたが、これを機会に、一九九二（平成四）年、海江食品有限公司を設立。中国市場への足場を築くことに成功する。現在、中国江蘇省太倉市に立地する当社では、地理的にも恵まれていることから、海江食品の経営項目を、水産食品加工、水産養殖、国内外流通および販売といったところにおいて活動を行っている。

また、上海に事務所を構え、輸出入や中国国内へ向けての製品販売の営業活動も行っており、現在でも東海水産研究所とはつながりが深く、技術研修生の受け入れも続いている。

さらに二〇〇九（平成二一）年には、県内品を含め、中国上海で在住日本人（推定五万人）向けの水産加工食品の宅配事業をスタートさせた。取り扱う品目は、ボイルしたズワイガニや冷凍の甘エビ、鯖の缶詰、貝や魚の切り身など三〇点以上。大手流通網を通すよりコストが安く、商品の最終価格を安く抑えられるのが強みという。

◉会社づくりこそ街づくり――地域と共に――

上野社長の経営方針は「鶏頭牛尾」の戦略で常にニッチトップ（隙間でナンバーワンになること）を心掛け、オリジナリティある商品造りに邁進すること。また、

「人が喜んでいる顔を見るのが私の趣味」と話す上野社長。多忙を極める小浜商工会議所の会頭も務め、若狭・小浜地域の経済・文化の底上げ、発展に日夜励む姿は、誰もが敬愛する同氏のもう一つの顔でもある。

「〝うまい〟には二味（二つの味）ある。それは〝前味がうまい〟、〝後味がうまい〟ということだが、本物の味は、後味がうまいこと。味わっているとさわやか〟〝気持ちがいい〟。それが大事。だからこそ、中小企業は、後味がうまいものをつくらないと〝本物〟にはなれないんです」と語る上野清治社長の横顔には、常にB級品（グルメ）ではなくA級品（グルメ）を追い求めるプロ魂を読み取ることができた。

3　清川メッキ工業株式会社

ナノめっき技術で次世代への夢に挑む

【企業概要】

設　　立　一九六三（昭和三八）年
資 本 金　四〇〇〇万円（二〇一五年現在）
事業内容　表面処理……①各種電気めっき、無電解めっき、②機能性めっき、③化成皮膜処理、④アルミニウムの陽極酸化（アルマイト）など。
主要めっき品……①電子部品、②マグネット、③半導体ウエハー、④その他先端材料など。
環境にやさしいめっき……①シアンレスめっき、②鉛レスめっき、③クロムレスめっきなど。
従業員数　二四二名（二〇一五年四月現在）
所 在 地　福井県福井市和田中一－四一四

◉歴史博物館「忠考庵」

同社の本社別棟工場に歴史博物館「忠考庵」がある。その建物内部を見学すると、創業以来、様々なモノへのめっき加工を模索してきた同社の歴史を知ることができる。「長年、めっき業をやっていると、めっきがいろいろな製品に使われていることがわかるんですよ。スポーツ用品だったり、家電品であったり、コンピュータであったり……」、代表取締役会長の清川忠氏がこう語る。

ところで、同社の創業は一九六三（昭和三八）年、地元の福井と大阪でめっきの修業を積んだ清川会長が一念発起、一〇〇坪ほどの土地と自動車の解体修理工場を購入し中古の機械を揃えて、機械部品などのめっきで独立したのが始まりだったと聞く。しかし、そのきっかけはというと、「私がめっき業界に入ったのは、電話帳で数が少ない業種だったからですよ」、とあっさりと軽く清川会長はそう言い放った。だが、同社の快進撃は、その後しばらくして始まることになる。

そのスタートが、ヤマハ、ホンダ、カワサキなどのオートバイに使用されるリムをアルマイト処理する仕事であった。当時は、三元合金のアルマイト処理はできても光沢アルマイト処理はできなかったらしい。さらに、その仕事の相手が一部上場企業だっただけに担当者にもなかなか会えず、取引をまとめるのは至難の業であったという。それでも清川会長の持ち味でもある粘り強さで何とか商談に漕ぎ着け、他社では不可能だった全自動光沢アルマイト処理機ラインを二―三年で完成させる。これにより当時は、日本中どこへ行っても、同社で開発した光沢アルマイト処理されたオートバイが走っていたようだ。

◉電子部品めっきから半導体へ

さらに同社の快進撃は続く。それは今から四〇年ほど前、福井松下電器株式会社が電子部品の固定抵抗器に参入した時のことである。同社が、その部品のめっき試作と実験を行うことになった。俗に言う8Gタイプ（三・二ミリメートル×一・六ミリメートル）の大きさの製品である。当時の同社は、大きなロールやシャフトなどの織機のクロームメッキを得意としていたため、電子部品へのメッキは初めてのことであった。しかし、できないとはいえない。寝る間もいとわず、試作、試作の毎日が続き、なんとか技術開発に成功したのである。その時の出来事を、「面白いなぁという感じから始まりまして、共同で電子部品の開発を手掛けました。そこから当社のめっきも電子部品へと変化していきました」、「私は、決してできないとは言いません。依頼を受けたらまずはやってみる。自ら考え新しい方法を生み出す。そのことがお客様の信頼と安心につながるのです」と清川会長は語る。電子部品めっきは四―五年で何十倍と生産が増え、これを契機に大手企業との太いパイプが出来上がっていく。

その後も、小型化する電子部品への対応が続き、求められたものは2012、1608、1005、0603部品と劇的に微細化を進める電子部品への対応であった。いま思えば、これ以降の時期がナノめっきプロジェクトのスタートでもあったわけだ。ただ、そこで頭を悩ましたのは0603部品より小さいサンプル部品の提供がないことであった。顧客からも何処からも微細部品のサンプルが出てこない。そこで目を付けたのが紛体であった。しかし、紛体は微細が故に水に浮きやすく、設備に引っかかってしまう。設備を造っては壊し、メッキ液を開発しては捨てる日々が続いた。失敗した設備が倉庫いっぱいになった三年後の一九九八年、紛体めっきがようやく完成した。電子部品の微細化にかなう紛体めっきが完成したのである。これで、電子部品の微細化についても対応できる。しかし、0603部品より小さい0402（〇・四ミリメートル×〇・二ミリメートル）部品のニーズが出てきたのは二〇〇四年のこと。時代より六年以上も早く開発された技術にニーズはなかった。そこで、微細部品のニーズを待ちながらも始めたのが、福井大学との共同研究によるニッケル水素電池の開発であった。しかし、電池メーカーからは〇・一ミリメートル、〇・〇三ミリメートル、〇・〇〇一ミリメートルへと要求が徐々に高まっていく。こうして、ミクロンからナノ、一〇〇万分の一ミリメートルへの挑戦が始まった。これには二年あまりの歳月がかかった。大きな苦労があったものの、何とか技術の確立に成功。こうして誕生したのがナノめっきである。その成果もあって、現在、〇・八ミクロンのあらゆる材料にあらゆる形にあらゆるめっきが可能となった。そして、その成果の証として、二〇一二年には紛体めっきの特許により特許庁長官奨励賞を受賞。二〇一五年には、安倍首相も同社を訪問している。一番早く技術をつくるというナンバーワンの技術が認められた瞬間でもあった。こうして、現在では、スマートフォン、パソコンなどの機械部品だけでなく、医療、宇宙分野、エネルギー、自動車、半導体など様々な分野でナノめっきが使用される時代となっている。

「当社でも電池をはじめとする様々な開発を行っているが、本命よりも枝葉の方が商売になっている。電池でも、ニッケル水素電池から今では燃料電池というように。もちろん追いかけてやっているのだが、それよりもそれまでの過程で出てくるいろんな副産物のような技術が仕事になっている。これまで歩んだ道のりは、前半は大物のめっき、その後は中物や小物が主流になっていった。そして、現在は中、小物から小型電子部品のチップ部品やＩＣ、プリント基板、半導体などのスマートフォン、あるいはコンピュータ、ウエアラブル端末の部品、いわゆる0402の世界。だが、最近はそれからもだんだんと小さくなり、ナノの世界。つまり、電子顕微鏡で見ないと見えない、埃のようなものにめっきをするという時代に入ってきている」と清川会長は語る。

◉出来ないとは言わない、挑戦が新技術を確立する

めっき業界、特に、同社が手掛ける電子部品や半導体分野は、微細がゆえに顧客の課題、ニーズ・ウオンツも多く、そのためには、こうした顧客の想いに即座に対応できる、いわばソリューション体制の確立も重要となる。そこで、同社では、本社にある「ナノテクノロジー開発センター」や福井大学にある「清川サテライト研究所」を活用しながら、取り逃がし製品を希望の製品に変えていく努力も怠らない。「当社は加工業ですから、お客様から〝こんなものが欲しい〟という注文がある中で、そのニーズに合わせてめっきすることが仕事です」、「ですから、他所でできない難しい技術にチャレンジし続けること、それがこの会社の目標です」と、代表取締役社長の清川肇氏は語る。

こうした中、二〇一五年二月には、自動車向けパワー半導体の加工を強化する目的で、約三億円を投入し、福井市内の工場に半導体材料のシリコンウエハにめっき加工をするラインを新設した。これにより、ハイブリッド車など半導体を使う車の伸びに対応するほか、次世代製品の開発にも対応を図る。また、同年四月には、異分野参入として、同社の成分分析技術と品質管理ノウハウを駆使したハーブを生産する植物工場を本社敷地内に設け、本格稼働した。同社では、既に六年前から植物工場の準備を進めており、二〇一四年三月には自社の空き工場を活用し植物工場を設けている。〝出来ないとは言わない、挑戦が新技術を確立する〟創業者、清川会長の想いが脈々と受け継がれている企業であることをあらためて確認できた。同社の益々の発展に期待したい。

4　小林化工株式会社

高付加価値型医療用医薬品の研究開発・製造販売一貫メーカー

【企業概要】

設　　立　一九六一（昭和三六）年
資 本 金　九八〇〇万円（二〇一五年現在）
事業内容　医療用医薬品および一般用医薬品の研究開発・製造・販売
売 上 高　三〇一億円（二〇一五年三月）
従業員数　四二〇名（二〇一五年三月現在）
所 在 地　福井県あわら市矢地五－十五

◉高付加価値型ジェネリック医薬品メーカー

福井県あわら市矢地、長閑な田園風景が残る坂井平野の北部に、ジェネリック医薬品メーカーとして全国的にも名高い小林化工株式会社（代表取締役社長 小林広幸氏）がある。現在、ジェネリック医薬品メーカーは、全国で二〇〇社あまりを数えるが、研究・開発から製造、販売までを手掛ける企業は少ない。同社は、この地でそれを一貫して行っており、こうした点では業界の中でも珍しい企業でもある。

ところで、ジェネリック医薬品とは何か。医薬品には同じ成分でありながら、特許期間中はメーカーが独占的に販売する価格の高い新薬（先発医薬品）と、特許期間満了後に同じ有効成分で販売される比較的価格が安い後発医薬品の二種類がある。ジェネリック医薬品とはまさにこの後発医薬品のこと。また、薬局、薬店に行けば誰にでも手に入る一般用医薬品ではなく、医師の処方箋が必要な医療用医薬品である。現在、製造品目数は、内服薬が二〇五品目、注射薬が二五品目、外用薬が五品目の計二三三品目。価格的にも先発医薬品に比べて安価であり、もちろん、先発医薬品との同等性はしっかり保たれている。しかし、近年はジェネリック医薬品に求められるニーズは多岐に亘り、品質確保は無論、安定供給、情報提供など、多様化、高度化しているが、同社はこうしたニーズにきっちりとした対応を図っている。その一つが、高付加価値型製剤づくりへの取組みである。その取組みの最初の成果が、凍結乾燥製剤の注射剤を世界で初めて液剤化することに成功したアシクロビル製剤の開発であった。従来は、凍結した乾燥製剤を注射液とするために注射用水などを注入し溶解する。しかし、この場合、どうしても薬液調整や溶け残りなどの問題が生じる。そこで、同社はこうした問題を解決するために、初めから液剤にすることで薬のクオリティー、安定性を保ち、かつ使用期限を一年延ばすことにも成功したのであった。その他、溶解時間を短縮することなどに成功したバンコマイシン製剤（抗生物質）、カプセル剤を錠剤化し飲み易くしたイトラコナゾール錠（真菌剤）など、同社独自の製剤開発をあげれば枚挙に暇がない。

　同社では、高付加価値型製剤を〝ユースフルジェネリック〟と呼んでいる。分かり易く言えば、水がなくても飲める錠剤、子どもでも喜んで飲める美味しいシロップ剤など。要は、価格は無論のこと、患者や医療関係者の様々なニーズに応えるために「もっと飲み易く」、「もっと取り扱い易く」を限りなく追及すること、それが同社の〝ユースフルジェネリック〟なのである。

◉急成長の秘密を探る

　ところで、同社の売上を見ると、二〇〇九（平成二一）年の一一五億から二〇一五年には三〇一億円までに急上昇している。その理由は何か。第一にあげられることとして、やはり同社の研究開発力の強さ、研究体制の整備を指摘しなければならない。二〇〇六（平成一八）年に竣工した「R&Dセンター」（地上四階、延べ床面積二〇八五平方メートル）に加え、二〇一四（平成二六）年には「製剤技術総合研究所」（地上三階、延べ床面積二七七三・六四平方メートル）を稼働させ、口腔内で容易に崩壊する錠剤の開発、カプセル剤の錠剤への剤形変更、新たな剤形の開発など〝ユースフルジェネリック〟の更なる開発に挑む。製剤研究エリアでは、実際の生産機と同じ機能を持つ設備を施し、研究環境を整えたほか、抗がん剤研究のための専用ルームも設けた。治験薬製造エリアは八室、異物混入を防ぐため一ルーム一マシンにこだわったほか、廊下部分との間に気圧差を設け粉塵の拡散防止にも配慮している。

　第二の理由は、新薬メーカーとの販売提携や共同開発の充実。この場合、新薬メーカーとの関係は、同社が単なる受託メーカーになるといった関係ではなく、あくまで同社が製造販売承認を取得した製品を販売提携したり、同社の研究開発技術をもって共同開発するといった五対五の関係を構築している。これも、〝求めるものは、求められるもの〟をモットーに、医療フィールドの声に耳を澄ませニーズを捉えてきた同社の強みがあるからこそできる技であろう。

第三の理由は、多様な投資活動の実践。すなわち、人に対する投資、設備に対する投資、ハードに対する投資、ソフトに対する投資など、様々な投資を必要な時にスピーディーに実践してきたこと。一例として、二〇一三(平成二五)年に竣工した「総合物流センター」をあげなければならない。同センターは、同業メーカーで物流倉庫が機能しなくなり医薬品の供給ができなかった東日本大震災を教訓に、国内初となるラック制震ユニットを備え、震度六弱の地震にも耐えうる制御装置を備えることで安心・安全性の更なる構築を図るなど、ステークホルダーからの信用力アップにつなげている。

◉ さらなる飛躍のために

いずれにせよ業界内では確固たる地位を築きあげてきた同社だが、「国内市場の競争激化、将来的に予想されるグローバル化の波、それに伴う業界再編などを勘案すると、さらなる市場開拓は急務」と豪語する小林社長。こうした中、国内市場だけではなく海外展開を視野に入れた動きも活発化している。

元々、同社の海外展開は極めて早く、一九七一（昭和四六）年には台湾への製品輸出を開始している。そして、これを皮切りにその後、香港、韓国、ベトナムなど東アジア諸国に輸出していたが、現在は、さらなる新興国への拡大を図るために、その準備が着々と進められている。例えば、今攻め込んでいるモンゴル、ミャンマー、さらには中東諸国へと夢が膨らむ。その場合、進出の条件として「相手国が親日派かどうか、我々と本当に対等な関係でお付き合いいただけるかどうか、日本人としてのプライドを持ってお付き合いできる相手かどうかが非常に大事……」と語る小林社長。

一方、同社では、拡大する国内外の事業に対応するために、新たな増産体制確保を図るべく、二〇一四（平成二六）年三月、小林社長は、同市にある清間第一工場の東隣に約一万八〇〇〇平方メートルの用地を購入、約一〇〇億円を投入して延べ床面積一万八〇〇〇平方メートルに及ぶ大規模な工場建設を表明した。同工場は、二〇一六年度中には稼働する予定である。これにより約五〇名の地元雇用が生まれるとともに、四工場体制が確立、将来的には年間六五億錠の生産が可能な体制へと飛躍する。

◉地元重視、社員重視を貫く

「当社も四〇〇名を超える社員数になり、パート従業員も含めて如何に社員のことを思い大切にしていくか。それと、社員一人ひとりが働きやすい環境を如何につくり上げるかということを念頭に事業を行っております」と語る小林社長。社員への熱い思いが伝わる。

また同社では、ジェネリック医薬品の理解を深めてもらうために、一般向けを対象とした工場見学会なども実施している。「ジェネリック専門メーカーとして究極の後発医薬品を社会に送り込む使命を貫くこと以外に、こうしたことの積み重ねが、お陰様でここまで売上が伸びてきた原動力となっています」と語る小林社長からは、ヒトとしての優しさをも垣間見ることができた。

5　サカセ化学工業株式会社

医療用キャビネット・カートでは国内トップシェア

【企業概要】

設　　立　一九六二（昭和三七）年
資 本 金　九六〇〇万円（二〇一五年現在）
事業内容　メディカル製品（医療用キャビネット・カート、医療用具、各種プラスチック製品）の企画、開発、設計、製造、販売など
売 上 高　三〇億円（二〇一五年六月）
従業員数　一八四名（二〇一五年二月現在）
所 在 地　福井県福井市下森田町三―五

◉医療用キャビネット・カートでは国内トップ企業

福井県福井市の北部（福井市下森田町）、旧国道八号線沿いに位置するサカセ化学工業株式会社（代表取締役社長 酒井哲夫氏）。同社は、独自のプラスチック加工技術を活かし、医療用キャビネット・カートを全国の病院に供給。同分野では国内トップシェアを誇る。たった七人の社員と小さな成形機三台、それが同社のスタートであった。それから五〇有余年を経た現在、大型射出成型機五台、中型射出成型機一九台、小型射出成型機六台、シリコーンゴム成形機一〇台などの設備を保有するまでに至っている。また、同社の技術水準の高さは言うに及ばない。熱硬化性樹脂〝シリコーンゴム〟へ挑戦し見事製品化を成し遂げたことや、近年ではプラスチックコンテナに使用されるステンレスなど金属に代わる素材として注目を集める〝スーパーエンジニアリングプラスチック〟の成形を自社独自の技術で完成し、耐熱二〇〇℃強度や耐薬品性に優れたポリエーテルイミド製の大型（六〇〇ミリメートル×四〇〇ミリメートル×一七〇ミリメートル）成形に国内で初めて成功している。さらに、同社の注目点はそれだけではない。財務面では、一九九七（平成九）年の経常利益率二〇・四%を皮切りに、その後現在まで、概ね二〇%以上の経常利益率を出し続けていることは大いに評価されるべき点であろう。

◉成長の秘訣

では、こうした同社の強みはどのように生まれたのか。その秘密は、同社独自のオリジナリティー、以下の三つの特徴からうかがうことができる。

まず第一の特徴は、自社独自の製品づくり、言い換えれば自社ブランド製品の開発に注力してきたこと。自社ブランド製品の開発は第一次オイルショック以前から始まっており、記念すべき第一号は、一九七〇（昭和四五）年に開発された収納用ビジネスカセッターであった。この製品の特徴はボックスの四側面に備えられた連結用ミゾにある。つまり、凹凸に合わせて差し込むだけで用途に合わせ引き出しを何十個も増設できる。しかも発売以来企画を守り通しているため製造年を問わずどのカセッターにも連結可能という実にユニークな商品であった。その後も数多くの独自ブランド商品を開発、現在の病院用カートやキャビネットに至っている。

第二の特徴として、同社では医療施設の調査・分析に沿った商品の企画に始まり、開発、設計、製造、販売、アフターフォローに至るまで、すべての工程を一貫して日本国内の自社工場で行っていること。工場内を見ていると、まるで町工場の集合体の様でもあり、言葉を換えれば、一日中一つ屋根の下で異業種交流が行われている様にも思える。そこには日本の医療事情にマッチした、「日本人の持つ細やかなモノづくり」を大切にしているトップの想いを感じることができた。

第三の特徴は、同社独自の販売網に見出すことができる。国内の支店、営業所数はさほど多くはないが、そこに配備されている営業社員は、まるでコンサルのごとく顧客それぞれに合ったシステム提案を実践していること。また、顧客の条件や要望に対して、柔軟に、かつ迅速に対応し、顧客のニーズ、ウオンツを開発スタッフ、技術スタッフと共有し、商品の企画、開発につなげていることである。そして、製造スタッフが、こうした顧客の要望に応えるために「手作り＝一品製作」から大型スーパーエンプラなどの「射出成形＝量産」まで自社内で生産体制を整え、日々、最先端の生産技術を磨いているのである。

ただ、最大の成長要因をあげるとすれば、それは現社長酒井哲夫氏の類まれなる決断力によるところが大きい。前述のように、同社ではブランド力強化、自社製品の開発に注力してきたものの、それでも平成六年まで全体の四〇％は他社メーカーの下請に依存していた。しかし、こうした利益の薄い下請部門からの脱却は急務というトップの熱い意向から、まず金属加工部門の内製化を、約一〇年前には木工部門の内製化をやり遂げ、現在、工場内のモノづくりは、ほぼ一〇〇％自社製品の製造で賄われているという。下請からの脱却は、中小企業にとって必要不可欠な要素ではあるが、なかなか難しい。同社は、それを見事に成し遂げたのである。

◉二〇〇年企業を目指して（クロスファンクション・シナジー戦略を採る）

そして現在、同社では、これまでの二〇年間で築いてきた商品体系を見直し、未来に向けた新たな事業戦略（商品戦略）の構築を図っている。名付けて〝クロスファンクション・シナジー戦略〟。その一つは、病院以外の新事業として今日までスーパーエンプラの成形技術を磨いてきたが、この部門をさらに強化し、スーパーエンプラの中・大型複合成形品において、国内唯一の駆け込み寺になること。もちろん、その先には世界トップ企業のパートナーとなることも視野に入れている。そしてもう一つ、現在主力のヘルスケア商品群をさらに強化しガリバー企業を目指すこと。同部門においては、すでに病院用キャビネット・カートを日本でトップクラスの工業デザイナーと協働してさらなるプレミアム化を急いでおり、新たなシリーズの開発も始まっている。また、さらに未来を見つめ、カートのロボット化やキャビネットのＩＯＴ連動化の研究も大学と共同して進めている。そして、これら戦略が生まれた背景を探ると、そこには、単に株主偏重の欧米型経営ではなく、あくまで社員重視、旧来型の日本的経営の重要性を重んじるトップの思想が生み出したものであることを理解する必要がある。それはまさに酒井社長自らが語る「公益資本主義」という言葉で示されよう。

◉第二戦略棟の完成

創立以来快進撃を続ける同社だが、前述した二つの戦略、すなわち「スーパーエンプラの中・大型成形の駆け込み寺」と「世界一の病院カート・キャビネットメーカー」を実現すべく、二〇一四年二月には、第二戦略棟と称する研究開発型の新工場を建設した。病院キャビネット・カートのグローバルナンバー1を目指す第一戦略棟に対し、今回建設された第二戦略棟は、前述のスーパーエンプラ成形の研究開発のためのエンジンと位置付けられる。さらに、直近の動きとしては、前述したヘルスケア商品の拡充のため国内トップクラスの（工学）デザイン事務所と共同しプレミアム商品群の開発を進める一方、生産部門の高度化のためトヨタ系ＯＪＴＳ社のコンサルを導入し過去一年で目覚ましい成果につながっていること。さらに、ポストメディカルの市場開拓のため、スーパーエンプラの中の大型製品の駆け込み寺の道を開く（現在受注している商品としては三〇〇Φ、四五〇Φの半導体ウエハ搬送ケースや旅客機のジェットエンジンや鉄道車両の足回り部品）などの新しい動きも進んでいる。「私は、売上数字にはこだわりませんが、両者で数百億円ぐらいは可能だと思っています。そのトリガー（引き金）として二つの戦略棟が活躍すると考えてください」と語る酒井社長の横顔には、将来への夢、自信があふれていた。

6　株式会社シャルマン

チタン製医療器具の開発で、

鯖江メガネフレーム産地の活性化に挑む

【企業概要】

設　　立　一九六八（昭和四三）年
資 本 金　六億一七〇〇万円（二〇一五年現在）
事業内容　メガネフレーム、サングラスの商品企画・デザイン・製造および販売／医療器具の開発および製造・販売
売 上 高　二〇四億（二〇一四年一二月連結）
従業員数　七六二名（二〇一四年一二月現在）
所 在 地　福井県鯖江市川去町六－一

◉めがね枠産地〝鯖江〟のトップメーカー

国内で生産されるメガネフレーム（メタルフレーム）の実に九五％以上を生産する鯖江メガネフレーム産地。その中にあって、これまで地域のオーガナイザーとして産地をリードしてきた企業が同社、株式会社シャルマン（代表取締役会長 堀川 馨氏）である。同社の歴史をたどると、一九六一（昭和三六）年、現在の堀川会長が兄の病気により、急きょ設立四－五年目の従業員一二－一三人の町工場を引き継ぐことになったのが始まりであった。その後、フレキシブルな生産体制を構築すべく、同社は業界トップをきって二〇〇工程以上あるフレーム製造の内製化を実現した。そして、部品メーカーから総合メガネフレームメーカーへと転身を果たしたのである。その後一九七五（昭和五〇）年には、既存の流通業者（卸・小売業）に依存する製品販売を主流とする業界からの脱皮を目指して、業界初の自社販売網を整備、全国のメガネ小売店に直販を開始した。自らつくり自ら売る体制を確立した同社は、一九八〇（昭和五五）年には海外展開（輸出）も開始。二年後の米国現地法人設立を皮切りに、現在では、本社工場および厦門・東莞などの中国工場を生産拠点に、世界主要一二カ国に直販、そのほか代理店を通じて計一〇〇カ国以上に販売、その売上比率も日本三五％、アジア一五％、EU二五％、米国その他二五％と地球規模に広がるなど、業界トップメーカーとしてゆるぎないポジションを確立していった。

◉「かけ心地のいいフレーム開発」を合言葉に技術開発に挑む

鯖江産地では、金型→部品→組立→研磨→表面処理→仕上げといった一連の工程を産地内分業体制で賄っており、かつてはこれが産地の強みでもあった。しかし、世界の三大産地、とりわけ中国のめがね産業が技術的にも発展する中で、こうした分業体制を採る鯖江産地がフレキシブルな対応に後れをとるといった事態を招いている。そのため、日本国内市場も、安価な中国品に押され、かつて国内規模六二〇〇億円といわれた眼鏡市場も今や四〇〇〇億円までに縮小し、鯖江産地自体の規模縮小を招いている。

こうした中、同社はこれまで「かけ心地のいいフレーム開発」を合言葉に、マーケティングから企画・設計、製造、販売までを一貫して行う製販一貫体制をベースとした製品づくりに取り組んできた。そして二〇〇九（平成二一）年、未体験の心地よさを創造する次世代メガネフレーム素材「エクセレンスチタン」の開発に成功する。同素材は、金属研究の世界的権威である東北大学金属材料研究所とともに同社が八年にわたる研究開発を重ね完成した超弾性素材であり、従来の形状記憶合金やチタン合金を凌ぐしなやかなバネ性や購入時のかけ心地・ホールド感を持続し、時を経ても型崩れしないなどの特徴がある。また、加工もし易いため斬新なデザインを確保することが可能である。とりわけ同社のトップブランド「ラインアートシャルマン」には、その特徴を発揮させたモデルが揃う。例えば、レディース用では五線譜をイメージさせるテンプルなど、これまで目にしたこともないハイクオリテイーな商品が並ぶ。二〇一四年一〇月に開催されたIOFT（メガネのための国際総合展）においても、当社独自のエクセレントチタンを使った新型モデル「ラインアートシャルマン・デュオ」を出品、シンプルなデザインではあるが、クオリティーの高さを感じさせるフレームであった。

そして、このエクセレンスチタン加工のために開発されたといってもよい技術が微細精密レーザー接合技術である。この技術は、レーザー接合の世界的権威である大阪大学接合科学研究所とふくい産業支援センター、そして同社が共同で五年の歳月をかけ開発した最先端の光加工技術である。ちなみに、これまでの接合技術では、熱の影響を受ける部分が広く金属が軟化する部分が大きかった。そのため、微細な部品の接合の際には影響を受けやすいといった難点が見受けられたが、このレーザー接合技術の場合は微細な部品でも接合することができ、かつ仕上がりが美しいといった特徴を持つ。しかもロー材を使わず母材同士を直接接合することが可能であり、ロー離れを起こすことがなく高い強度で接合できるということから、微細な部材を使うメガネフレームの接合には最適な技術であるといえよう。こうした特徴が認められ、二〇一〇（平成二二）年のレーザー学会産業賞の貢献賞を受賞、二〇一四年には文部科学省の科学技術分野の文部科学大臣表彰も受賞するなど、同技術がレーザー業界にも認められる完成度の高い技術であることを裏付けている。

◉チタン製医療器具開発に向けて、本格始動

以上のように、同社では顧客目線の製品開発、それを可能とする技術開発を実践してきたが、前述の微細精密レーザー技術の開発は、同社に新分野進出のきっかけをもたらした。話は二〇〇九年に遡る。ある日のこと、福井県鯖江市出身で白内障・屈折矯正手術では第一人者で日本臨床眼科学会会長の清水公也氏（北里大学教授）が同社を訪れた。目的は、チタン製施術器具の製作依頼である。現在主流のステンレス製手術器具は加工し易い反面、錆、磁性の問題がある。軽くて強度があるチタンなら、こうした問題を解決できるのではないかと考えた。当時、同社では医療業界への参入は視野にあったものの、戦略的に定まっておらず、清水公也氏の来訪が同社の医療業界進出のきっかけとなった。本格的な参入は二〇一二（平成二四）年からメガネフレームの開発・製造を通じ培ってきた最先端の素材開発やレーザー加工技術を活かし、チタン製品を中心とした眼科用手術機器、脳神経外科用手術機器の開発が始まった。「わが社では、医療器具の開発に当たり、業界から誰一人引き抜いたこともありません。これまで培った技術力で、どうしたらいいかがわかるんです」と語る堀川会長。産地内分業から一貫生産体制へのシフト、それにより多様な技術力を確立し、どのような事態に遭遇しても解決できる高い技術レベルを備えている同社の強さをうかがい知ることができた。こうして二〇一四（平成二六）年四月、脳神経外科の世界的権威として知られる米国デューク大学の福

島孝徳教授からの助言を基に開発した九種類一〇四アイテムの開発品を発表した。今回の開発品は、脳腫瘍手術用のはさみや、血液や髄液を取り除く吸引管、一ミリメートル前後の微小な血管をつなぐ持針器のほか、ピンセットや剥離子など。特に、はさみやピンセットの先端部は武生特殊鋼材の高硬度特殊鋼を使用し、高い切れ味と耐久性を実現、理美容業界にはさみを売るシザーズ内山の助言も得ている。言わば、多様な地元企業の知の連携により生まれた新製品ともいえる。

　鯖江産地は、約三〇年前にチタンフレームを開発し、世界のチタンフレームをリードしてきた。「この産地は、チタンの精密加工の世界的産地です。だからこそ、この産地の生き残りをかけたバックアップに努めたい」と語る堀川会長。取材の終わり、我々にこんな言葉を残した。「産地で新しい分野に挑戦するには、誰かがその船頭役を果たすことが必要です。その役割が私の仕事なんですよ」。

7　武生特殊鋼材株式会社

クラッドメタル（異種金属接合材）で世界的に羽ばたくオンリーワン企業

【企業概要】

設　　立　一九五四（昭和二九）年
資 本 金　五〇〇〇万円（二〇一四年一二月現在）
事業内容　クラッドメタル（異種金属接合材）の受注生産販売、オリジナル刃物鋼（V鋼シリーズ）の販売
売 上 高　一四億九〇〇〇万円（二〇一五年三月）
従業員数　四八名（二〇一五年一一月現在）
本社住所　福井県越前市四郎丸町二一－二－一

◉クラッドメタル（異種金属接合材）を開発し多様な分野での展開を図る

同社はクラッドメタル（異種金属接合材）の製法特許を基に、一九五四年一〇月、越前打刃物業者に刃物素材を供給する刃物用鋼材メーカーとして誕生。これまでオリジナリティーあふれる製品を開発してきた。「当初から硬さと粘りという二律背反する要素を兼ねた材料はできないか、というのが出発点でした」、「従来の溶解法ではなく、いったん溶かしたものを粉末化することで均一組織のステンレス刃物鋼を開発しました」と語る代表取締役会長の河野通亜氏。そして、同社は、職人の手作業で高い技術が必要だったクラッドメタルの量産化に成功したことで、地元・越前市をはじめ、岐阜県関市や新潟県三条市、兵庫県三木市など全国の刃物産地へ販路が拡大。用途も家庭用（包丁、ナイフ、鎌など）から産業用（木工用、紙工用など）まで多様な分野に及び、刃物用クラッドメタルでは国内シェア六〇％を誇るようになった。

ところで、クラッドメタルとは、伸び率や融点がまったく異なる異種金属を二層、三層と重ね合わせて接合された積層材であり、それぞれの鋼材の欠点を補い合うことで、単一金属では不可能な特性を可能とした素材である。同社のクラッドメタルの加工技術は熱間圧延と冷間圧延を繰り返すことで求められる厚さに整えていくが、熱間と冷間圧延機を備える企業は全国でも数少ない。さらに長年の研究から鉄・ステンレスだけでなく、チタン・銅・アルミニウムなどの非鉄金属の

複合化も可能としたことで、産業用素材としても利用されている。また、クラッドメタル以外にも同社が扱う製品群の一つ、オリジナル刃物鋼材（V鋼シリーズ）は高い切れ味と永切れ性を有し多積層にクラッド化することで積層模様の意匠性、強靱性が特徴である。単一鋼が主体の海外では、従来と違う差別化商品として知名度が高まっている。さらに、同社では大手企業からの受託加工も手掛けており、大手企業の開発力と同社の技術力を融合することで最先端の試作品加工にも成功するなど、金属業界において注目されている企業でもある。こうした技術力が認められ、二〇〇八年には産業技術総合開発機構（NEDO）が主催する「超モノづくり部品大賞」の生活関連部品賞、（社）中小企業研究センターが主催する「グッドカンパニー大賞」の特別賞をダブル受賞、二〇〇九年には近畿地方発明表彰として「特許庁長官奨励賞」を受賞するなど国内でも同社の商品の評価は高い。特に「ダマスカス鋼」といわれる多積層金属が織りなす独特の模様は単なる刃物ではなく芸術工芸品としてナイフなどにも使用されている。一般には七〇層が看板商品となっているが、要望により何層でも積み上げることが可能という優れた特徴を持っている他、積み上げる資材の種類や厚さによって様々なアレンジができ、チタンと銅を積層したゴルフ用パターヘッド「Vクラード」や印鑑や小物入れなどの文具品、カップやアクセサリーなどのダマスカス鋼の模様を利用した工芸品（クラッドアート）などの開発も積極的に行っている。

◉独自制度「ドクター制度」により技術の伝承を図る

このように、同社はオンリーワンの技術力により発展目覚ましいが、その要因を探ると、意外な努力の積み重ねが現在の同社を生んでいることにも気づく。一般的に、企業規模の大小にかかわらず、また業種を問わず、企業にとって最大の悩みは技術開発と同時に技術の保護・伝承だが、同社ではこれらの課題を独特の人材育成制度を導入することによってクリアしているのである。それが「ドクター制度」と呼ばれるもので、十数年前に高齢者雇用制度の一環として採用した。その内容は、定年を迎えたベテラン社員の熟練技能を評価しドクターとして任命し、就任したドクターが若手や途中入社社員の技術レベルを高めつつ、メンタル面でのサポートも行うというものだ。

高いレベルを維持する開発力の秘訣は、そうした教育面での積極的な取り組みと、同社のキーワードでもある「限り無くオリジナリティー、限り無く本物志向」にあると河野会長は豪語する。こうした河野会長の想いは、地域内での産業振興の面でも余念がない。二〇一五年一〇月には長年の産業振興への努力が認められ、越前市から市政功労者表彰を受けている。

創業以来、徹底して鋼材の技術開発にこだわり、社員がそれに没頭できたからこそ今の同社の発展があるのかもしれない。同時に、顧客である鍛冶屋にダイレクトに接しているからこそ、市場ニーズを的確に把握し、製品づくりに反映することができたという利点も存在したのではないか。このような努力が報われ、二〇一三年には、同社の技術系社員田中氏が文部科学大臣表彰で創意工夫功労者賞を受賞。従来は一枚ずつ切断し、乾燥、積み込みまで行う自動装置の考案が評価された。また、二〇一五年には、同社相談役の山本氏が日本鉄鋼協会の鉄鋼技能功績賞を受賞している。

一昨年、新たに代表取締役社長に就任した河野通郎氏はこう語る。「技術というのは、継承しにくいものですね。先輩方から知識や経験に裏打ちされたコツのようなものを伝授していただき、自分なりの感性で磨き上げていくのが大事なのではないでしょうか」。この話を聞いて、同社では、モノづくりの精神がまるで親から子へと引き継がれるように、次の世代へとうまくバトンタッチされている姿を垣間見ることができた。同時に、通郎氏は、この年、新社長就任を機に、同社一〇年後の「創業七〇年ビジョン」を発表。今後の同社のあるべき姿を示している。

◉クラッドメタルで世界に羽ばたく

同社は、二〇〇四年頃からは海外との直接貿易を行い海外販売にも注力している。今では世界的な和食ブームの追い風もあって、欧米を中心とした輸出も急増、現在では海外向けが売上高の二五％程度を占めるまでに伸張している。同社は、日本刀に代表される鍛造刃物素材の量産化に成功し国内ではトップシェアまで上り詰めたが、海外への販売にはまだまだ余地がある。また、アイデア次第では様々な分野で利用が可能であり、伸展の余地が見られることから新商品や技術開発に余念がない。また、地元の刃物関係の協同組合と連携し「越前ブランドプロダクツコンソーシアム」を立ち上げ、統一ブランド名の包丁やナイフの商品群を海外の展示会などに出品し、ブランド力の向上にも努めている。さらに同社が開拓した欧州市場に向けて越前打ち刃物の販路開拓にも協力するなど、地域経済の活性化に向けても貢献しているのである。

二〇一五年、同社は中小企業庁の「がんばる中小企業・小規模事業者三〇〇社」に選ばれた。前述した刃物関係団体と統一ブランドで海外展開するなどの取り組みが、他の中小企業の規範になるとして選定されたのである。

同社の企業理念は「躍動果敢に企業長寿」。クラッドメタルの歴史は古いが、金属の可能性を広げるには新しい技術が必要であり、それを全うすべく、「会社はファミリー、企業は活力」、「仕事に厳しく、アフターワークは自由に」、「温故知新にありて今」、「〝結局はヒト!!〟、ヒューマリィ&ヒューマニティ」、「〝会社も社会〟（賞賛される企業）」をモットーに、更なる技術開発に磨きをかけて市場を開拓していくと河野会長は意気込む。

8 日華化学株式会社

界面活性剤の応用分野で業績を伸ばす研究開発型企業

【企業概要】
設　　立　一九四一（昭和一六）年
資 本 金　二八億九八〇〇万円（二〇一四年一二月末現在）
事業内容　一．繊維工業用界面活性剤の製造、販売
　　　　　二．金属、製紙、塗料、染料、合成樹脂用の界面活性剤の製造、販売
　　　　　三．クリーニング、業務用洗剤の製造、販売
　　　　　四．化粧品・医薬品の製造、販売
売 上 高　三九九億三〇〇〇万円（連結、二〇一四年一二月期）
従業員数　一三五九名（二〇一五年六月末現在）
本社住所　福井県福井市文京四－二三－一

◉研究開発型企業として

同社は、繊維加工工程に不可欠な繊維加工用界面活性剤分野で国内トップシェアを誇り、しかも紡糸、製織、製編分野から精錬、漂白、染色、捺染、仕上げまでの繊維製品がつくられる一貫した工程の全ての薬剤を手がける点に、同社の大きな特徴がある。

また、界面活性剤の技術を応用して、自動車、一般衣料品、スポーツ衣料、インテリア用品、精密機器、化粧品、各種機械、環境、病院・医療など様々な分野へと参入するなど、多角化が進んでいる事実も見逃せない。

その一例をあげると、ウール関係の研究開発成果を三〇年ほど前から毛髪分野で展開し、デミ化粧品として画期的なヘアケア製品を次々と開発。例えば、卵殻膜を業界で初めてパーマ剤に応用した「ウェーボ」を開発するなど、その技術開発力は美容業界で高い評価を得ている。また、繊維加工で培った技術を業務用クリーニング用の薬剤に利用し、クリーニング関係の事業も展開している。近年では、将来の成長を見据え、更なる新規事業の創出に取り組んでいる。例えば、電子線を当てることで炭素繊維複合材料（ＣＦＲＰ）を

硬化させる樹脂を開発。航空機の機体などに活用されている熱で固める樹脂と同等の強度を保ち、焼き固めに必要だった時間を大幅に短縮できるという特徴から、今後は航空機メーカーや自動車メーカーと共同で事業化を目指す。今のところ、電子線硬化技術は大掛かりな照射機械が必要で、費用・技術面で超えるべき壁は大きいが、今後、電子線の強さや放射線防護などの最適条件を検討していき、将来の事業化へとつなげていく予定となっている。その他、環境エネルギー・エレクトロニクス・モビリティ・産業材料・生活材料などの新規分野に向けた研究開発に取り組むなど、まさに地域を代表する研究開発型企業として成長を続けているのである。

◉イノベーションの歴史、顧客とともに考え、悩み、創造する

ところで、同社の創業は、一九三八（昭和一三）年、江守商店の二代目経営者江守清喜氏が、当時、経営困難にあった「宮下精練剤工業所」の再建に乗り出したことにより始まる。以降、新製品開発と中国向けの輸出を柱に業績を回復させ、翌年には、日本の『日』と当時の中華民国の『華』を合わせて、合資会社日華化学工業所へと改称。そして、創業七〇有余年を経た現在、中国を中心に海外の八つの国と地域に一二の子会社を有するまでに成長を遂げることになる。

では、何故、ここまでの成長を可能としたか。その要因を同社の代表取締役社長江守康昌氏は、次のように話す。「父は、研究開発と営業は車の両輪だと話していました」、「祖父は製品を売らずして技術を売るがモットーでした」、「これを私なりに解釈いたしますと、当社の商品です、使ってみてください、値段はこうですという商売ではなく、当社はお客様の課題を一緒に考え、悩み、創造していきますよということです」。この言葉から、江守社長の考え方として、「顧客に困りごとがあれば日華に頼もう、新しい製品ニーズがあれば日華と一緒に創ろう」といった、顧客のパートナー的役割を担える企業を目指している姿を読み取ることができた。

そして、それを支えているのが、同社の研究開発体制であろう。前述のように、同社は七〇年以上にわたり繊維加工をはじめ、金属加工、紙・パルプ、クリーニング、化粧品などの各分野で業界をリードする製品

を開発してきた。現在は、キーテクノロジーである界面科学をコアに、応用分野を、環境・健康、天然物、エネルギー、新素材まで広げ、新技術を生み続けている。そんな同社の研究開発の特徴は、研究員自らが、お客様の現場で生きた情報を仕入れ、研究に反映していることである。多品種・多機能製品群を背景に、お客様の課題やニーズを現場で直接分析した上で製品開発が行われているわけだ。それを裏付けるように、化学品事業の基幹研究所として主力製品の開発、および新規分野の研究開発に取り組む「日華総合研究所」をはじめ、〝自然で健康な髪づくり〟をテーマに、美容サロン向け頭髪用化粧品など毛髪科学に裏付けられた商品開発を行う「デミ毛髪科学研究所」、中国上海にあって日華総合研究所と連携し、巨大マーケット・中国の現地ニーズに即応する研究開発・問題解決機能を発揮する「日華化学研発（上海）有限公司」の三機関を擁し、さらに二〇一四年七月には台湾・桃園県にも台湾日華化学工業股份（こふん）有限公司の日華先端研究所がオープン。研究員一六人体制で繊維加工用界面活性剤のほか、台湾の基幹産業であるＩＴ関係、日華グループの新規事業開拓の柱となる先端技術の研究開発などを行う。これにより、同社が二〇一二年に完成している桃園工場と合わせアジア全体への製造・開発・販売の拠点が完成したことになる。

◉「イノベーション・カンパニー」を目指して

昨年二月、同社は、子会社の山田製薬（本社：東京都墨田区）が化粧品・医薬品工場（茨城県かすみがうら市）に隣接する新工場を建設すると発表した。約二三億円を投じ、延べ床面積三七〇〇平方メートルの規模の工場となる。稼働は二〇一七年二月を予定、化粧品分野の主力工場として美容室向けヘアケア剤などを生産し、需要の伸びに備える。さらに二〇一四年に発表した中期経営計画を見ると「ＮＩＣＣＡブランド」の世界発信を打ち出すとともに、二〇一七年には本社敷地内に、「イノベーションセンター」を新設することも打ち出している。その想いを江守社長は次のように述べた。「国内では、バブル崩壊以降、デフレもあったせいかイノベーション・技術開発が非常に遅れてしまったような気がします」、「新しいものを創りだす、それに挑戦する企業に変身する、そのために必要な施設がイノベーションセンターだと思います」、「そこに、いろんな知識を持った人達が集まってほしい。研究者だけでなく、営業や生産技術者、すぐ近くにある福井大学などの学生さん、行政の皆さんなど……」、「今までとは違った雰囲気を醸し出しながら、自由な発想でセンターとしての役割を果たせていけたらと考えています」、「福井はモノづくりが盛んで、かつ質実剛健な地域。そんなイメージがありますが、それだけではクオリティ・エクセレンスでとどまってしまうかも……」、「夢は、やはりイノベーション・カンパニーですね」と話す江守社長。

　その横顔には、同社の理念、キーワードともいうべき言葉、「企業は人なり」、「運命共同体」、「大家族主義」といった先代、先々代から引き継がれてきた企業風土を守りつつ、夢を着実に実現させていこうとするトップの熱い想いが感じられた。世界に羽ばたくグローバル企業、イノベーション・カンパニーとして、ますますの発展を期待してやまない。

9　フクビ化学工業株式会社

プラスチック異形押出成形技術を核に「福井型六次産業」に挑戦する

【企業概要】

設　　立　一九五三（昭和二八）年
資 本 金　二一億九三九〇万円（二〇一五年現在）
事業内容　一．建築資材の製造・販売、住宅用内装材・外装装飾部材、集合住宅用床システム
　　　　　二．樹脂製産業資材の製造・販売
　　　　　三．その他精密化工製品製造・販売、人工大理石、反射防止などの機能性精密樹脂製品など
売 上 高　三八一億五九〇〇万円（二〇一五年三月）
従業員数　八六九名（二〇一五年三月現在）
所 在 地　福井県福井市三十八社町三三

◉プラスチック異形押出成形技術、精密加工技術を二本柱に多様な分野に挑戦

同社は、一九五三（昭和二八）年、先代の八木熊吉氏が繊維産業に次ぐ第二の産業育成を目指して、福井市木田町で合成皮革のシートの下に織布を張り建築部材である床材を製作するなど、塩化ビニール建材用製品の製造販売を主とする福井ビニール工業株式会社を設立したことにより始まる。当時は、全国的にもプラスチックの需要がほとんど期待できない、いわゆる揺籃期であったが、技術的にも資金的にも幾多の困難に遭遇しながら、たゆまぬ技術開発、新製品開発が功を奏し設立後数年で経営は安定したという。その後、同社の努力が起爆剤となり、福井県内にも多くのプラスチック加工関連メーカーの誕生をみる。つまり、同社は福井県にプラスチック産業を根付かせた草分け的存在であり、言い換えれば地域内フロンティア企業の一つといえよう。

設立以来六〇年以上を経て、現在、同社の主力製品をみると、「戸建住宅、アパート、マンションなどの「建築資材部門」を主力に、バスや新幹線など大型車両のエアコンダクトや電灯カバー、電気器具の部品といっ

た「産業資材部門」、それに自動車メーター、携帯電話、デジカメ、医療機器、魚群探知機のモニターなどの反射防止液晶保護パネルといった光学的な加工を要する「精密加工部門」の三部門を中心に事業活動が行われている。これらに加え最近は、照明分野の一つとして、イルミネーション部材にも成形技術を応用。高透明樹脂と拡散性樹脂を二種同時に押し出して成形した「光ガイディングバー（導光棒）」は円筒状からテトラポッド形状まで複雑な形状を作り出すことが可能なため、サイン（看板）関係の加飾照明や階段の補助灯など用途が広く、エンドユーザーからも注目を集めているという。

そして、これら製品づくりのコア技術となっているのが同社の看板技術である「プラスチック異形押出成形技術」。そして、もう一つ、メーター類、液晶類をコーティングする「精密加工技術」である。この技術は、今や市場で広く認知されているウエットコーティング法を用いて開発したハーツラスARと呼ばれる技術で、特殊分野として中性子の検出パッチなど。具体的には、原子力発電所での被爆検出にも利用されているほか、ＮＡＳＡのスペースシャトルに搭載され、宇宙開発事業団の宇宙放射線実験でも活躍したという。

◉「環境経営」「循環型社会」、「少子高齢化」、「安全・安心」「技術革新」……

同社の代表取締役社長八木誠一郎氏に経営方針を訪ねると、「環境経営（＝環境に重点を置いた経営）」、「循環型社会（＝資源を無駄なく使う社会を目指した経営）」、「少子高齢化（＝弱者に優しい経営）」、「安全・安心」「技術革新」、「地域共生型モノづくり（福井型六次産業）」……、というキーワードが返ってきた。

まず、「環境経営」とはどういう意味か。同社では、業種の特性上、樹脂を使った製品を多くつくっているが、樹脂の大半は石油からつくられたもの。しかし、その石油資源が枯渇していく中で、同社では石油以外の有機物を混ぜて製品の質を落とさないよう工夫しながら石油資源の無駄を省く製品づくりに専念しているという。また、エネルギーの浪費を防ぐための製品づくりも怠らない。例えば、住宅の遮熱、断熱の効果を高めた建築部材づくりなど……。

次に、「循環型社会」についてはどうか。「循環型社会」への対応とは、資源を循環して使うこと、資源を無駄にしないこと。それに対する同社の工夫は、建築部材の一つ「フクフォームECO」を見ることで確認できる。この製品（断熱材）は、本などの出版物をつくる際に発生する切れ端を購入し、粉砕して粉にしデンプンなどを混ぜ水蒸気発泡させつくりあげたもの。そのほか竹、古古米などを粉砕し樹脂に混ぜ、単なる増量材ではなく様々な風合いを出した素材に改良し製品づくりに役立てていることも付け加えたい。その代表となる製品が、茅葺の屋根を想定して開発した「ハイブリッドKAYA」という製品である。

「少子高齢化」への対応については、最近発売した「あんから」という製品をあげなければならない。「あんから」とは「安全からっと」の意味であり、老人が風呂場などで滑らないよう工夫を凝らした床材。水がたまらず滑らない製品として、高齢者に優しく人気を呼んでいるという。

また、「安全・安心」という観点でのモノづくりでは、地震災害時の天井落下事故への対応という点に着目し「リフォジュール 不燃膜天井」を開発。シートを天井に張って仕上がる新しい工法であり、安全性・意匠性に配慮した、燃えない・軽い・大きな面積に施工できることが高く評価され『二〇一五年度グッドデザイン賞 グッドデザイン・ベスト一〇〇』を受賞している。単なるモノづくりではなく、施工の省力化などユーザーへ配慮した商品といえよう。

その他、顧客ニーズを一〇〇%満足させる柄の提供を可能とした大型のインクジェットを用いたオンデマンドの印刷システムや換気システム、外装材、制振補強システムなど、同社の製品群をあげればきりがない。そして、これらの製品は、八木社長が考える同社の経営方針に沿い次世代を見越して製作されたものであり、そこには創業当初から同社に根付く、たゆまぬ「技術革新」があってこその〝技〟であることは言うまでもない。

こうした中、同社の製品「リフォジュール不燃膜天井」が、日本デザイン振興会の二〇一五年度グッドデザイン賞に選ばれている。

◉「地域共生型モノづくり」を目指して、「福井型六次産業」への挑戦

最後にもう一つ、八木社長があげたキーワード、「地域共生型モノづくり」について述べなければならない。

環境・地域との共生をテーマとする同社は、二〇一三（平成二五）年三月、資源の有効活用を目指す坂井森林組合と連携し、「ふくいＷＯＯＤバイオマスセンター」をオープンさせた。福井県は県土の七五％が森林だが、近年林業離れが進み、間伐が行われてもその半分は山林に放置され有効活用されていない。そのため、同施設では、まず坂井森林組合が地域から出る間伐材の皮をむき木粉にするまでを担当。同社が木粉とリサイクルプラスチックやその他添加剤などを混合して木粉混合プラスチックペレット「フクウッド」を生産。その後、本社工場に持ち帰り、この「フクウッド」をベースに同社の成形加工技術を駆使し完成した製品が建築部材「プラスッド」である。天然の木材は時間とともに腐ったり塗装がはがれたりで耐久性がない。しかし、「プラスッド」は基材部分の樹脂に鋼性がある特殊ＡＢＳ樹脂を使用することで耐久性に優れ、さらに火元を離すと自然消化する自己消火性も備えている。つまり、同製品は、本物の木材のような風合いと樹脂ならではの機能性、耐久性を併せ持つ新時代のエコ建材といえよう。これにより、同社は、一次産業（林業）から二次産業（製造業）、三次産業（販売・施工サービス）までを一貫して行う「福井型六次産業」のビジネスモデルを確立したわけである。我々は、同取り組みを「地域共生型モノづくり」と「環境経営」、「循環型社会」への取り組みの先進事例として大いに賞賛しなければならない。それともう一つ、バイオマスセンターで重機を動かすオペレーターは女性が担当。女性ならではの繊細な感性が活かされており、見方を換えれば、同社では少子高齢化社会の到来に備えて女性参画の場を構築している事実も見逃してはならない。

最後に、八木社長は我々にこのような言葉を残した。「環境経営、循環型社会、少子高齢化、安全・安心、そして地域共生型のモノづくり……。重要性を増すこれら課題に対応していくことが〝福井型モノづくり〟の原動力になり、強いては全国の課題を解決することにもつながっていく」と……。

10　前田工織株式会社

土木資材、環境資材など
ジオシンセティックスのパイオニア

【企業概要】
設　　立　一九七二（昭和四七）年
資 本 金　三四億三八〇〇万円（二〇一四年七月二〇日現在）
事業内容　建築・土木資材などの環境資材や各種繊維を原料とした産業資材の製造・加工・販売ならびに自動車用ホイールの製造・販売
売 上 高　二六七億七四〇〇万円（二〇一五年九月連結）
従業員数　一〇一三名（二〇一五年九月現在）
所 在 地　福井県坂井市春江町沖布目三八―三

◉「前田工織株式会社」誕生の秘密

同社が扱うジオシンセティックスとは何か。関連する工業辞典で調べてみると、土構造物の安定化を図るため、面状、棒状、帯状、パイプ状などの高分子の繊維製品やプラスチック製品を地盤中に配置したもの。透水性があるシート状・格子状・ネット状のジオテキスタイル、全く水を通さない膜状のジオメンブレン、およびそれら複合製品であるジオコンポジットの総称らしい。元々、建設用の石油化学繊維材料をジオテキスタイルと名づけたのがはじまりといわれ、製品が増えるに従いジオシンセティックスという総称で呼ぶようになった。

では、このジオシンセティックスを製造する企業、前田工織株式会社（代表取締役社長 前田 征利氏）が何故この福井の地に誕生したのか。話は一九〇〇年代初頭にさかのぼる。前田社長が言うには、「もともと我が家は米屋さんだったんです。それが一九一八年、あの米騒動で……。ちょうどそのころ繊維業界ではレーヨンという化学繊維が儲かっていて、そこで始めたのが機屋さんだったんです」。こうして一九一八（大正七）年、同社の前身、前田機業場が立ち上がった。戦前の機屋は自分で糸を買って織っていたが、戦後は賃織りにシフト。賃織りは機屋にとってリスクが少なく、納期、単価を守ればよい。しかも商品開発は原糸メーカーがやってくれる。非常に楽な商売である。しかし、一九六八（昭和四三）年大学を卒業し帰郷した前田社長の目には、それが面白味の無い商売に思えたという。モノをつくっていても最終需要がどこに行くのか見えない。自分でつくり、自分で価格を決めて、自分で売る商売がしたい。帰郷して三年を経たころ、一九七一（昭和四六）年のことである。熊谷組の東京本社にいた同級生を通じて排水材として使われるトンネル工事用の部材と出会う。当時、列島改造ブームの最中でトンネル工事が多く、今後も需要は伸びると踏んだ前田社長は、繊維素材での排水材開発に挑んだ。こうして未知の分野、繊維素材を使った土木資材開発への道を歩み始める。そして一九七二（昭和四七）年、暗渠排水管「エンドレン」の商品化に成功する。「エンドレン」とは、合成繊維の中で最も硬く、弾力性のあるテトロン剛毛糸を〝へちま〟構造状に内部充填して、外層を合成繊維フィルターで包んだ暗渠排水管で、暗渠やトンネルの側壁、アーチなど構造物の裏側の排水のために使われる部材である。前田社長が語る。「前田工織の〝工織〟とは、工業繊維のこと」、こうして同年、繊維を土木資材、環境資材で活かす前田工織株式会社が誕生した。

その後、列島改造ブームによるインフラ整備が続くなか、まずは北海道の足場固めから始め全国行脚しながら、一〇年をかけて国内販売網を構築した。

●「イノベーション」は、異質なもののまじわりから

二〇〇〇年代に入り、同社ではＭ＆Ａも活発化した。その買収企業の一つに、太田工業株式会社がある。同社の買収はトップ同士の長い付き合いが決定した。「この社長さん、うちの商品を買っていただいていた社長さんなんですがね、後継者がいないということで、この社長さんのご提示額で買収しましたよ」と語る前田社長。普通なら買収価格は事前調査して決めるはずだが……。ここにも前田社長の人の良さが伝わってくる。しかし、今ではこの会社で保有していた事業分野の売り上げも結構出ているという。また、住友ベークライトの事業も買収したが、その事業に前田工織の独自繊維技術を導入し開発した製品、盛土補強・軟弱地盤安定材「ＡＤＥＡＭ」は、現在では同社の主力製品となっている。

「要するに、イノベーションなんていうのは、まったく異業種の中でないと生まれないんです。同じ、例えばわが社がやっている事業の中で多様な商品開発もありますが、それはイノベーションじゃなく、改善・改良の段階。まったく異業種のところで、多様なものが混じり合い、そのことによって新しいものができるのではないですかね」と、前田社長は豪語する。

二〇一三年には買収したワシ興産、ワシマイヤー、日本BBSの三社を合併し、子会社「BBSジャパン」を設立。世界的に有名なBBSブランドを傘下に収め、新たな挑戦が始まった。さらに、二〇一四年には、石川県に本社を有する撚糸メーカーダイイチの全株式一〇万株を取得し、子会社化した。前田工繊グループの繊維製造工程にダイイチの加工糸と編み物の製造技術や設備を付加することで、産業資材事業を強化して業務拡大を図る。

M&Aは、様々な事業・人との融合につながり、これにより全く新しいものが生まれる。同社では、M&Aが新たな「イノベーション」を導くための典型的な手法なのである。

◉グローバル化への挑戦

同社では、創業当初から、同社のDNAである「独自の知恵と技術を駆使」し、従来の仕組みや概念にとらわれることなく未来を見据えて、顧客ニーズに対応できる製品を開発することで新たなマーケットを構築してきた。

そして、二〇一一年には同社グループ初の海外生産拠点として、経済成長著しいベトナムに「MAEDA KOSEN VIETNAM CO, LTD.」を設立した。この地を拠点にシンガポール、インドネシアなどアセアン諸国のインフラ整備にも一翼を担う企業としての発展を目指している。しかも、「私は、三年ほどしたらベトナム人に社長をしてもらおうかなと思っています」と語る前田社長。完全に日本人抜きで現地化する、真の意味でのグローバル企業を目指している。夢は、アセアン、中国、そして欧州、米国へと広がっていく。

◉無限大の可能性を追求する

同社のロゴマーク「∞」は、無限の可能性を追求する同社の強い意志を表したもの。同社では、二〇〇七(平成一九)年の上場以来五年間は、世界的な金融混乱、大規模自然災害による経済活動の低迷が続き、同社を取り巻く経営環境は決して楽なものではなかった。しかし、同社では、特に環境資材事業においては「防災・安心・安全」のニーズに応える同社製品が市場から高い評価を受け、それが同社の発展の強みにもなってきた。

振り返れば、同社のこれまでは、土木資材の供給を通じた国土のインフラづくり（ソーシャルインフラ事業）、そして産業用資材や不織布などの供給を通じた工業インフラづくり（インダストリーインフラ事業）を通じ、〝社会のあるべき姿〟の実現に寄与してきた。さらに、同社の新たな試みとして、人間に不可欠な「遊び」を象徴する趣味性の高い自動車用アルミホイール事業への参入を通じて〝人間のあるべき姿〟（ヒューマンインフラ事業）にも目を向け始めている。こうした社会、そして、人間のあるべき姿を見据えたモノづくりを通じて、同社はさらに世の中から必要とされる企業として成長していくに違いない。

コラム－7

地域企業における新分野展開のポイントを探る

少子高齢化や格差社会の到来、グローバル化の進展など様々な構造変化が進む中、地域企業では、こうした状況を乗り切るために様々な挑戦を行い活路を見出すことが求められている。それは、いわゆる新分野の展開ということになるが、では狙うべき分野はどこにあるのか。また、新分野展開のためのポイントとは何か。そのヒントは、現在進行形の構造変化の中に隠されているように思える。

例えば、自動車燃料がガソリンから電気へと転換期を迎える中、既存の自動車関連企業もその対応が求められているが、こうした動きは新たな技術や商品を持つ企業にとって、自動車産業へ参入する一つの機会につながるであろう。このような動きは自動車産業だけではない。化石エネルギーから再生可能エネルギーへの転換、生産の集中から国際分散化へ、環境技術や循環型社会への注目など、今世界は大きな転換点に立たされている。つまり、地域企業にとっては、従来の産業システムや生産体系の変化、流通の高度化などの多様な変革が新分野進出の絶交のチャンスと思えるのである。

さらに、地域別産業別にその可能性をみると、例えば、福井県の場合、当地はエネルギー関連施設の一大拠点であり、これを活かして環境技術の開発を集中的に進める、戦略的な支援を行うといった方針を地域全体で取り組むことが必要ではないか。また、地域全体としてみても、今、注目を集める地域の農業分野での展開。農のビジネス化、目指すべきはビジネスとしての農業、産業としての農業の確立に向けてのかじ取りが必要であることは言うまでもない。また、地域の建設業も同様である。日本の建設業の技術や品質は非常に高く、今後、さらに国内需要が減少する中で生き残っていくには、建設需要が高まっている新興国など海外市場を狙うことも重要となろう。その際、品質だけではなくサービスや機動力（デリバリー）を売り物にすることも考えなければならない。

では、実際に新分野展開を成功に導くためのポイントはどこにあるのか。それはまさに企業のトップ自らがチャレンジ精神を磨き、新たなものへ挑戦する気概を醸成すること。言葉を換えれば、新分野成功のための第一のポイントは「トップ自らの風土改革」を実践することに他ならない。そして、第二のポイントとしては、やはりトップと従業員の立場を乗り越えた関係性構築の必要性をあげなければならない。具体的には、かつての日本企業でみられた「総力経営」を今一度導入することが必要といえよう。そして第三のポイントは、自社独自の企業文化を創出すること。かつての日本企業は、この企業文化が最大の競争力となっていた。では、企業文化とは何か。それは、社員が持っている共通の理念や価値観、社員一人ひとりに根付いた暗黙知の集合体である。そして、これら独自の企業文化が全社的な意思の統一を生み、それはやがて取引先あるいは顧客をも巻き込んだ形での、自社への熱い信頼へとつながっていく。

最後に、今後の地域企業に求められる姿は、時代変化に合わせて外部環境への適合力をつけること、それは時代を先取りした市場創造型企業へと変身することである。さらに人材育成、組織体制の整備など内部の革新性を高めることと、業種、業態、規模を超越した企業の普遍的法則を見つけ出すこと。その結果、再構築された自社の経営スタンスが新たなビジネスモデルを生み、さらなる発展の可能性を引き出し、自社の夢、希望を実現する原動力につながっていくものと考える。

むすびにかえて

あの3・11、東日本大震災は、私達にいくつかの教訓を残した。第一に、日本経済の成長過程を振り返ると、バブル崩壊以降の今日まで、〝失われた二〇年〟と呼ばれるように経済の低迷に喘ぎ、この間、構造改革の名の下で進められた、所謂、市場原理主義の導入によって日本の経済システムそのものが傷つき、実感のない成長と需要の低迷が続いた。今回の震災を機に、我々は壊れかけた日本の経済システムをリセットし再スタートを切るという覚悟が必要ではなかろうか。日本経済にとっては、そのアクションを起こす最後の機会を今回の震災が教えてくれたように思う。

第二に、震災後の再生に向けての動きの中で感じることは、被災地の自治体や住民、地元企業などの必死の動きが見て取れるものの、被災地の復興対策や日本全体に向けての経済対策、すなわち日本政府の対応が十分とはいえないように思えた。こうした状況から学ぶべきことは、もはや地方は中央政府の力の限界を認識し、何事も地方自らの手で行う意識を持つことが必要な時代となったことであろう。そのために、地方は何をなすべきか、今後は被災地のみならず地方圏全体が、独自の企画力、構想力、ビジョン力を養い育てることが必要ではなかろうか。

第三に、震災後、〝絆〟という言葉をよく耳にするようになった。その理由は、〝絆〟の深い地域がいち早く再生に向け動き出す姿が見受けられたためであろう。つまり、この言葉は、地域の再生・維持・発展を目指す上で重要なキーワードであり、言葉を換えれば、地域におけるネットワークの重要性を再認識させるものである。そのために、地域は失われつつある地域の基盤、域内ネットワークの再構築を図らなければならない。

昨年三月、福井市が主催する歴史作家、加来耕三(かくこうぞう)氏の講演会に参加することができた。演題は「一〇〇年の興亡　朝倉氏一族」という話であったが、加来氏が述べたある一言が今も頭に残っている。加来氏は、朝倉氏一族が一〇〇年で滅んだ理由をいとも容易くこう言い放った。「越前は豊かすぎた。豊かすぎて武人であると同時に文人でもあった朝倉氏には京の都に攻め上り、天下を取る気がさらさらなかった。豊かすぎたがゆえに、越前を愛しすぎたが故に、越前から外に飛び出すことを拒んだ。北の一向宗への守りはしっかりやったが、南の守りをおこたった。そして、織田勢に滅ぼされて……」。この話を聞いているうちに、加来氏が伝えたかったことがなんとなく解かった気がした。今の福井を戦国武将朝倉氏に例えて伝えたかったのではないか。豊かだ、幸せだと言っているうちに……、である。今は、それを自慢するよりはむしろハングリーな精神、アグレッシブな精神を持ち合わせた、いささか「したたかな福井人」になろうではないか。

資料編　福井県・全国の主要経済指標

全国

分類	項目		調査年	データ	単位	R
面積	面積		13年10月	377,961.73	k㎡	-
	人口密度		14年1月1日	334.5	人/k㎡	-
	可住地面積		12年	127,140.47	k㎡	-
	都市計画区域面積		11年3月末	101,614.87	k㎡	-
人口・世帯	人口(住民基本台帳)		14年1月1日	126,434,964	人	-
			04年3月末	126,824,166	人	-
	増減率		14年/04年	▲ 0.3	%	-
	世帯数(住民基本台帳)		14年1月1日	54,592,108	世帯	-
			04年3月末	49,260,791	世帯	-
	増減率		14年/04年	10.8	%	-
	世帯あたり平均人員		14年1月1日	2.32	人	-
	高齢者比率		14年1月1日	25.0	%	-
	人口(国勢調査)		10年	128,057,352	人	-
			05年	127,767,994	人	-
			95年	125,570,246	人	-
	労働力人口		10年	63,699,101	人	-
	人口に占める労働力人口		10年	49.7	%	-
	完全失業者		10年	4,087,790	人	-
	非労働力人口		10年	40,372,373	人	-
	産業別就業人口構成比	第1次産業	10年	4.2	%	-
		第2次産業	10年	25.2	%	-
		第3次産業	10年	70.6	%	-
	高等教育卒業比率(国勢調査)		10年	17.3	%	-
	出生者数		13年度	1,030,388	人	-
	死亡者数		13年度	1,267,838	人	-
	自然増減		13年度	▲ 237,450	人	-
	転入者数		13年度	5,164,139	人	-
	転出者数		13年度	5,201,247	人	-
	社会増減		13年度	▲ 37,108	人	-
行財政	地方公務員数	職員数(全職種)	13年4月	-	人	-
		採用者数(全職種)	12年度	-	人	-
	歳入		12年度	51,572,618,009	千円	-
	地方税		12年度	16,809,190,048	千円	-
	地方交付税		12年度	8,848,887,324	千円	-
	地方債		12年度	6,781,017,624	千円	-
	歳出		12年度	50,053,180,079	千円	-

分類	項目		調査年	データ		単位	R
製造業(つづき)	従業員あたり製造品出荷額等		12年		3,888	万円	-
	従業員あたり粗付加価値額		12年		1,312	万円	-
	製造品出荷額等	第1位業種	12年	輸	19.6	%	-
		第2位業種	12年	化	9.0	%	-
		第3位業種	12年	食	8.4	%	-
		第4位業種	12年	鉄	6.2	%	-
		第5位業種	12年	油	5.9	%	-
小売業	小売商店数		12年		782,862	店	-
			02年		1,300,057	店	-
	増減率		12年/02年		▲ 39.8	%	-
	取扱品目別小売店舗数割合	各種商品	12年		0.3	%	-
		織物・衣服・身の回り品	12年		13.7	%	-
		飲食料品	12年		31.7	%	-
		機械器具	12年		13.1	%	-
		その他の小売	12年		37.6	%	-
		無店舗小売業	12年		3.6	%	-
	小売商店従業者数		12年		5,535,790	人	-
			02年		7,972,805	人	-
	増減率		12年/02年		▲ 30.6	%	-
	年間商品販売額		12年		110,489,863	百万円	-
			02年		135,109,295	百万円	-
	増減率		12年/02年		▲ 18.2	%	-
	取扱品目別年間商品販売額割合	各種商品	12年		9.9	%	-
		百貨店・総合スーパー	12年		9.8	%	-
		織物・衣服・身の回り品	12年		6.6	%	-
		飲食料品	12年		28.2	%	-
		うち各種食料品	12年		13.7	%	-
		機械器具	12年		18.0	%	-
		その他の小売	12年		31.2	%	-
		医薬品・化粧品	12年		7.8	%	-
		書籍・文房具	12年		2.7	%	-
		無店舗小売業	12年		6.0	%	-
	売場面積		12年		132,917,692	㎡	-
			02年		140,619,288	㎡	-
	増減率		12年/02年		▲ 5.5	%	-
	従業員あたり年間商品販売額		12年		1,996	万円	-

行財政	財政力指数		12年度	0.46	-	-
	経常収支比率		12年度	94.6	%	-
	実質公債費比率		12年度	13.7	%	-
	人口１人あたり地方債現在高		12年度	211	円	-
	ラスパイレス指数		12年度	107.4	%	-
	人口10万人あたり職員数		12年度	1,110.90	人	-
	人口１人あたり人件費・物件費等決算額		12年度	115,769	円	-
経済計算	国内総生産		11年度	532,319,675	百万円	-
			01年度	493,600,327	百万円	-
		増減率	11年度/01年度	7.8	%	-
		一次産業比率	11年度	1.1	%	-
		二次産業比率	11年度	25.5	%	-
		三次産業比率	11年度	72.9	%	-
	人口あたり県内総生産 *1		11年度	421.2	万円	-
農業産出額			12年	86,106	千万円	-
事業所	事業所数		12年	5,453,635	ヶ所	-
			01年	6,138,312	ヶ所	-
		増減率	12年/01年	▲ 11.2	%	-
	事業所従業者数		12年	55,837,252	人	-
			01年	54,912,703	人	-
		増減率	12年/01年	1.7	%	-
	新設事業所（民営事業所）		12年	442,562	社	-
	廃業事業所（民営事業所）		12年	1,118,443	社	-
	上場企業数		14年12月	3,555	社	-
製造業	製造業事業所数		12年	216,262	ヶ所	-
			02年	290,848	ヶ所	-
		増減率	12年/02年	▲ 25.6	%	-
		300人以上	12年	3,106	ヶ所	-
		大工場比率	12年	1.44	%	-
	製造業事業所従業者数		12年	7,425,339	人	-
			02年	8,323,589	人	-
		増減率	12年/02年	▲ 10.8	%	-
	製造品出荷額等		12年	288,727,639	百万円	-
			02年	269,361,805	百万円	-
		増減率	12年/02年	7.2	%	-
	粗付加価値額		12年	97,405,033	百万円	-
			02年	107,499,078	百万円	-
		増減率	12年/02年	▲ 9.4	%	-

小売業	人口あたり年間商品販売額 *2		12年	87	万円	-
	人口あたり売場面積 *3		12年	1.05	㎡	-
	大型小売店舗	大型小売店舗数	14年4月	20,838	店	-
		大型小売店舗面積	14年4月	106,153,534	㎡	-
		大型店１店舗あたり店舗面積	14年4月	5,094.23	㎡	-
		大型店面積占有率 *4	14年4月	79.9	%	-
	流出入係数 *5		12年3月	1.00	-	-
建築・土地	新設住宅着工戸数		12年度	893,002	戸	-
	新設住宅着工床面積		12年度	79,413,476	㎡	-
	建築物着工床面積		12年度	135,454,057	㎡	-
	建築物着工床面積用途別割合	製造業用	12年度	5.8	%	-
		卸売・小売業用	12年度	6.7	%	-
		医療・福祉用	12年度	-	%	-
		その他サービス業用	12年度	3.0	%	-
	1㎡あたり平均地価	住宅地	13年7月	672	百円	-
		商業地	13年7月	2,464	百円	-
		工業地	13年7月	384	百円	-
預金・消費・福祉等	個人預貯金残高		14年3月末	4,194,936	億円	-
		一世帯あたり	14年3月末	768	万円	-
	乗用車保有台数		13年3月末	59,165,967	台	-
		世帯あたり乗用車保有台数 *6	13年3月末	1.08	台	-
	病院・一般診療所数		12年10月	108,717	ヶ所	-
	医師数		12年12月末	303,268	人	-
	都市公園面積		13年3月末	117,632	ha	-
		人口あたり都市公園面積 *7	13年3月末	9.31	㎡	-
	公共下水道普及率		13年3月末	76.3	%	-
	ごみ排出量	年間排出量	12年度	45,219,625	t	-
		人口あたり年間ごみ排出量	12年度	358	kg	-

注：「R」は，47都道府県（福井17市町）中の順位（降順）．
*1　総生産は11年度，人口は12年3月末データを使用．
*2　人口は12年3月末データを使用．
*3　人口は12年3月末データを使用．
*4　小売業売場面積は12年度，大型店舗面積は14年4月データを使用．
*5　流出入係数＝12年小売業売上シェア／12年人口シェア．
*6, 7　人口は12年3月末データを使用．

福井県

区分	項目	調査年	データ	単位	R
面積	面積	13年10月	4,189.89	km²	33
面積	人口密度	14年1月1日	190.2	人/km²	31
面積	可住地面積	12年	1,074.02	km²	42
面積	都市計画区域面積	11年3月末	973.59	km²	40
人口・世帯	人口（住民基本台帳）	14年1月1日	797,066	人	43
	人口（住民基本台帳）	04年3月末	824,824	人	43
	増減率	14年/04年	▲ 3.4	%	29
	世帯数(住民基本台帳)	14年1月1日	278,631	世帯	46
	世帯数(住民基本台帳)	04年3月末	259,075	世帯	46
	増減率	14年/04年	7.5	%	34
	世帯あたり平均人員	14年1月1日	2.86	人	1
	高齢者比率	14年1月1日	26.4	%	25
	人口（国勢調査）	10年	806,314	人	43
	人口（国勢調査）	05年	821,592	人	43
	人口（国勢調査）	95年	826,996	人	44
	労働力人口	10年	424,477	人	43
	人口に占める労働力人口	10年	52.6	%	4
	完全失業者	10年	22,226	人	45
	非労働力人口	10年	250,746	人	45
	産業別就業人口構成比 第1次産業	10年	4.0	%	31
	産業別就業人口構成比 第2次産業	10年	31.9	%	9
	産業別就業人口構成比 第3次産業	10年	64.2	%	33
	高等教育卒業比率（国勢調査）	10年	14.6	%	21
	出生者数	13年度	6,483	人	41
	死亡者数	13年度	8,789	人	46
	自然増減	13年度	▲ 2,306	人	6
	転入者数	13年度	17,991	人	46
	転出者数	13年度	20,213	人	46
	社会増減	13年度	▲ 2,222	人	21
行財政	地方公務員数 職員数(全職種)	13年4月	13,470	人	45
	地方公務員数 採用者数(全職種)	12年度	546	人	41
	歳入	12年度	469,734,119	千円	43
	地方税	12年度	97,154,532	千円	38
	地方交付税	12年度	130,765,622	千円	41
	地方債	12年度	65,411,000	千円	42
	歳出	12年度	461,595,202	千円	43

区分	項目	調査年	データ		単位	R
製造業（つづき）	従業員あたり製造品出荷額等	12年		2,870	万円	27
	従業員あたり粗付加価値額	12年		1,191	万円	23
	製造品出荷額等 第１位業種	12年	化	15.3	%	-
	製造品出荷額等 第２位業種	12年	デ	14.7	%	-
	製造品出荷額等 第３位業種	12年	繊	12.3	%	-
	製造品出荷額等 第４位業種	12年	電	8.6	%	-
	製造品出荷額等 第５位業種	12年	プ	7.6	%	-
小売業	小売商店数	12年		6,771	店	43
	小売商店数	02年		10,820	店	44
	増減率	12年/02年		▲ 37.4	%	11
	取扱品目別小売店舗数割合 各種商品	12年		0.4	%	19
	取扱品目別小売店舗数割合 織物・衣服・身の回り品	12年		15.0	%	5
	取扱品目別小売店舗数割合 飲食料品	12年		30.6	%	34
	取扱品目別小売店舗数割合 機械器具	12年		14.0	%	17
	取扱品目別小売店舗数割合 その他の小売	12年		36.2	%	43
	取扱品目別小売店舗数割合 無店舗小売業	12年		3.8	%	18
	小売商店従業者数	12年		39,417	人	42
	小売商店従業者数	02年		56,335	人	43
	増減率	12年/02年		▲ 30.0	%	20
	年間商品販売額	12年		706,687	百万円	42
	年間商品販売額	02年		905,181	百万円	42
	増減率	12年/02年		▲ 21.9	%	31
	取扱品目別年間商品販売額割合 各種商品	12年		5.8	%	45
	百貨店・総合スーパー	12年		5.6	%	37
	織物・衣服・身の回り品	12年		5.8	%	29
	飲食料品	12年		30.8	%	14
	うち各種食料品	12年		15.9	%	13
	機械器具	12年		18.4	%	13
	その他の小売	12年		35.0	%	23
	医薬品・化粧品	12年		9.3	%	5
	書籍・文房具	12年		3.2	%	3
	無店舗小売業	12年		4.1	%	28
	売場面積	12年		1,095,416	m²	43
	売場面積	02年		1,112,335	m²	43
	増減率	12年/02年		▲ 1.5	%	7
	従業員あたり年間商品販売額	12年		1,793	万円	35

			年次	値	単位	R
行財政	財政力指数		12年度	0.36	-	30
	経常収支比率		12年度	93.8	%	25
	実質公債費比率		12年度	17.5	%	7
	人口1人あたり地方債現在高		12年度	191	円	32
	ラスパイレス指数		12年度	107.8	%	23
	人口10万人あたり職員数		12年度	1,540.18	人	5
	人口1人あたり人件費・物件費等決算額		12年度	158,953	円	7
経済計算	県内総生産		11年度	3,547,775	百万円	41
			01年度	3,151,615	百万円	41
		増減率	11年度/01年度	12.6	%	14
		一次産業比率	11年度	1.1	%	33
		二次産業比率	11年度	30.9	%	20
		三次産業比率	11年度	67.8	%	28
	人口あたり県内総生産 *1		11年度	444.1	万円	6
農業産出額			12年	477	千万円	44
事業所	事業所数		12年	42,815	ヶ所	42
			01年	50,555	ヶ所	41
		増減率	12年/01年	▲ 15.3	%	41
	事業所従業者数		12年	372,509	人	41
			01年	381,810	人	40
		増減率	12年/01年	▲ 2.4	%	30
	新設事業所(民営事業所)		12年	2,080	社	45
	廃業事業所(民営事業所)		12年	7,113	社	42
	上場企業数		14年12月	16	社	23
製造業	製造業事業所数		12年	2,391	ヶ所	28
			02年	3,390	ヶ所	27
		増減率	12年/02年	▲ 29.5	%	42
		300人以上	12年	24	ヶ所	34
		大工場比率	12年	1.00	%	37
	製造業事業所従業者数		12年	67,394	人	34
			02年	79,077	人	31
		増減率	12年/02年	▲ 14.8	%	36
	製造品出荷額等		12年	1,934,383	百万円	35
			02年	1,687,094	百万円	37
		増減率	12年/02年	14.7	%	19
	粗付加価値額		12年	802,911	百万円	35
			02年	775,276	百万円	34
		増減率	12年/02年	3.6	%	11

			年次	値	単位	R
小売業	人口あたり年間商品販売額 *2		12年	88	万円	16
	人口あたり売場面積 *3		12年	1.37	㎡	3
	大型小売店舗	大型小売店舗数	14年4月	189	店	40
		大型小売店舗面積	14年4月	803,610	㎡	42
		大型店1店舗あたり店舗面積	14年4月	4,251.90	㎡	34
		大型店面積占有率 *4	14年4月	73.4	%	30
	流出入係数 *5		12年3月	1.01	-	16
建築・土地	新設住宅着工戸数		12年度	3,803	戸	42
	新設住宅着工床面積		12年度	448,607	㎡	41
	建築物着工床面積		12年度	824,406	㎡	42
	建築物着工床面積用途別割合	製造業用	12年度	10.4	%	7
		卸売・小売業用	12年度	6.8	%	22
		医療・福祉用	12年度	-	%	-
		その他サービス業用	12年度	3.1	%	21
	1㎡あたり平均地価	住宅地	13年7月	328	百円	21
		商業地	13年7月	588	百円	32
		工業地	13年7月	119	百円	45
預金・消費・福祉等	個人預貯金残高		14年3月末	21,111	億円	41
		一世帯あたり	14年3月末	758	万円	10
	乗用車保有台数		13年3月末	490,342	台	41
		世帯あたり乗用車保有台数 *6	13年3月末	1.76	台	1
	病院・一般診療所数		12年10月	661	ヶ所	46
	医師数		12年12月末	1,975	人	44
	都市公園面積		13年3月末	1,131	ha	40
		人口あたり都市公園面積 *7	13年3月末	14.16	㎡	8
	公共下水道普及率		13年3月末	74.4	%	15
	ごみ排出量	年間排出量	12年度	289,940	t	42
		人口あたり年間ごみ排出量	12年度	363		19

注:「R」は,47都道府県(福井17市町)中の順位(降順).
*1　総生産は11年度,人口は12年3月末データを使用.
*2　人口は12年3月末データを使用.
*3　人口は12年3月末データを使用.
*4　小売業売場面積は12年度,大型店舗面積は14年4月データを使用.
*5　流出入係数=12年小売業売上シェア／12年人口シェア.
*6, 7　人口は12年3月末データを使用.

資料等一覧（1/2）

項目			資料	調査年
面積	面積		国土地理院	13年10月
	人口密度		上記をもとに自己算出	14年1月1日
	可住地面積		同上	12年
	都市計画区域面積		国土交通省「都市計画年報」	11年3月末
人口・世帯	人口（住民基本台帳）		総務省自治行政局市町村課「住民基本台帳人口要覧」	14年1月1日
				04年3月末
	増減率		上記をもとに自己算出	14年/04年
	世帯数(住民基本台帳)		総務省自治行政局市町村課「住民基本台帳人口要覧」	14年1月1日
				04年3月末
	増減率		上記をもとに自己算出	14年/04年
	世帯あたり平均人員		上記をもとに自己算出	14年1月1日
	高齢者比率		上記をもとに自己算出	14年1月1日
	人口（国勢調査）		総務省統計局「国勢調査」	10年
				05年
				95年
	労働力人口		総務省統計局「国勢調査」	10年
	人口に占める労働力人口		上記をもとに自己算出	10年
	完全失業者		総務省統計局「国勢調査」	10年
	非労働力人口		総務省統計局「国勢調査」	10年
	産業別就業人口構成比	第1次産業	総務省統計局「国勢調査」	10年
		第2次産業	総務省統計局「国勢調査」	10年
		第3次産業	総務省統計局「国勢調査」	10年
	高等教育卒業比率（国勢調査）		総務省統計局「国勢調査」	10年
	出生者数		総務省自治行政局市町村課「住民基本台帳人口要覧」	13年度
	死亡者数		総務省自治行政局市町村課「住民基本台帳人口要覧」	13年度
	自然増減		上記をもとに自己算出	13年度
	転入者数		総務省自治行政局市町村課「住民基本台帳人口要覧」	13年度
	転出者数		総務省自治行政局市町村課「住民基本台帳人口要覧」	13年度
	社会増減		上記をもとに自己算出	13年度
行財政	地方公務員数	職員数(全職種)	総務省自治行政局公務員部「地方公務員給与実態調査」	13年4月
		採用者数(全職種)	総務省自治行政局公務員部「地方公務員給与実態調査」	12年度
	歳入		総務省自治財政局財務調査課「市町村別決算状況調」	12年度
	地方税		総務省自治財政局財務調査課「市町村別決算状況調」	12年度

資料等一覧（2/2）

項目				資料	調査年
製造業	粗付加価値額			経済産業省「経済センサス」	12年
					02年
	増減率			上記をもとに自己算出	12年/02年
	従業員あたり製造品出荷額等			上記をもとに自己算出	12年
	従業員あたり粗付加価値額			上記をもとに自己算出	12年
	製造品出荷額等	第１位業種		経済産業省「経済センサス」	12年
		第２位業種		経済産業省「経済センサス」	12年
		第３位業種		経済産業省「経済センサス」	12年
		第４位業種		経済産業省「経済センサス」	12年
		第５位業種		経済産業省「経済センサス」	12年
小売業	小売商店数			経済産業省「経済センサス」	12年
					02年
	増減率			上記をもとに自己算出	12年/02年
	取扱品目別小売店舗数割合	各種商品		経済産業省「経済センサス」	12年
		織物・衣服・身の回り品			12年
		飲食料品			12年
		機械器具			12年
		その他の小売			12年
		無店舗小売業			12年
	小売商店従業者数			経済産業省「経済センサス」	12年
					02年
	増減率			上記をもとに自己算出	12年/02年
	年間商品販売額			経済産業省「経済センサス」	12年
					02年
	増減率			上記をもとに自己算出	12年/02年
	取扱品目別年間商品販売額割合	各種商品		経済産業省「経済センサス」	12年
			百貨店・総合スーパー		
		織物・衣服・身の回り品			
		飲食料品			
			うち各種食料品		
		機械器具			
		その他の小売			
			医薬品・化粧品		
			書籍・文房具		
		無店舗小売業			
	売場面積			経済産業省「経済センサス」	12年
					02年

行財政		地方交付税	総務省自治財政局財務調査課「市町村別決算状況調」	12年度
		地方債	総務省自治財政局財務調査課「市町村別決算状況調」	12年度
	歳出		総務省自治財政局財務調査課「市町村別決算状況調」	12年度
	財政力指数		総務省「財政比較分析表」	12年度
	経常収支比率		総務省「財政比較分析表」	12年度
	実質公債費比率		総務省「財政比較分析表」	12年度
	人口１人あたり地方債現在高		総務省「財政比較分析表」	12年度
	ラスパイレス指数		総務省「財政比較分析表」	12年度
	人口10万人あたり職員数		総務省「財政比較分析表」	12年度
	人口１人あたり人件費・物件費等決算額		総務省「財政比較分析表」	12年度
経済計算	県内総生産		内閣府「県民経済計算」	11年度
				01年度
		増減率	内閣府「県民経済計算」	11年度/01年度
		一次産業比率	内閣府「県民経済計算」	11年度
		二次産業比率	内閣府「県民経済計算」	11年度
		三次産業比率	内閣府「県民経済計算」	11年度
	人口あたり県内総生産		自己算出	11年度
農業産出額			農林水産省「生産農業所得統計」	12年
事業所	事業所数		経済産業省「経済センサス」	12年
				01年
		増減率	上記をもとに自己算出	12年/01年
	事業所従業者数		経済産業省「経済センサス」	12年
				381,810
		増減率	上記をもとに自己算出	12年/01年
	新設事業所（民営事業所）		経済産業省「経済センサス」	12年
	廃業事業所（民営事業所）		経済産業省「経済センサス」	12年
	上場企業数		東洋経済『会社四季報』	14年12月
製造業	製造業事業所数		経済産業省「経済センサス」	12年
				02年
		増減率	上記をもとに自己算出	12年/02年
		300人以上	上記をもとに自己算出	12年
		大工場比率	上記をもとに自己算出	12年
	製造業事業所従業者数		経済産業省「経済センサス」	12年
				02年
		増減率	上記をもとに自己算出	12年/02年
	製造品出荷額等		経済産業省「経済センサス」	12年
				02年
		増減率	上記をもとに自己算出	12年/02年

小売業		増減率	上記をもとに自己算出	12年/02年
	従業員あたり年間商品販売額		上記をもとに自己算出	12年
	人口あたり年間商品販売額		上記をもとに自己算出	12年
	人口あたり売場面積		上記をもとに自己算出	12年
	大型小売店舗	大型小売店舗数	東洋経済新報社「全国大型小売店総覧」	14年4月
		大型小売店舗面積	東洋経済新報社「全国大型小売店総覧」	14年4月
		大型店１店舗あたり店舗面積	上記をもとに自己算出	14年4月
		大型店面積占有率	同上	14年4月
	流出入係数		同上	12年3月
建築・土地	新設住宅着工戸数		国土交通省「建築統計年報」	12年度
	新設住宅着工床面積		国土交通省「建築統計年報」	12年度
	建築物着工床面積		国土交通省「建築統計年報」	12年度
	建築物着工床面積用途別割合	製造業用	国土交通省「建築統計年報」	12年度
		卸売・小売業用	国土交通省「建築統計年報」	12年度
		医療・福祉用	国土交通省「建築統計年報」	12年度
		その他サービス業用	国土交通省「都道府県地価調査」	12年度
	1㎡あたり平均地価	住宅地	国土交通省「都道府県地価調査」	13年7月
		商業地	国土交通省「都道府県地価調査」	13年7月
		工業地	国土交通省「都道府県地価調査」	13年7月
預金・消費・福祉等	個人預貯金残高		全国銀行協会「月刊金融」	14年3月末
		一世帯あたり	上記をもとに自己算出	14年3月末
	乗用車保有台数		自動車検査登録協力会「市区町村別自動車保有車両数」	13年3月末
		世帯あたり乗用車保有台数	自動車検査登録協力会「市区町村別自動車保有車両数」および「市区町村別軽自動車車両数」	13年3月末
	病院・一般診療所数		厚生労働省統計情報部「医療施設調査」	12年10月
	医師数		厚生労働省「医師・歯科医師・薬剤師調査」	12年12月末
	都市公園面積		国土交通省公園緑地課調べ	13年3月末
		人口あたり都市公園面積	上記をもとに自己算出	13年3月末
	公共下水道普及率		日本下水道協会調べ	13年3月末
	ごみ排出量	年間排出量	環境省廃棄物対策課「一般廃棄物処理実態調査」	12年度
		人口あたり年間ごみ排出量	環境省廃棄物対策課「一般廃棄物処理実態調査」	12年度

索　引

〈タ　行〉

〈ナ　行〉

〈ハ　行〉

〈マ　行〉

〈ヤ　行〉

〈ラ　行〉

〈ワ　行〉

参考文献・資料一覧

朝倉喜祐［1989］『蓮如吉崎御坊と門徒』八千代印刷.
井上武史［2009］『地方港湾からの都市再生』晃洋書房.
井上武史［2014］『原子力発電と地域政策』晃洋書房.
伊用徳之助［1995］『日本眼鏡史』商工教育発行所.
越前市教育委員会市史編さん員，真柄甚松［2004］『武生市史編さんだより第30号改訂版』.
越前市編『越前市の歴史』.
越前市産業環境部 産業政策課［2014］『越前市工芸の里構想』.
越前町教育委員会［2006］『越前町織田史（古代･中世編）』エクシート.
大野市歴史博物館編［2011］『土井利忠　生誕200年記念特別展　山と海の殖産興業』新進印刷.
岡崎陽一［1986］「明治大正期における日本人口とその動態」『人口問題研究』178号.
小川正人［2013］『持続性あるまちづくり』創風社.
小浜市編［2011］『第5次小浜市総合計画』.
勝山市編［2015］『勝山市のすがた　勝山市統計書　平成27年度版』.
清川メッキ工業編『創業45年記念誌』清川メッキ工業株式会社.
経済産業省［2002a］『工業統計調査』.
経済産業省［2002b］『商業統計』.
経済産業省［2012］『工業統計調査』.
厚生労働省［2008-2012］『人口動態統計年報』.
厚生労働省［2014］『平成25年人口動態統計月報年計（概数）の概況』.
国立社会保障・人口問題研究所編［2013］『日本の地域別将来推計人口』.
坂井市［2015］『坂井市地勢要覧』.
榊原清則［2002］『経営学入門』日本経済新聞出版社（日経文庫）.
坂本光司・南保勝編『地域産業発達史』［2005］同友館.
鯖江市［1975］『広報さばえ』.
鯖江市編［2005］『市制施行50周年記念誌』藤田印刷所.
芝田寿朗［1984］『若狭塗の技法と歴史』.
司馬遼太郎［2014］『街道をゆく18　越前の諸道』朝日新聞（朝日文庫）.
宝慶寺編［1986］『修行寺宝慶寺』創文堂印刷.
下谷政弘［1993］『日本の系列と企業グループ』有斐閣.
白石晴義［2000］『俵田光蔵――漆へのこだわり――』.
杉本伊佐美［1970］『越前漆器』.
須藤一紀『よくわかる日本の人口』［2005］第一生命研究レポート.
総務省［2012］『就業構造基本調査』.
総務省［2013a］『都道府県別決算状況調』.
総務省［2013b］『市町村県別決算状況調』.

総務省統計局［2001］『事業所・企業統計調査』.
総務省統計局［2004］『住民基本台帳人口移動報告』.
総務省統計局［2010］『国勢調査』.
総務省統計局［2012］『経済センサス』.
総務省統計局［2014］『住民基本台帳人口移動報告』.
総務省統計局［2015］『平成 26 年経済センサス - 基礎調査（速報）』.
俵田光蔵［1995］『若狭塗箸に生きて』.
敦賀市立博物館編［2012］『近代敦賀の幕開け――大谷吉謎の治めた湊町――』.
敦賀市立博物館編［2006］『敦賀長浜鉄道物語』若越印刷株式会社.
帝国データバンク［2014］『後継者問題に関する企業の実態調査』.
伝統的工芸品産業振興会編［2004］『全国伝統的工芸品産業』ぎょうせい.
伝統的工芸品産業振興会編［2006］『全国伝統的工芸品産業』ぎょうせい.
伝統的工芸品産業振興会編［2007］『全国伝統的工芸品産業』ぎょうせい.
伝統的工芸品産業振興会編［2009］『全国伝統的工芸品産業』ぎょうせい.
伝統的工芸品産業振興会編［2011］『全国伝統的工芸品産業』ぎょうせい.
東京商工リサーチ［2014］『倒産企業の平均寿命調査』.
中島辰男［2014］『福井県の誕生』文芸社.
中沢孝夫［2012］『グローバル化と中小企業』筑摩書房（筑摩選書）.
中西聡［2013］『北前船の近代史――海の豪商たちが遺したもの――』成山堂書房.
南保勝［2002］『鯖江めがね産地における複合化への可能性研究』福井県立大学.
南保勝［2008］『地場産業と地域経済』晃洋書房.
南保勝［2010］「地域資源と福井の未来」『Consultant 2010 April 247』遮断法人建設コンサルタンツ協会.
南保勝［2013］『地方圏の時代』晃洋書房.
南保勝［2014］「『産学官金連携』の現状と課題――地方圏における地域金融の方向性――」『月刊金融ジャーナル』金融経済.
南保勝・坂本光司［2005］『地域産業発達史』同友館.
日本眼鏡卸組合連合会編［1955］『眼鏡の歴史』.
日本福祉大学知多半島総合研究所編［1997］『北前船と日本海の時代』校倉書房.
隼田嘉彦・白崎昭一郎・松浦義則・木村亮編『福井県の歴史』［2000］山川出版.
一見輝彦［1999］『わかりやすいアパレル素材の知識』星雲社.
福井経済同友会編［2014］『大転換期における地域企業経営――たゆ

まぬイノベーションへの挑戦――』.
福井県［2015］『平成26年経済センサス‐基礎調査（速報）福井県分集計結果の概要』.
福井県眼鏡卸商組合編［1991］『卸組合30年史』.
福井県観光営業部観光振興課［2015］『福井県観光客入込数（推計）平成26年』.
福井県経済調査協会［1986］『福井経済40年のあ・ゆ・み』.
福井県原子力安全対策課　財団法人福井県原子力センター編［2014］『福井県の原子力＜別冊＞』福井県原子力安全対策課.
福井県工業技術センター編［2002］『福井県工業技術センター100年史』.
福井県繊維協会編［2000a］『五十年史』福井繊維情報社.
福井県繊維協会編［2000b］『福井繊協ニュース』福井繊維情報社.
福井県［2015］『福井県工業統計調査　平成25年』.
福井県編『企業立地ガイド』.
福井県編［1993］『福井県史通史編1　原始・古代』福井県印刷出版協同組合.
福井県編［1994a］『福井県史通史編3　近世一』福井県印刷出版協同組合.
福井県編［1994b］『福井県史通史編5　近現代一』福井県印刷出版協同組合.
福井県編［1996a］『福井県史通史編4　近世二』福井県印刷出版協同組合.
福井県編［1996b］『福井県史通史編6　近現代二』福井県印刷出版協同組合.
福井県編［2007］『平成19年福井県商業統計調査』.
福井県立大学地域経済研究所地域経済部門編［2013］『原子力発電と地域経済の将来展望に関する研究――原子力発電所立地地域からみた新しいエネルギーミックスと地域経済――』.
福井県立若狭歴史博物館［2015a］『福井県立若狭歴史博物館常設展示図録』.
福井県立若狭歴史博物館［2015b］『御食国若狭とサバ街道』.
福井坂井地区広域市町村圏事務組合編［2015］『旅するフクイ』.
『福井新聞』「めがねと福井」1984年4月‐9月連載.
古島敏雄『体系日本史叢書12　産業史Ⅲ』［1985］小川出版社.
北陸経済研究［1994］『北陸の眼鏡産業』北陸経済研究所.
北陸経済研究所編［1995］『北陸の主要工業の過去・現在・未来』.
北陸経済連合会・北陸電力［2015］『北陸のシェアトップ100』.
松原淳一［2012］『福井の経済』晃洋書房.
松原信之編［2012］『福井県謎解き散歩』新人物文庫.
松本懿［1999］『地域づくりの要諦』横山出版.
みくに龍翔館編［2002］『みくに龍翔館』.

あわら市 HP　http://www.city.awara.lg.jp/
越前市 HP　　http://www.city.echizen.lg.jp/office/090/030/echizennsinobunnkazai/rekisi.html
大野市 HP　http://www.city.ono.fukui.jp/
小浜市 HP　http://www1.city.obama.fukui.jp/
勝山市 HP　http://www.city.katsuyama.fukui.jp/docs/
坂井市 HP　http://www.city.fukui-sakai.lg.jp/shimin/01/index.html
鯖江市 HP　http://www.city.sabae.fukui.jp/
敦賀市 HP　http://www.city.tsuruga.lg.jp/
福井県編［1998］「図説福井県史」
http://www.archives.pref.fukui.jp/fukui/07/zusetsu/indexzu.htm
福井市 HP　http://keitai.city.fukui.lg.jp/
福井人絹倶楽部 HP　http://fukui-rc.jp/
"T.Shimada's HomePage"「鯖江歴史街道」http://www1.ttn.ne.jp/~shima/cpright.htm

《著者紹介》
南保　勝（なんほ　まさる）
1953年　福井県生まれ
立命館大学卒業
福井県立大学大学院経済・経営学研究科地域経済経営政策専攻博士前期課程修了
地方銀行系シンクタンクを経て，2001年より福井県立大学へ
現在，福井県立大学地域経済研究所，経済経営学研究科 教授，博士（経済学）

主な著書

『地方圏の時代』単著（晃洋書房，2013年），『地場産業と地域経済』単著（晃洋書房，2008年），『地域産業発達史』共編著（同友館，2005年），『超優良企業の経営戦略』共著（同友館，2003年），『データでみる地域経済入門』共著（ミネルヴァ書房，2003年）他多数．

専門分野

地域経済論，地場産業論，地域研究

福井県立大学県民双書XVI
福井地域学
――地方創生に向けて――

2016年3月10日　初版第1刷発行
＊定価はカバーに表示してあります

著者の了解により検印省略

著　者　南保　勝©
発行者　川東義武
印刷者　出口隆弘

発行所　株式会社　晃洋書房
〒615-0026　京都市右京区西院北矢掛町7番地
電話　075（312）0788番㈹
振替口座　01040-6-32280

ISBN978-4-7710-2697-1　印刷・製本　㈱エクシート